高等学校新商科大数据与会计系列教材

慕课版

基础会计

Jichu Kuaiji

高晓林◎主　编
刘开瑞　贡晓军◎副主编

电子工业出版社
Publishing House of Electronics Industry
北京·BEIJING

未经许可，不得以任何方式复制或抄袭本书之部分或全部内容。
版权所有，侵权必究。

图书在版编目（CIP）数据

基础会计 / 高晓林主编. —北京：电子工业出版社，2023.6
ISBN 978-7-121-45635-0

Ⅰ.①基… Ⅱ.①高… Ⅲ.①会计学－高等学校－教材 Ⅳ.①F230

中国国家版本馆 CIP 数据核字（2023）第 089560 号

责任编辑：宫雨霏
印　　刷：涿州市京南印刷厂
装　　订：涿州市京南印刷厂
出版发行：电子工业出版社
　　　　　北京市海淀区万寿路 173 信箱　邮编：100036
开　　本：787×1 092　1/16　印张：18.25　字数：422 千字
版　　次：2023 年 6 月第 1 版
印　　次：2023 年 6 月第 1 次印刷
定　　价：59.00 元

凡所购买电子工业出版社图书有缺损问题，请向购买书店调换。若书店售缺，请与本社发行部联系，联系及邮购电话：（010）88254888，88258888。
质量投诉请发邮件至 zlts@phei.com.cn，盗版侵权举报请发邮件至 dbqq@phei.com.cn。
本书咨询联系方式：（010）88254199，sjb@phei.com.cn。

前 言

马克思在《资本论》中指出:"过程越是按社会的规模进行,越是失去纯粹个人的性质,作为对过程的控制和观念总结的簿记就越是必要。"历史的发展、经济的繁荣一再证明了马克思预见的正确性。进入新时代,会计信息对维持整个社会经济秩序的作用凸显,社会对会计知识需求大幅增加,对会计职业要求越来越高,由此推动会计专业教学质量持续提升,对高质量会计专业教材的需求也更为迫切。

在这样的大背景下,本教材基于初学者对专业知识的认知规律,遵循基础会计学教学需求,认真谋篇布局,仔细遴选内容,力求做到知识前后连贯、思路简明扼要,安排了会计学基本理论、基本方法和基本技能三大模块共十二章内容。会计学基本理论模块主要介绍会计作为一门管理科学最基础的理论,为学生搭建会计学概念框架,成为会计学进阶课程的基础,如第一章中介绍的会计的含义、会计职能、会计目标以及第二章中介绍的会计确认、会计计量和财务会计报告等基本概念;会计学基本方法模块主要介绍了会计学不同于其他经济学、管理学的专门的技术方法,用会计思维和语言描述企业发生的各种经济业务,并且按照统一的标准对外披露相关会计信息,作为企业利益相关者经济决策的依据,如第四章复式记账原理与应用、第七章成本核算、第八章财产清查等;会计学基本技能模块主要介绍了会计专门技术方法在经济管理中的运用,如第五章会计凭证、第六章会计账簿、第十章财务会计报告编制与披露等。除此之外,本教材还介绍了会计工作组织与管理、会计信息化的相关内容。

本教材的特点主要体现在以下四个方面。

第一,重点突出,思路清晰。在保证课程知识体系完整的前提下,力求体现高等教育的教学本质观、教学理念观和教学原则观等基本观念,集中强调成果导向教育理念,注重会计专业培养目标的要求,明确课程教学目标。在每一章章首设置了知识目标和技能目标,明确指出通过本章教学活动要求学生掌握的专业知识点和培养的专业技能。在教学大纲中明确课程目标,支撑培养目标,形成知识体系,注重知识、能力和素质培养,力求体现课程在价值引领、知识探究、能力建设和人格养成等方面的要求,力求用最简明的方式呈现教材内容,便于初学者理解和掌握。

第二,思政导引,专业跟进。每章开篇都通过课程思政进行思想引领和价值拓展,力求在培养学生学习专业知识的基础上,不忘对学生进行政治态度、人生价值的引导和培育。通过课程思政教育,真正落实高校承担的教书育人的历史使命、教师立德树人的职业要求,以润物细无声的方式将思政教育融入专业课程中,让学生在学习中树立社会主义核心价值观,成为合格的中华民族伟大复兴的坚定践行者。

第三,精彩故事引入知识要点,思维导图梳理重点内容。在各章前采用了会计小故事的方式开篇,力求用活泼的语言、日常所见事项、有趣的故事引出会计专业问题,尽一切力量提升学生学习的积极性和主动性，让学生树立专业思维，从日常生活中理解会计专业问题，用会计专业思维看待日常生活中的事件。同时，教材各章末采用思维导图方式，清晰明了地梳理各章的知识点以及相互之间的关系，帮助学生建立会计学的知识链条，将分散的专业知识点链接成完整的会计专业知识网，让学生逐步建立会计思维，形成会计专业知识学习和理解能力，为后续专业课程学习打下坚实的基础。

　　第四，教学资料力求种类齐全，文字与视频力图协同有效。在教材文字版中，各章章末配有实操实训，提升学生对相关专业知识的理解和掌握能力。在教材网络版中，各章配套了各种题型的习题册、各章节课件和微课、电子教案、期末试题等不同形式的教学资料，形成了立体化、数据化、网络化的柔性教材，为任课教师提供内容完整、使用便捷、方式多样的教学资料，力求协助任课教师提高教学水平，巩固教学成果。本教材通过线上、线下教学资料的融合，提升学生的学习兴趣，培养学生学中思、思中悟、悟中通的学习能力，真正理解和掌握基础会计理论与实务，切实提高学习质量和学习效率。

　　本教材由西安财经大学高晓林担任主编，延安大学创新学院刘开瑞、西安财经大学贡晓军担任副主编。高晓林负责全书内容规划、章节设计、书稿总纂以及第一、二、三、四章的撰写，刘开瑞负责第六、七、八、十二章的撰写，贡晓军负责第五、九、十、十一章的撰写。在撰写过程中，西安财经大学会计专业研究生刘宇轩、孙翠云、宋正敏同学承担了书稿的校对工作，同时隋东旭老师对本书做了认真的审校工作。

　　本教材编撰中引用了诸多同行、专家的研究成果，同时出版社编辑老师的无私付出无疑提升了教材质量，在此深表谢忱。当然，由于编者水平有限，教材中纰漏之处在所难免，欢迎广大读者、同人批评斧正。

编者
2023 年 2 月

目 录

第一章 总论 ·· 1
第一节 会计的产生、发展与含义 ··· 2
一、会计的产生与发展 ·· 2
二、会计的含义 ··· 7
第二节 会计职能、作用与目标 ·· 8
一、会计职能 ·· 8
二、会计作用 ·· 10
三、会计目标 ·· 12
第三节 会计对象、会计要素与会计等式 ····························· 13
一、会计对象 ·· 13
二、会计要素 ·· 14
三、会计等式 ·· 21
第四节 会计核算原则与信息质量要求 ································ 29
一、会计假设 ·· 29
二、会计核算原则 ··· 33
三、会计信息质量要求 ·· 35
第五节 会计核算方法 ·· 37
一、会计核算方法的含义 ·· 37
二、会计核算方法的内容 ·· 37

第二章 会计处理系统 ·· 42
第一节 会计确认 ··· 43
一、会计确认的含义及意义 ··· 43
二、会计确认标准 ··· 44
三、会计要素确认 ··· 47
第二节 会计计量 ··· 49
一、会计计量的含义 ·· 49
二、会计计量单位 ··· 50
三、会计计量属性 ··· 51
四、会计计量的质量标准 ·· 55
第三节 财务会计报告的含义及内容 ···································· 56
一、财务会计报告的含义 ·· 56
二、财务会计报告的内容 ·· 56

第三章　会计科目与账户 ... 60

第一节　会计科目 ... 61
一、会计科目的含义 ... 61
二、会计科目设置的原则 ... 61
三、会计科目的分类 ... 62
四、会计科目体系 ... 63

第二节　会计账户 ... 68
一、会计账户的含义 ... 68
二、会计账户的作用 ... 68
三、会计科目与会计账户的关系 ... 69
四、会计账户的结构 ... 69
五、会计账户的分类 ... 71

第四章　复式记账原理与应用 ... 76

第一节　复式记账 ... 77
一、记账方法 ... 77
二、单式记账方法 ... 77
三、复式记账方法 ... 78

第二节　借贷记账法原理与应用 ... 80
一、借贷记账法原理 ... 80
二、融资业务会计核算 ... 87
三、采购业务会计核算 ... 90
四、生产业务会计核算 ... 95
五、销售业务会计核算 ... 99
六、投资业务会计核算 ... 104
七、其他业务会计核算 ... 107
八、利润与利润分配业务核算 ... 110

第三节　借贷记账法下账户按照用途与结构分类 ... 113
一、会计账户用途与结构的含义 ... 113
二、会计账户按照用途与结构分类 ... 114

第五章　会计凭证 ... 127

第一节　会计凭证的含义、作用与种类 ... 128
一、会计凭证的含义 ... 128
二、会计凭证的作用 ... 128
三、会计凭证的种类 ... 129

第二节　原始凭证的种类、要素、填制与审核 ... 130
一、原始凭证的种类 ... 130
二、原始凭证的要素 ... 133
三、原始凭证的填制 ... 133
四、原始凭证的审核 ... 135

第三节　记账凭证的种类、要素、填制与审核 …………………………… 136
　　　　一、记账凭证的种类 ……………………………………………………… 136
　　　　二、记账凭证的要素 ……………………………………………………… 139
　　　　三、记账凭证的填制 ……………………………………………………… 139
　　　　四、记账凭证的审核 ……………………………………………………… 142
　　第四节　会计凭证的传递与保管 …………………………………………… 143
　　　　一、会计凭证的传递 ……………………………………………………… 143
　　　　二、会计凭证的保管 ……………………………………………………… 143

第六章　会计账簿 ……………………………………………………………… 146
　　第一节　会计账簿的含义与分类 …………………………………………… 147
　　　　一、会计账簿的含义 ……………………………………………………… 147
　　　　二、会计账簿的作用 ……………………………………………………… 147
　　　　三、会计账簿的类型 ……………………………………………………… 148
　　第二节　会计账簿的设置与登记 …………………………………………… 154
　　　　一、会计账簿的设置原则 ………………………………………………… 154
　　　　二、会计账簿的基本内容 ………………………………………………… 154
　　　　三、会计账簿的启用规则 ………………………………………………… 156
　　　　四、会计账簿的登记规则 ………………………………………………… 157
　　　　五、日记账的设置与登记 ………………………………………………… 159
　　　　六、分类账的设置与登记 ………………………………………………… 162
　　第三节　会计账簿差错更正 ………………………………………………… 168
　　　　一、会计账簿差错更正的含义 …………………………………………… 168
　　　　二、会计账簿差错查找的方法及类型 …………………………………… 169
　　　　三、会计账簿错账更正的方法 …………………………………………… 171

第七章　成本核算 ……………………………………………………………… 176
　　第一节　成本核算的含义及内容 …………………………………………… 177
　　　　一、成本的含义 …………………………………………………………… 177
　　　　二、成本核算的含义 ……………………………………………………… 178
　　　　三、成本核算的作用 ……………………………………………………… 178
　　　　四、成本核算的内容 ……………………………………………………… 179
　　第二节　资产成本核算 ……………………………………………………… 180
　　　　一、资产取得成本核算 …………………………………………………… 180
　　　　二、资产耗费成本核算 …………………………………………………… 184
　　第三节　产品成本核算 ……………………………………………………… 192
　　　　一、产品成本的含义 ……………………………………………………… 192
　　　　二、产品成本的内容 ……………………………………………………… 192
　　　　三、产品成本核算设置的账户 …………………………………………… 193
　　　　四、产品成本核算的会计处理 …………………………………………… 193
　　第四节　筹资成本核算 ……………………………………………………… 195

一、负债成本核算 ·· 195
二、所有者权益成本核算 ·· 196

第八章　财产清查 ·· 199

第一节　财产清查的含义与意义 ·· 200

一、财产清查的含义 ·· 200
二、财产清查的意义 ·· 200
三、财产清查的分类 ·· 201
四、财产清查的程序 ·· 203

第二节　实物资产清查 ·· 203

一、实物资产清查的方法 ·· 203
二、存货清查与会计处理 ·· 204
三、固定资产清查与会计处理 ·· 206

第三节　货币资金及往来款项清查 ·· 208

一、货币资金清查的方法 ·· 208
二、库存现金清查与会计处理 ·· 208
三、银行存款清查与会计处理 ·· 210
四、往来款项清查与会计处理 ·· 213

第九章　编制报表前准备工作 ·· 215

第一节　编制报表前准备工作的意义与内容 ························ 216

一、编制报表前准备工作的意义 ·· 216
二、编制报表前准备工作的内容 ·· 216

第二节　会计期末账项调整 ·· 217

一、会计期末账项调整的含义 ·· 217
二、会计期末账项调整的原因 ·· 217
三、会计期末账项调整的目的 ·· 217
四、应计收入项目期末调整 ·· 218
五、应计费用项目期末调整 ·· 218
六、收入分摊项目期末调整 ·· 219
七、费用分摊项目期末调整 ·· 220

第三节　账簿核对与期末结账 ·· 220

一、账簿核对 ·· 220
二、期末结账 ·· 222

第十章　财务会计报告编制与披露 ·· 228

第一节　财务会计报告编制原则与列报要求 ························ 229

一、财务会计报告编制原则 ·· 229
二、财务会计报告列报要求 ·· 230

第二节　资产负债表 ·· 231

一、资产负债表的含义 ·· 231
二、资产负债表的内容 ·· 231

三、资产负债表的用途 232
　　四、资产负债表的结构 233
　　五、资产负债表的填列方法 235
第三节　利润表 239
　　一、利润表的含义 239
　　二、利润表的内容 239
　　三、利润表的用途 239
　　四、利润表的结构 240
　　五、利润表的填列方法 242

第十一章　会计账务处理程序 246

第一节　会计账务处理程序的含义与要求 247
　　一、会计账务处理程序的含义 247
　　二、会计账务处理程序的要求 247
　　三、会计账务处理程序的种类 248
第二节　记账凭证账务处理程序 248
　　一、记账凭证账务处理程序的含义 248
　　二、记账凭证账务处理程序的特点 248
　　三、记账凭证账务处理程序的步骤 249
　　四、记账凭证账务处理程序的评价 250
第三节　科目汇总表账务处理程序 250
　　一、科目汇总表账务处理程序的含义 250
　　二、科目汇总表账务处理程序的特点 250
　　三、科目汇总表账务处理程序的步骤 251
　　四、科目汇总表账务处理程序的评价 252
第四节　汇总记账凭证账务处理程序 252
　　一、汇总记账凭证账务处理程序的含义 252
　　二、汇总记账凭证账务处理程序的特点 253
　　三、汇总记账凭证账务处理程序的步骤 253
　　四、汇总记账凭证账务处理程序的评价 254
第五节　日记总账账务处理程序 254
　　一、日记总账账务处理程序的含义 254
　　二、日记总账账务处理程序的特点 254
　　三、日记总账账务处理程序的步骤 255
　　四、日记总账账务处理程序的评价 255

第十二章　会计工作组织与管理体系 258

第一节　会计工作组织与管理 259
　　一、会计工作组织与管理机构 259
　　二、会计工作组织与管理机构职责 260
第二节　会计机构与会计人员 261

一、会计机构设置和会计人员配备 ························· 261
　　二、会计人员任职条件 ····································· 261
　　三、会计人员技术资格 ····································· 263
　　四、会计专业技术职务 ····································· 264
　　五、会计工作交接 ··· 265
第三节　会计法规 ·· 266
　　一、会计法规体系 ··· 266
　　二、会计法律 ··· 267
　　三、会计行政法规 ··· 271
　　四、会计规章 ··· 272
　　五、会计部门规范性文件 ··································· 272
第四节　会计档案 ·· 274
　　一、会计档案的含义 ······································· 274
　　二、会计档案的内容 ······································· 274
　　三、会计档案的管理 ······································· 275
第五节　会计信息化 ·· 276
　　一、会计信息化的含义 ····································· 276
　　二、会计信息化的意义 ····································· 276
　　三、会计信息化的主要内容 ································· 276

参考文献 ·· 280

第一章 总　　论

▶ 知识目标

通过对本章的学习，学生应准确理解、熟练掌握会计概念、职能、目标、核算对象、会计要素、基本准则、方法等会计学科基本理论问题，了解会计产生与发展的历程。

▶ 技能目标

通过对本章的学习，学生应能够用会计思维思考会计问题，能够掌握会计的基本概念和企业资金运动的基本规律。

▶ 课程思政

要以党内监督为主导，推动人大监督、民主监督、行政监督、司法监督、审计监督、财会监督、统计监督、群众监督、舆论监督有机贯通、相互协调。

▶ 会计小故事

某大学会计学教授曾经受邀参加某公司会计人员的招聘会，这位大学会计学教授认为他的主要任务是对应聘人员进行专业技能考核。然而，临近招聘会，他还没有收到公司对应聘人员进行专业技能考核的具体要求。认真的会计学教授只得打电话询问公司的负责人，得到的答复是只要到时参加就可以了，心中不安的教授还是做了充分的准备，但是在招聘会上并没有对应聘人员的专业技能进行考核的环节。事后会计学教授才搞明白该公司招聘会计人员的条件有三个：一是不懂会计，二是听领导话，三是能够做到保守公司秘密。若干年后该公司因为经营违法、会计提供虚假信息被追究法律责任。

第一节　会计的产生、发展与含义

一、会计的产生与发展

会计的产生与发展和人类历史的产生与发展是相伴相随的，从最早的原始计数逻辑观念出发形成原始会计行为动机，到旧石器时代简单刻记与绘图记事的会计行为，从单式记账到复式记账，从经济管理的一种工具到集成式信息系统，从单一的功能到形成财务共享中心，会计发展成为企业经济管理甚至社会经济生活中不可或缺的专门技术，对社会经济生活产生重要影响。

会计产生与发展的历程大致可以划为古代会计、近代会计和现代会计三个阶段。

（一）古代会计阶段（原始社会末期至 15 世纪）

在古代会计阶段，由于当时生产力水平极其低下，人们只是产生了计数的思想萌芽和简单的计数行为。随着生产工具的发明和生产力的提高，会计逐步从生产职能中分离出来，形成一种专门的职业，产生了对生产活动进行专门计量和记录的古代会计。这个阶段的会计主要以实物和货币共同作为计量单位，采用单式记账方法，主要对政府财务收支进行核算和监督，具有官厅会计的特点。

1. 西方古代会计

公元前约 4 000 年，幼发拉底河和底格里斯河之间的美索不达米亚平原上产生和发展了古代文明。该地区土壤肥沃，富含有机物和矿物质，人们开始学会使用灌溉技术，形成大规模的农业城市以及各种宗教文化，建造神殿供奉诸神。在神殿建造和祭祀过程中需要清点各种物品，人们已经在泥板上用楔形文字记录神殿的财务收支、工资支出、现金收入、贷款利息和不动产等多类交易事项，开创了有文字记录的人类会计文明。

公元前 4 000 年左右，古埃及奴隶制国家已经诞生，在国家财政组织中，设置了记录官、出纳官、国库长官、监督官等不同的官职。记录官负责财政经济收支的计算，通常以文字叙述方式将经济业务登记于纸草之上，形成了最早的会计凭证和账簿，并且能够随财产物资进行不定期的盘点清查。同时，古埃及还建立了比较完善的内部牵制制度，国库粮物钱币的出入，必须由记录官、出纳官和监督官分别登记、检查。

公元前 1 776 年左右，古巴比伦国王汉谟拉比颁布的《汉谟拉比法典》是最具代表性的楔形文字法典，也是迄今世界上最早的一部完整保存下来的成文法典。《汉谟拉比法典》规定了古巴比伦的经济关系，并认为会计账簿不仅是政府征税的依据，也是法律诉讼的证据。

第一章 总论

> **小贴士**
>
> ### 《汉谟拉比法典》图片
>
> 《汉谟拉比法典》（见图1-1）是世界上第一部成文法典，它被刻在一个高2.25米的石柱上，竖立在巴比伦的神殿里。
>
> 图1-1 《汉谟拉比法典》

古希腊哲学家亚里士多德在其著作《政治学》中论述，人类发展导致城邦形成，在城邦中，公共财物必须有人去调用，有人去分配，有人去记录，有人去监督，对公共资源、公共财产、公共活动的管理、记录、监督是城邦管理中最核心的事务。

公元前400年左右，雅典建立了审计法院，并且出现了在法庭上作证的会计。

2. 中国古代会计

上古时期，随着生产力的提高，人们打猎获得的劳动成果越来越多，人们开始有计数的思想和行为，陆续出现了结绳记事和刻木记事，此时就形成了会计最初的萌芽。

《周易注》中记载："古者无文字，结绳为约，事大，大结其绳；事小，小结其绳。"

> **小贴士**
>
> ### 结绳记事
>
> 人类早期尚未发明文字和数字，但是先民在长期的生产和生活中，已经产生计数思想，利用结绳记事（见图1-2）、刻木、刻竹等方法计算生产中的数量，形成了早期的会计计量行为。
>
> 图1-2 结绳记事

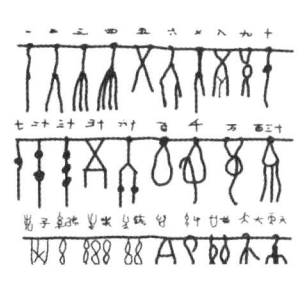

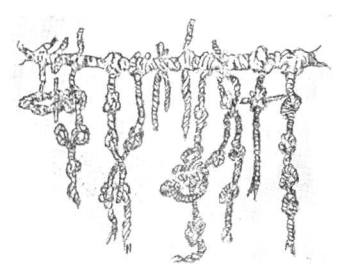

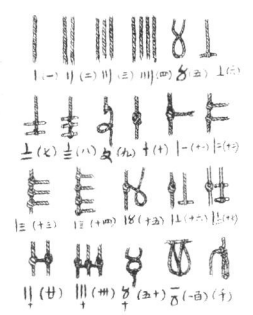

西周时期的《周礼》中记载，中央政府在天官下设置了"司会"一职，该官职属于百官之首，主要职责是掌管邦国之治，总揽财政大权，其核心工作就是参互、月要、岁会、上计。参互即每天对账，保证账目清晰；月要即每月月末必须结账；岁会即每年年末报账；上计分为三年一小计，五年一大计，即考核各级行政官员管理绩效，决定官员的升迁之路。

春秋时期的《孟子》中记载，孔子说："会计当而已矣。"即孔子认为，会计应当做到恰当、合理、平衡。我们也可将其理解为会计需要做到收、付、存，要平衡且正确无误。

司马迁在《史记》中记载："禹会诸侯江南，计功而崩，因葬焉，命曰会稽，会稽者，会计也。"

秦朝时期建立了以"出入"为符号的会计记录，以"入-出=余"的三柱结算法。

唐朝中期建立四柱清册结算法，四柱为旧管、新收、开除、实在，通过"旧管+新收-开除=实在"的平衡式定期清算账目，相当于现在的"期初余额+本期增加额-本期减少额=期末余额"。

宋朝时四柱清册结算法得到了广泛运用，且名目划一、简明扼要、趋于完善。同时，宋朝史官大量编制"会计录"，集中反映王朝财政经济动态。

（二）近代会计阶段（15世纪至20世纪30年代）

近代会计阶段主要指15世纪到20世纪30年代，在这个阶段，社会生产力水平已经大大提高，并且产生了比较发达的商品经济，会计已经成为一个专门的职业，在会计核算中明确以货币作为主要的计量单位，采用复式记账方法，形成了一套完整的会计核算理论与方法，为现代会计奠定了基础。

1. 西方近代会计

1494年，意大利传教士卢卡·帕乔利（Luca Pacioli）出版了《算术、几何、比及比例概要》（*Summade Arithmetica, Geometria, Proportioniet Proportionalita*）一书，在"计算与记录"一章中全面总结了当时流行于意大利威尼斯等城市的复式记账方法，随后这种复式记账方法在整个欧洲普遍运用，由此使得会计开始以一门真正完整、系统的科学被载入史册。

1602年，荷兰政府允许东印度公司垄断荷兰国家远洋贸易经营权。东印度公司为了筹集资金，发行了世界上第一张股票，建立了世界上第一家股份有限公司，标志着企业所有权和经营权的分离，公司股东对企业会计信息的需要大大增加。

1673年，法国政府颁布《商事条例》，规定每一个批发商均应设置反映自己经济业务的账簿，破产时若被发现未设置账簿，应视为欺诈破产，当处以死刑。

1854年，爱丁堡特许会计师协会成立，这是世界上第一个会计职业团体，此时，会计已经作为一个专门职业，受到社会各界的认可和重视。

1933年，美国遭受20世纪第一次经济危机的重创，开始陆续发布相关法规，规范企业会计行为。美国政府于1933年颁布《证券法》和《证券交易法》，1934年成立证券交易委员会，监管上市公司财务会计报告程序，规定上市公司财务会计报告必须由会计师事务所进行审计后才能对外报出，标志着以建立会计准则为主导的财务会计理论与实务进入了一个新的历史发展时期。1936年,美国会计职业界在反思经济危机产生原因时,认为上市公司会计制度不统一,会计信息不真实、不可靠,随即美国注册会计师协会专门成立了美国会计程序委员会,作为会计准则的研究和制定机构,开始制定统一的会计原则和报告格式,标志着财务会计概念体系正式建立。

2. 中国近代会计

明朝时我国的商业和手工业空前繁荣,资本主义萌芽开始出现,所以人们发明了"三脚账"。"三脚账"是在单式记账方法基础上产生的不完全的复式记账方法,记账规则是,凡现金收付的事项,只记录现金的对方科目,不再记录现金账。

明末清初,在"三脚账"的基础上形成了龙门账,龙门账以"来"和"去"作为记账符号,以"有来必有去,来去必相等"为记账规则,把全部项目分为"进"(相当于现在的收入)、"缴"(相当于现在的支出)、"存"(相当于现在的资产)和"该"(相当于现在的各项资本和负债)四类,采用"进-缴=存-该"的方式计算盈亏,将"进"和"该"列在总账上方,"缴"和"存"列在总账下方,分别编制"进缴结册"和"存该结册",两个结册计算结果相等为"合龙门"。龙门账标志着中国会计记账方法由单式记账方法转向复式记账方法。

清朝,在龙门账的基础上形成了"四脚账法",即分别形成以现金为主体的记录方式,或以现金合转账会计事项并重的记录方式,这种记账法与西方复式记账方法已经极为接近。

(三)现代会计阶段(20世纪50年代至今)

现代会计一般是指20世纪50年代以后的会计,这一阶段的会计,无论在理论还是在实务方面,较之以前都产生了巨大的进步,完成了跨越式发展,会计理论体系越来越完善,会计实务越来越科学。经济的飞速发展,使会计目标发生了重大变化,管理会计与财务会计分离,电子计算机技术开始大规模运用于会计行业。

1. 西方现代会计

20世纪50年代以后,全球经济进入了高速发展阶段,进一步助推了企业组织形式的变革。股份有限公司制度不断被完善和广泛采用,公司变成公众公司,会计目标也从之前主要为企业内部管理人员提供决策依据,转变为为企业外部利益相关者提供决策依据,同时对会计信息质量提出了更高的要求。

为了不断提高会计信息质量,各国开始学习美国,成立专门的会计准则研究和制定机构,根据各国经济发展的实际状况,研究和制定符合本国经济发展和管理需要的会计准则,推动会计理论及实务的发展。

随着管理科学和电子计算机技术的不断发展与完善,会计工艺发生了彻底变革,会计领域中诞生了以提高企业内部管理水平为目的的管理会计,使得会计形成了传统财务会计和现代管理会计两大分支,极大地丰富了会计科学研究的范围。传统会计的单一反映职能逐步向反映、控制与参与决策等职能过渡,进一步发挥了会计对管理的推动作用。

1959年,原美国注册会计师协会下设的会计程序委员会撤销,取而代之的是会计原则委员会，用以谋求制定权威性的原则，进一步加快制度制定工作的进程。会计原则委员会发布的会计准则文件称为《会计原则委员会意见书》（*APB Opinions*）。

1973 年，美国财务会计准则委员会（Financial Accounting Standards Board，FASB）正式成立，取代了会计原则委员会，独立、全面地负责美国会计准则的制定工作，最早开始进行财务会计概念体系（Conceptual Framework）的研究，为制定各种财务会计和报告准则奠定基础。随后，法国、德国、澳大利亚、日本陆续成立相应的会计准则研究和制定机构。这些机构的成立与运作大大推进了会计理论研究的深度和广度。

同年，来自澳大利亚、加拿大、法国、德国、日本、墨西哥、荷兰、英国和美国 9 个国家的 16 个会计职业团体在伦敦成立了国际会计准则委员会（2001 年改组为国际会计准则理事会），其工作目标就是通过一定方式协调不同国家会计信息口径上的差异，促进国际会计准则在世界范围内被接受和遵循，加快会计信息国际化的步伐。

2. 中国现代会计

中华人民共和国成立之后，我国开始建立适应计划经济发展需要的会计制度。改革开放以后，随着我国经济体制改革，会计行业也随之发生了巨大的变化。

1985 年《中华人民共和国会计法》（以下简称《会计法》）颁布，这是中华人民共和国成立以来第一部会计领域的法律，为会计发展奠定了法律基础。

20 世纪 80 年代末，中华人民共和国财政部（以下简称财政部）开始着手会计改革。1990 年 5 月，《企业会计准则（提纲）》发布，1990 年 10 月《企业会计准则（征求意见稿）》发布。1991 年 11 月《企业会计准则》发布，随后财政部成立了财务会计准则委员会，专门负责会计准则的研究和发布，至 1996 年完成了 30 多份具体会计准则征求意见稿，到 2001 年先后修订、颁发了 16 项具体会计准则。2006 年 2 月，财政部发布 38 项具体准则，形成企业会计准则体系。这些具体准则的制定、发布和实施，规范了中国会计实务的核算，大大改善了中国上市公司的会计信息质量和企业财务状况的透明度，为企业经营机制的转换和证券市场的发展、国际间经济技术交流起到了积极的推动作用。到目前为止，我国已经发布了 42 项具体准则，建立了完整的会计理论体系，对会计实务工作具有无可替代的指导作用。

纵观会计的产生和发展过程，可知会计是为适应社会生产实践和经济管理的客观需要而产生的，并随着生产的发展而发展。生产活动是人类赖以生存和发展的最基本的实践活动。生产的过程，同时也是消费的过程。在生产过程中，一定是先有投入，而后有产出。记录生产过程的投入与产出，并加以比较，才能界定是否有经济效益，继续生产是否有意义，这样社会才会进步，经济才会发展。记录、计算和比较投入与产出的活动即会计，因此，会计是出于需要计量投入与产出，需要对其成果进行确认、计量和分析，需要对生产和分配进行管理而产生的。会计产生的初期只是作为生产职能的附带部分，在生产时间之外附带地把收入、支出等记载下来。当社会生产力发展到一定阶段后，会计才逐渐地从生产职能的附带部分中分离出来，成为一种独立的、由专人从事的经济管理工作。

会计是经济发展到一定阶段的产物。经济越发展，对生产过程和分配过程的管理要求就越高，经济的发展推动了会计的发展。随着社会经济的不断发展，会计经历了一个由简单到复杂、由低级到高级，不断发展和完善的过程。它从简单地计算和记录财务收支，逐渐发展到利用货币计量，综合核算和监督经济过程。会计的方法和技术通过长期实践也逐渐完善。此外，会计将会计信息反馈给有关方面，更好地为经济服务，推动社会的发展。

二、会计的含义

关于会计的含义，国内学术界一直存在争议，长期以来主要形成了工具论、技术论、信息系统论、管理活动论和控制系统论等不同观点，这里主要介绍管理活动论和信息系统论。

1. 管理活动论

在管理活动论中，会计的含义被表述为：会计是经济管理的重要组成部分，是以提高经济效益为目的的一种管理活动。或者是，会计是以货币为主要计量单位，采用一系列专门的程序和方法，对社会再生产过程中的资金运动进行核算与监督的活动。

管理活动论认为会计是一种经济管理活动，是企业管理体系中不可或缺的一部分。管理活动论的代表人物是我国著名会计学家杨纪琬教授和阎达五教授。1980年，杨纪琬教授和阎达五教授提出，会计是人们管理生产过程的一种社会活动，其基本职能一是反映（观念总结），二是监督（控制）；会计的产生和发展既和生产力的发展有关系，又同生产关系的变革紧密联系；会计学是一门职能科学，政治经济学和数学是形成这门科学的两大支柱，它和企业经营学、国民经济计划学、经济统计学、信用学以及近代新兴的经济控制论等同属一类，在经济科学这一大类中属于经营管理学的一个分支。[①]

从会计产生和发展的过程观测，会计是随着经济发展而发展的。经济发展了，生产力水平提高了，企业规模扩大了，专业化越来越明显，整个经济活动的社会性越来越强，企业内部及外部对管理的内容、数量和要求都在逐步升级，仅依靠生产者在生产之余完成企业管理活动明显不现实。因此，会计也逐渐地从生产附带的职能中独立出来，成为一种专门的职业，由具备相当专业知识的人担任，发展成一项具有管理职能的经济管理工作。此外，在经济发展的不同阶段，会计管理的职能也在不断提升和进阶，从早期的注重事后核算，发展到事中控制和事后分析，都是利用会计专门的技术，通过对生产过程中人力、物力的消耗数量及劳动产品的数量确认、计量、记录，进一步对生产过程中的劳动成果和劳动耗费进行分析、控制和审核，实现节约劳动耗费、提高经济效益的目标。

综上所述，管理活动论更加重视会计在企业经济管理中发挥的其他经济管理工作不能替代的作用，能够对企业生产过程中的价值运动进行完整、清晰的描述，并且从中发现企业运营过程中存在的问题，分析产生的原因，为企业管理层提供决策依据，与其他经济管理工具配合，实现企业利益最大化的目标。

---

① 杨纪琬，阎达五. 开展我国会计理论研究的几点意见——兼论会计学的科学属性[J]. 会计研究，1980, 1:4.

2. 信息系统论

在信息系统论中,会计被描述为:"会计是一个以提供财务信息为主的经济信息系统。它的基本职能是反映和控制。因此,它同时也是一个经济控制系统。会计信息系统的控制行为主要通过信息反馈。"[①]

信息系统论认为,会计是一个经济信息系统,是为信息使用者提供决策支持的信息系统。该观点将会计日常的确认、计量、记录以及报告活动,视同会计信息的收集加工、整理和输出的过程。信息系统论的代表学者是葛家澍教授,他在1983年指出,会计是旨在提高企业和各单位的经济效益、加强经济管理而建立的一个以提高财务信息为主的经济信息系统。将会计纳入企业管理信息系统,让其成为一个子系统。会计的主要目的就是向会计信息使用者提供能够作为其经济决策依据的各种会计信息。

纵观管理活动论与信息系统论,其本质是相同的,不存在根本的分歧。两种观点都认为,会计有核算与监督的基本职能,只不过管理活动论更强调会计在企业管理活动中的作用,即注重对内的作用;信息系统论更强调会计对信息使用者做出经济决策的影响,即注重对外的影响,从对企业利益相关者的影响推及对资本市场、国家经济发展的影响。2000年,葛家澍教授提出:"管理活动论也承认信息和系统的存在,只是管理活动论强调,这个系统的主要职能应是控制和监督,而不是反映及信息提供;信息系统论同样承认会计系统是管理系统的一部分,只是强调其主要职能是提供信息,为决策咨询服务,会计起决策(管理)的支持作用。"[②]

在此基础上,本教材将会计的含义表述为:会计是会计人员按照会计规范与理论,通过收集、加工和利用主要以货币单位作为计量尺度的经济信息,对经济活动进行连续、系统、全面和综合的核算与监督,生成和提供以财务信息为主的经济信息的经济管理信息系统,是企业经济管理的重要组成部分。

第二节　会计职能、作用与目标

第一章第二节

一、会计职能

(一)会计职能的含义

会计职能指会计在企业经济管理中所具有的本质功能,即会计内在具备的能力。

会计是过程的控制和观念的总结。其中,"过程"指企业生产经营过程,也是指企业生产经营过程中发生的各项经济业务;"控制"可理解为监督或管理;"观念总结"可理解为反映或核算,即对企业生产经营过程中发生的各种经济业务进行反映或核算。由此,

---

① 葛家澍,李翔华. 论会计是一个经济信息系统(下)[J]. 财经研究,1986(10).
② 葛家澍,中国会计学会成立以来的我国会计理论研究[J]. 会计研究,2000(4).

会计学术界提出会计核算与监督是会计的两大职能，也是会计最基本的职能。

（二）会计职能的内容

随着社会经济的发展，会计对经济活动的作用越来越大，会计的内涵与外延两方面都同时发生着相应的变化。在此基础上，会计职能进一步延伸出会计六大职能，即会计能够反映经济情况、监督经济活动、控制经济过程、分析经济效益、预测经济前景以及参与经济决策等。然而，会计核算职能与会计监督职能是会计最基本、最核心的职能，是其他职能的基础，所以，在此我们主要介绍会计的这两大基本职能。

1. 会计核算职能

会计核算，也称会计反映，是指会计主要利用会计本身特有的方法，将会计主体复杂的经济活动通过归集、整理、分析，从而形成一系列有效的经济数据，真实反映企业的经营活动过程和经营成果，以及行政和事业单位预算资金的收支和结余情况。

会计在对经济活动进行确认、计量、记录和报告的过程中完成了会计核算职能。其特点表现为以下 3 点。

（1）会计核算主要通过价值量（货币量度）单位综合反映各单位的经济活动状况，即会计以货币作为主要的计量单位，透过经济活动的表象，直接从其内在的价值方面进行会计核算。企业经济活动具有明显的复杂性，人们不可能单凭观察和记忆等方法来掌握经济活动的全貌，也不可能简单地将不同类别的经济业务进行加总。只有按照一定的会计程序和规则进行加工处理后生成的以价值量表现的会计数据，才能反映经济活动的全过程及其结果。因此，虽然会计可以采用货币量度、实物量度、劳动量度这三种量度单位，从数量上反映经济活动，但只有通过货币量度才能将各种性质不同的经济内容统一起来，进行综合的反映。会计核算之所以选择货币作为主要计量单位，是货币本身的属性决定的，货币是商品的一般等价物，是衡量一般商品价值的共同尺度。其他计量单位如实物量度、劳动量度等，只能从一个侧面反映企业的生产经营活动情况，无法从量上进行汇总和比较。为全面反映生产经营、业务收支情况，会计核算选择了货币计量，最终反映在报表中的项目也只能用统一的货币计量。

（2）会计核算具有完整性、连续性和系统性。会计核算的完整性是指无论是在时间上还是在空间上，会计核算要对所有的会计对象进行全面反映，不能有所遗漏或重复；会计核算的连续性是指会计核算必须在时间、程序和步骤上保持前后一贯，连续反映，不能有任何中断和错位；会计核算的系统性是指要采用科学的核算方法对会计信息进行加工处理，保证会计信息能成为一个有序的整体，形成一个会计信息系统。

（3）会计核算要对各单位经济活动的全过程进行反映，既要对已经发生的经济活动进行事中、事后核算，也要对未来的经济活动进行预测。因此，从业务流程方面看，会计核算贯穿企业经济活动的事前、事中、事后三个阶段，实现对经济活动的事前预测、事中核算、事后监督。

2. 会计监督职能

会计监督职能是指会计人员在会计核算过程中，对企业的经济活动和会计核算的各个环节的真实性、合法性和合理性进行控制和监督,以保证企业资产安全、合法经营和会计信息的真实可靠。

会计监督主要从会计核算以及经济活动层面进行,会计监督职能有利于发挥会计对经济活动行为的引导力、制约力和对经济管理的保证力、促进力。其特点表现为以下3点。

(1)会计监督要对会计核算的恰当性和准确性进行监督。在构建企业内部会计制度时,一方面要符合企业自身的业务特点和管理要求;另一方面一定要符合会计准则等相关会计制度规范,选择恰当的会计政策、会计方法和会计程序,严格对企业实际发生的经济业务进行核算,准确计量资产、负债、所有者权益、收入、费用和利润等指标,真实反映经济活动的过程和结果,确保会计信息的相关性和可靠性,为企业的利益相关者提供高质量的会计信息。

(2)会计监督要对经济活动合法性、合理性、综合性等进行全方位监督。合法性是指会计在法律、法规的范围内,监督单位各项经济活动严格按照国家的法律、法规和制度进行,每一步骤、每一重大决策必须符合法律规范。凡不符合法律、法规和制度的都要加以限制和制止。例如,对于不真实、不合法的原始凭证,会计有权不予接受。合理性是指单位经济活动要符合客观经济规律的要求。任何违背客观经济规律的经济活动,会计都有权而且应当及时加以制止和纠正。会计人员必须保证会计资料真实、完整,对不合理的业务及其原始凭证有权予以拒绝。综合性是指将会计监督贯穿于经济活动的全过程,从经济活动的计划到实施,从资金的使用到经营成果的分配,都需要进行会计监督;从内容上讲,会计监督又是全方位的,包括监督国家的经济、物价、税收、财务、金融和劳资等政策执行情况,监督单位财务制度以及预算的执行情况等。

(3)会计监督要对经济活动全过程进行及时性和效益性的监督。会计监督应贯穿企业经济活动的全过程,开展事前监督、事中监督和事后监督。及时性是指会计人员由于直接参与经济活动,进行核算、控制、预测和决策,所以必须及时监督单位业务活动及会计管理中可能存在的问题等。效益性是指会计管理的终极目的是提高经济效益,所以会计必须对经济活动的效益情况进行监督,及时发现单位可能存在的效益不高的项目,防止财务危机的发生等。例如,会计参与经济计划的制订,对未来经济活动是否可行提出建议和意见等。

会计核算职能和会计监督职能是会计的两个基本职能,二者密切联系、相辅相成。只有在对经济业务活动进行正确核算的基础上,会计监督才可能拥有可靠的资料作为依据。会计监督职能依附于会计核算职能而存在,会计核算职能是会计监督职能存在并作用的前提。

二、会计作用

会计作用是会计职能的外化体现,即会计本质功能发挥的外在表现。

（一）会计的外部作用

1. 能够完善国家监督体系

会计监督作为国家监督的一部分，利用自身的技术手段、行业法律法规以及各种规章制度，对企业经济活动进行全方面、全过程的监督，进而保证整个国家经济秩序正常，在国家法律规范内高效运行。

2. 能够助力国家宏观经济政策制定

企业是国家经济体系中的细胞，通过对每一个企业经济活动的核算与监督，可以获知国家经济运行情况以及国家经济政策有效性。例如，国家财政、审计、税务等部门根据会计提供的信息进行汇总和处理，就能够了解各地、各级政府、各行业经济发展的实际状况以及经济政策的有效性。

> **【小提示】**
>
> 受新冠疫情的影响，很多小微企业的经营活动受到很大的负面影响，经营成果不佳。因此，国家税务部门出台了所得税优惠政策，自 2022 年 4 月至 2022 年 12 月，国家对小微企业免征所得税，以减轻其负担。

3. 能够为企业利益相关者提供决策依据

在现代公司制度下，企业是社会公众的企业，外部存在很多与企业有利益关系的人或单位，例如，企业投资者、债权人、供应商、消费者等。他们不直接参与经营活动，需要通过企业提供的会计信息对企业进行诊断和认知，进而做出相关的投资决策。

（二）会计的内部作用

1. 能够完善公司治理结构

企业会计部门是企业整个管理机构中重要的、不可缺少的一部分。若没有会计部门，企业的治理结构则无法发挥作用。

2. 能够了解企业经济活动状况

通过会计核算与会计监督，可以准确、及时地掌握企业经济活动状况，确定企业经济效益，评价企业经济活动的质量，发现企业经济管理中存在的问题和短板，并且分析这些问题产生的原因。在此基础上有针对性地提出改进或改善措施，保证企业经济活动能够有序、高效进行。

3. 能够有效说明受托责任履行情况

在现代公司制度下，企业所有权与经营权分离，所有者需要通过企业提供的会计信息对企业经营者的受托责任进行评价。企业经营者也需要通过提供会计信息说明其是否完全履行受托责任，是否实现预期经营目标。

三、会计目标

（一）会计目标的含义

会计目标主要是指财务会计报告的目标。

会计在其发展进程中形成了两种不同的财务会计报告目标观念：一是受托责任观，该种观念强调以事实为基础，即以企业过去发生的事实为基础提供财务会计报告，主要反映企业管理层履行责任的情况；二是决策有用观，该种观念强调以预测为基础，即以企业过去发生的事实对未来能够形成的影响为基础提供财务会计报告，主要为财务会计报告使用者进行经济决策时提供依据。

《企业会计准则——基本准则》中指出，财务会计报告的目标是向财务会计报告使用者提供与企业财务状况、经营成果和现金流量等有关的会计信息，反映企业管理层受托责任履行情况，有助于财务会计报告使用者做出经济决策。

由此可以认定，企业会计目标既要反映企业的受托责任，又要为财务会计报告使用者提供有用的会计信息，即结合了受托责任观和决策有用观后的一个综合财务会计目标。

（二）会计目标的具体内容

1. 向财务会计报告使用者提供决策有用的信息

决策有用观强调向财务会计报告使用者提供决策有用的信息，财务会计报告使用者主要包括投资者、债权人、政府及其有关部门和社会公众等。企业财务会计报告编制的出发点是满足会计信息使用者观察企业过去经济活动发生情况，准确地预测企业未来经济活动发展趋势的需要，非常重视会计信息与会计信息使用者之间的关系，如果企业在财务会计报告中提供的会计信息与会计信息使用者的决策无关，那么财务会计报告就失去了其编制的意义。因此财务会计报告所提供的信息应当如实反映企业所拥有或者控制的经济资源、对经济资源的要求权以及经济资源及其要求权的变化情况；如实反映企业的各项收入、费用、利得和损失的金额及其变动情况；如实反映企业各项经营活动、投资活动和筹资活动等所形成的现金流入和现金流出情况等。这样有助于现在的或者潜在的投资者正确、合理地评价企业的资产质量、偿债能力、盈利能力和营运效率等；有助于投资者根据相关会计信息做出理性的投资决策；有助于投资者评估与投资有关的未来现金流量的金额、时间和风险等。

将投资者作为企业财务会计报告的首要使用者，凸显了投资者在资本市场中的主导地位，体现了保护投资者利益的要求，是市场经济发展的必然。在通常情况下，如果财务会计报告能够满足这一群体的会计信息需求，也可以满足其他使用者的大部分信息需求。

2. 反映企业管理层受托责任的履行情况

随着资本市场的不断发展，委托人与受托人之间的关系更加明确，企业管理层接受委托人之托经营管理企业及其各项资产，负有受托责任。企业管理层所经营管理的企业各项资产基本上均由投资者投入的资本（或者留存收益作为再投资资本）或者向债权人借入资金所形成，企业管理层有责任妥善保管并合理、有效运用这些资产。企业投资者和债权人等需要及时或者经常性地了解企业管理层保管、使用资产的情况，以便于评价企业管理层的责任情况和业绩情况，并决定是否要调整投资或者信贷政策、是否需要加强企业内部控制和其他制度建设、是否需要更换管理层等。因此，财务会计报告应当以恰当、有效的方式反映企业管理层受托责任以及履行情况，以帮助外部投资者和债权人等评价企业的经营管理责任和资源使用的有效性。

> **小贴士**
>
> 会计信息使用者
>
> 　　会计信息使用者包括外部信息使用者和内部信息使用者。外部信息使用者主要包括：投资者、债权人、外部审计人员、供应商、客户、政府、社会公众等。内部信息使用者主要包括：经理层、管理人员、销售人员、预算管理人员、内部审计人员等。
> 　　投资者（或股东）和潜在的投资者需要掌握企业的经营状况、投资回报、企业的发展远景等财务信息，目的在于做出投资决策。
> 　　管理人员需要了解和掌握企业的财务信息，包括资产的运用、分布、资金的来源、经营收支、盈亏状况等，其目的是为经营和管理做出正确的决策提供依据。
> 　　政府作为经济管理和经济监管部门，通常关心经济资源分配的公平、合理，市场经济秩序的公正、有序，宏观决策所依据信息的真实、可靠等。
> 　　社会公众关心企业对所在地经济做出的贡献，如增加就业、刺激消费、提供社区服务等。

第三节　会计对象、会计要素与会计等式

一、会计对象

（一）会计对象的含义

　　会计对象是会计工作的内容，是会计核算和会计监督的客体，具体表现为企业的经济活动。
　　会计要求以货币作为主要计量单位，衡量企业的经济活动，由此可知，会计是从价值角度出发看待企业的经济活动的，所以，经济活动的本质是资金运动，那么会计对象就是企业的资金运动，下面以制造企业为例介绍会计对象的内容。

（二）会计对象的内容

　　企业进行生产经营活动，首先要用货币资金去购买生产设备和材料物资，为生产过程做准备，其次将其投入企业生产过程中生产产品，最后还要将生产出来的产品对外出售并收回因出售产品而取得的货币资金。这样，制造企业的资金就陆续经过供应过程、

生产过程和销售过程，其形态也随之而发生变化。用货币购买生产设备和材料物资的时候，货币资金转化为固定资金、储备资金；车间生产产品领用材料物资时，储备资金又转化为生产资金；将车间加工完毕的产品验收入库后，生产资金又转化为成品资金；将产成品出售收回货币资金时，成品资金又转化为货币资金。资金从货币形态开始，依次经过储备资金、生产资金、成品资金，最后又回到货币资金的这一运动过程被称为资金循环，周而复始的资金循环被称为资金周转。实际上，企业的生产经营过程是周而复始、不间断、循环地进行的，即企业不断地投入原材料、不断地加工产品、不断地销售产品，其资金也是不断循环周转的。

上述资金循环和资金周转的过程，也可以划分为三个具体阶段，即供应阶段、生产阶段和销售阶段。制造企业的资金在这三个阶段不断地循环周转，这些资金在空间序列上并存，在时间序列上依次继起。企业资金在供应、生产和销售三个阶段上的循环和周转，支撑着企业的正常运营。

就整个企业的资金运动而言，资金的循环和周转还应该包括资金的投入和资金的退出。资金的投入是指资金进入企业。企业进行经营生产活动的前提是必须拥有一定数量的资金，投入包括投资者的资金投入和债权人的资金投入。投资者的资金投入构成了企业的所有者权益，债权人的资金投入形成了企业的债权人权益，即企业的负债。投入企业的资金一部分形成流动资产，另一部分形成固定资产等非流动资产。资金的退出是指资金退出企业，包括按照法定程序偿还各项债务、缴纳税费、向所有者分配利润等内容，这一部分资金退出企业，不再参与未来期间企业资金运动。

资金的投入、运用（循环和周转）和退出是资金运动的三个阶段，三者相互支撑，构成一个统一体。没有资金的投入，就没有资金的循环和周转；没有资金的循环和周转，就没有资金的退出。资金投入、运用和退出三个阶段的关系如图 1-3 所示。

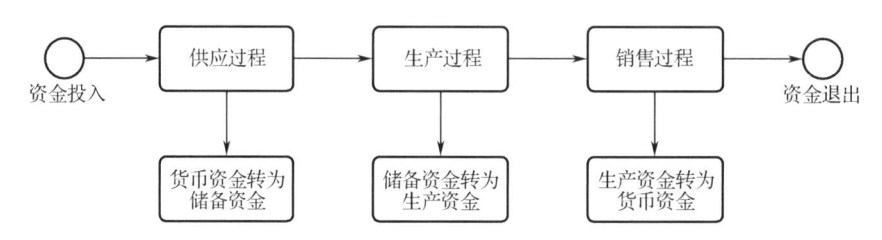

图 1-3　资金投入、运用和退出三个阶段的关系

综上所述，制造企业因资金的投入、运用和退出等经济活动而引起的各项财产和资源的增减变化，以及企业销售收入的取得和企业利润的实现、分配，构成了制造企业会计的具体对象。企业经济活动中发生的能够导致资金运动发生变化的、能够用货币计量的内容就是会计事项。

二、会计要素

（一）会计要素的含义

会计要素是对企业经济活动的概括性描述和界定，是根据会计对象的经济特征做出的基本分类，是会计对象的具体化。会计要素也被称为财务会计报告要素或会计报表要素。《企业会计准则——基本准则》规定，企业应当按照交易或者事项的经济特征确定会计要素。会计要素包括资产、负债、所有者权益、收入、费用和利润。

（二）会计要素的分类

按照会计要素所反映的内容不同，可以将其分为反映财务状况的会计要素和反映经济成果的会计要素。反映财务状况的会计要素包括：资产、负债和所有者权益，它们也可被称为资产负债表要素；反映经营成果的会计要素包括：收入、费用和利润，它们也可被称为利润表要素。

（三）反映财务状况的会计要素

1. 资产

（1）资产的含义。

《企业会计准则——基本准则》第二十条规定，资产是指过去的交易或者事项形成的、由企业拥有或者控制的、预期会给企业带来经济利益的资源。

（2）资产的特征。

第一，资产是由企业过去发生的交易或事项所形成的，即资产必须是企业在过去由于发生各种交易或事项所形成的，例如，企业通过支付价款而购入原材料或完成建造厂房等。资产不包括企业预计在未来将要产生的交易或事项，例如，企业与供应商签订合同，将在两年后购置一台设备等。

第二，资产必须是企业所拥有或控制的。企业作为主体享有资产所有权，进而享有其使用权，或者企业虽然不拥有资产的所有权，但是有权利对它实施控制，即拥有其使用权。例如，企业自行购入的生产厂房就是企业拥有的资产；企业通过一般租赁租入的能够在租赁期内实施控制的资产，就是企业能够控制的资产。

第三，资产必须能够在未来为企业带来经济利益，这是确认资产的决定性标准。例如，储存的原材料能够被用于生产过程，形成新产品，新产品被销售，为企业赚取利润，因此，储存的原材料能够被确认为资产。已经被毁的存货则只能作为费用处理，不能再列示为企业的资产。

（3）资产的分类。

① 按照资产的流动性，资产分为流动资产、非流动资产。

流动资产是指可以在一年以内或者超过一年的一个营业周期内变现或者耗用的资产。流动资产主要包括：库存现金及银行存款、交易性金融资产、应收票据、应收账款、存货及待摊费用。

库存现金是指企业用于零星收付的纸币和硬币。

银行存款是指企业存放在银行或其他金融机构的款项，用于结算起点以上的单位之间的资金收付结算。

交易性金融资产是指企业持有的随时可以用于交易的股票、债券、基金等金融资产。

应收票据是指企业因销售商品或提供劳务而收到的尚未到期的商业汇票。

应收账款是指企业因销售或提供劳务应该收而未收到的款项。

存货是指企业持有的以备生产、加工使用的原材料、各种辅助材料,以备销售的商品、半成品,以备周转使用的包装物和低值易耗品等周转材料。

非流动资产是指在超过一年或者一个营业周期后才能变现或者耗用的资产。非流动资产主要包括其他权益工具、长期应收款、长期股权投资、投资性房地产、固定资产、在建工程、无形资产、长期待摊费用等。

长期股权投资是指企业持有被投资企业的股权、不准备在一年内变现的投资。

固定资产是指使用年限在一年以上、单位价值在规定标准以上,并在使用过程中保持原有物质形态的资产。

无形资产是指企业为生产商品或提供劳务、出租给他人,或为管理目的而持有的、没有实物形态的可辨认的非货币性长期资产。

② 按照资产要素是否具有实物形态,资产分为有形资产和无形资产。

有形资产是指具有实物形态的资产,主要包括固定资产、存货等。

无形资产是指没有实物形态但可辨认的非货币性长期资产,主要包括:专利权、商标权、著作权、土地使用权、非专利的专用技术等。

小贴士

品牌价值

隆平高科是以我国著名水稻专家、中国科学院院士袁隆平先生命名的一家高科技农业上市公司。根据协议,袁隆平先生准许公司存续期间使用其姓名作为公司名称,公司需要支付袁隆平先生姓名使用费用580万元。根据资产评估公司评估,截至2020年10月,袁隆平三个字价值1 008.9亿元。

2. 负债

(1)负债的含义。

《企业会计准则——基本准则》第二十三条规定,负债指企业过去的交易或事项形成的、预期会导致经济利益流出企业的现时义务。

(2)负债的特征。

第一,负债是由于过去的交易或事项所引起的、企业当前所承担的义务,那些由未来交易或事项决定的义务不应包括在现实负债中,除非该交易或事项的发生有相当大的可能性。

第二,负债是一种现时义务,即企业已经承担的义务,无论这种义务是法定义务还是推定义务,企业必须承诺未来用企业资产或提供劳务的方式偿还。例如,企业从金融机构获取借款,便负有到期无条件支付本金和利息的法定义务。再如,企业销售产品时承诺的售后服务等费用,合理估计未来期间会偿付,也应当确认为负债。

第三,履行义务会导致经济利益流出。偿还负债时,无论采用哪种方式,企业必须交付资产或提供劳务。

第四,负债是能够用货币确切计量或合理估计的债务责任。大多数负债在产生时,其金额已经明确,例如,借款后应偿付的本金和利息。然而,也有部分负债的金额需要取决于未来的交易或事项，此时，虽然负债的金额不明确，但债务责任是肯定的，所以也应作为负债确认，例如，企业的所得税金额需根据企业的经营成果而定。

第五，负债一般有确切的偿付对象和偿付时间，但有时也可能对收款人和偿付日期进行合理的估计。例如，企业因销售产品许诺对产品质量实行"三包"，此时"三包"可能带来的维修责任的偿付对象和偿付时间无法确认。

（3）负债的分类。

按照负债偿还时间的长短，负债分为流动负债、长期负债。

① 流动负债。

流动负债是指偿付期在一年或一个营业周期以内的负债。流动负债主要包括：短期借款、应付票据、应付账款、预收账款、应付职工薪酬、应付利润等。

短期借款是指企业向银行或其他金融机构借入的期限短于一年、主要用于补充企业流动资金的各项借款。

应付票据是指企业因购买商品或接受劳务而开给收款人或持有人特定金额和期限的商业汇票。

应付账款是指企业因购买商品或接受劳务应支付而尚未支付的款项。

预收账款是指企业在交易之前预收客户的购买商品或接受劳务的款项。

应付职工薪酬是指企业为获得职工劳动而应给职工支付的或为职工支付的报酬。

② 长期负债。

长期负债是指偿还期限在一年或一个营业周期以上的负债。长期负债主要包括：长期借款、应付债券、长期应付款等。

长期借款是指企业向银行或其他金融机构借入的期限在一年以上的各种借款。

应付债券是指企业为筹集资金发行在外的期限在一年以上的长期借款性质的书面证明，并在约定期限内还本付息的一种书面承诺。

> **小贴士**
>
> **公司债券**
>
> 南山集团有限公司2021年面向专业投资者公开发行期限3年、不超过10亿元规模的公司债券（第一期），发行期限为3年，票面利率将以公开方式向具备相应风险识别和承担能力的专业投资者进行询价。发行人为南山集团有限公司，主承销商、债券受托管理人为中信建投证券，起息日为2021年9月23日。

3. 所有者权益

（1）所有者权益的含义。

《企业会计准则——基本准则》第二十六条规定，所有者权益是指企业资产扣除负债后由所有者享有的剩余权益。

（2）所有者权益的特征。

第一，所有者权益是一种剩余权益，除非发生减资、清算，企业不需偿还的具有永久性的资本。

第二，所有者权益代表了所有者对企业经营成果的要求权和对企业资产的管理权，即所有者凭借其所有者权益参与企业税后利润的分配。

第三，所有者权益不能单独计量，必须依赖资产和负债的计量。

（3）所有者权益的分类。

所有者权益分为实收资本（股本）、资本公积、盈余公积和未分配利润等。

实收资本是指投资者按照有限责任公司章程或合同、协议的约定，实际投入企业的资本。

资本公积是指投资者共有的资本（股本），主要包括资本（股本）溢价和其他来源形成的资本。

盈余公积是指企业按照《中华人民共和国公司法》的规定及董事会或类似经营决策机构决议从当年税后利润中提取的并留存企业的公积，主要用于弥补经营亏损。盈余公积包括法定盈余公积和任意盈余公积。

未分配利润是指企业尚未指定用途、留待以后分配的利润。

此外，根据所有者权益形成的来源，也可以将其划分为投资者投入和税后留利两部分。投资者投入包括实收资本（股本）和资本公积，税后留利主要包括盈余公积和未分配利润。

（四）反映经营成果的会计要素

1. 收入

（1）收入的含义。

《企业会计准则——基本准则》第三十条规定，收入是指企业在日常活动中形成的、会导致所有者权益增加的、与所有者投入资本无关的经济利益的总流入。

（2）收入的特征。

第一，收入产生于企业日常的经营活动，而不是偶发的交易或事项。企业日常经营活动指企业为了完成经营目标所从事的与之相关的经常性活动，是持续、周而复始的活动。例如，制造企业采购材料、生产产品、销售商品等就是企业的日常经营活动，其获取的经济利益流入应当属于企业收入。出售不能使用的或不需用的固定资产则不属于日常生产经营活动，其获取的经济利益流入则应属于企业的偶然利得。

第二，收入会导致所有者权益增加。根据资产=负债+所有者权益的平衡公式，收入形成会使企业资产增加或负债减少，所以收入最终可以使企业所有者权益增加。

第三，收入是与投资者投入资本无关的经济利益总流入。收入形成可以导致资产增加，但不是所有的资产增加都是收入，投资者投入以及帮第三方或客户代收的款项不是企业收入。例如，代收增值税销项税额、代收利息等就不能被确认为企业的收入。

（3）收入的分类。

① 按照收入形成渠道不同分类。

按照收入形成渠道不同，收入可以分为销售商品取得的收入、提供劳务取得的收入、让渡资产使用权取得的收入。

销售商品取得的收入是指企业通过销售商品实现的收入。

提供劳务取得的收入是指企业通过对外提供不同形式的劳务实现的收入。例如，运输公司对外提供运输服务、电信公司对外提供通信服务等实现的劳务收入。

让渡资产使用权取得的收入是指企业实现的利息收入、使用费收入。另外，它还包括出租资产收取的租金、进行债权投资取得的利息、进行股权投资取得的现金股利收入等。

② 按照收入重要性不同分类。

按照收入重要性不同，收入可以分为主营业务收入、其他业务收入、营业外收入等。

主营业务收入是指企业的主要经济活动产生的收入。例如，制造业的产品销售收入、旅游业的门票收入等。

其他业务收入是指除主营业务收入外的其他经营活动带来的收入。例如，企业出售不用的固定资产等取得的收入。

营业外收入是指企业非日常活动产生的利得。例如，罚款收入、重组利得、捐赠利得。

③ 按照收入涵盖内容不同分类。

按照收入涵盖内容不同，收入可以分为广义收入和狭义收入。

广义收入是指企业所有经营活动和非经营活动中实现的所得。

狭义收入是指企业在销售商品或提供劳务以及让渡资产使用权等日常活动中形成的经济利益流入。现在《企业会计准则——基本准则》中界定的收入即狭义收入。

2. 费用

（1）费用的含义。

《企业会计准则——基本准则》第三十三条规定，费用是指企业在日常活动中发生的、会导致所有者权益减少的、与向所有者分配利润无关的经济利益的总流出。

（2）费用的特征。

第一，费用是企业日常活动中发生的经济利益的流出，而不是在偶然事件中发生的。例如，企业在日常生产活动中发生的各项费用，包括产品销售成本、营业税金及附加、财务费用、管理费用、销售费用等；企业在日常活动或者与经常性活动有关的其他经营活动中发生的费用，包括企业出售剩余材料的成本、转让无形资产使用权的成本等。然而，在除企业日常活动外的偶然事件中发生的支出不能确认为费用，而是被确认为损失，包括企业由于违法违规经营被罚没的财产损失、对外捐赠支出等。

> 【专家提醒】
>
> 企业应承担的各种税金及附加属于费用，但是因逾期未缴纳而被处罚的滞纳金则为损失。

第二，费用会导致所有者权益减少。费用表现为资产的减少或负债的增加，或者两者兼而有之，所以，费用增加导致利润减少，最终体现为所有者权益减少。

第三，费用导致企业资源减少。费用发生表现为资金减少或资产消耗增加，也就是企业经济利益流出。不过，不是所有的企业经济利益流出都是由费用发生导致的，例如，企业向投资者分配利润就不属于此类。

（3）费用的分类。

费用可以分为主营业务成本、其他业务成本、税金及附加、期间费用、投资损失、资产减值损失、公允价值变动损失、所得税费用等。

主营业务成本是指企业在其主营业务活动中产生的成本、与主营业务收入匹配的费用。例如，商品销售成本。

其他业务成本是指企业在主营业务外其他业务活动中产生的成本、与其他业务收入匹配的费用。例如，出售材料结转的成本。

税金及附加是指企业在经营活动中依法缴纳的各项流转税金及附加。例如，消费税、城市维护建设税、土地增值税、车船使用税、教育费附加等。

期间费用是指与产品生产或劳务提供项目没有直接对应关系、不能计入产品生产成本或劳务成本、应当计入某一会计期间损益的费用。期间费用主要包括企业行政管理部门为组织和管理经济活动发生的管理费用、企业为筹集资金发生的财务费用、企业销售部门为销售商品发生的销售费用。

投资损失是指企业对外投资发生的各项损失。

资产减值损失是指因企业持有资产的可收回金额低于账面价值的差额而提取的资产减值准备所确认的损失。

公允价值变动损失是指因企业按照公允价值计量资产，其公允价值低于账面价值所确认的损失。

所得税费用是指企业依法应承担所得税税金时形成的一种特殊的费用。

3. 利润

（1）利润的含义。

利润是指企业在一定会计期间的实现的综合经营成果，即企业在一定会计期间内发生的存在因果关系的收入与费用之间的差额以及不存在因果关系的利得和损失共同形成的结果。

（2）利润的特征。

第一，利润是企业一定会计期间的综合经营成果，可表现为利润或亏损。

第二，利润既包括企业日常活动实现的收入在扣除发生的费用之后的营业利润，也包括企业在非日常经营活动中发生的不存在因果关系的利得或损失的净额。

第三，利润最终导致所有者权益的变化。利润形成导致所有者权益增加，但是亏损发生会导致所有者权益减少。

（3）利润的构成。

利润主要包括营业利润、营业外收支净额两个部分。其中，营业利润属于企业日常经营活动中形成的结果，营业外收支净额属于企业非日常经营活动中发生的利得或损失的净额。

营业利润=营业收入-营业成本-营业税金及附加-销售费用-管理费用-财务费用-资产减值损失+投资收益（-投资损失）+公允价值变动损益（-公允价值变动损失）。

利润总额=营业利润+营业外收支净额。

净利润=利润总额-所得税费用。

会计要素具体内容如图 1-4 所示。

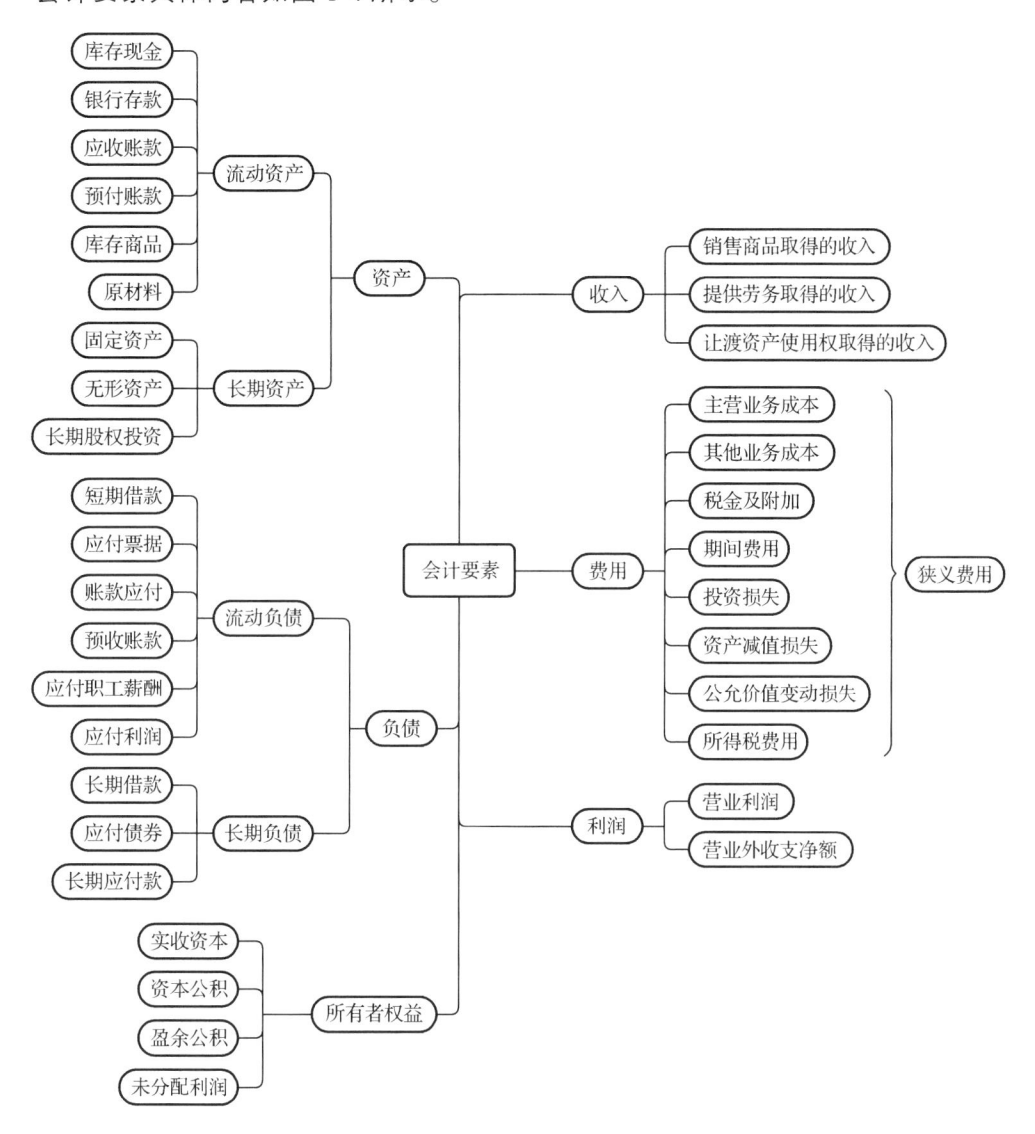

图 1-4　会计要素具体内容

三、会计等式

（一）会计等式的含义

会计等式是利用数学公式对各会计要素的内在经济关系所做的概况表达，即反映各会计要素数量关系的平衡式或恒等式。

会计等式表述了各会计要素之间的数量关系，是复式记账、试算平衡和编制会计报表的理论依据。

（二）会计等式的分类

1. 静态会计等式

静态会计等式是反映企业在某一特定日期财务状况的会计等式，即形成财务状况的要素之间的数量关系。这种数量关系用公式表示为：

$$资产=负债+所有者权益$$

企业从事生产经营活动必须拥有或控制一定数量的经济资源，这些经济资源形成了企业的资产，其主要来源渠道是债权人和投资者对企业的投入，因此资产与负债和所有者权益之和之间必然存在数量相等的关系。

在一定时点表达的资产与负债和所有者权益之间的数量关系被称为静态会计等式。静态资金运动关系如图1-5所示。

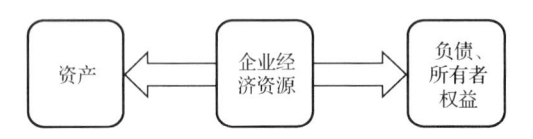

图1-5 静态资金运动关系

2. 动态会计等式

动态会计等式是指反映企业在一定会计期间内经营成果的会计等式，即形成经营成果的要素之间的数量关系。这种数量关系用公式表示为：

$$利润=收入-费用$$

对于资金运动而言，静止是相对的，运动是绝对的。因此，随着企业经济活动不间断地进行，资金运动也在不间断地周转和循环。在这个过程中，企业不间断地通过各种经营活动赚取收入，同时也为此不间断地发生各种费用，当一定会计期间结束时，可以通过收入与费用之间的配比关系确定利润。因此，利润是在一定会计期间内，企业资金运动后形成的结果。

由动态会计等式可知，利润是依据收入和费用进行确认和计量的，是在一定会计期间内，收入和费用配比的结果，不可以独立计量。利润与收入呈正向变化，收入增加，利润增加；利润与费用呈反向变化，费用增加，利润减少。

3. 综合会计等式

综合会计等式是指综合静态会计等式和动态会计等式后所形成的会计要素之间的数量关系。

企业如果在一定会计期间内实现盈利，它必然属于所有者权益，导致所有者权益增加；如果在一定会计期间内发生了亏损，必然由所有者承担，导致所有者权益减少。因此，在一定会计期间内发生的经营成果必然影响会计等式发生变化，从一个平衡演变成另一个平衡。静态会计等式与动态会计等式之间的关系，可以推演为：

$$资产=负债+所有者权益$$
$$=负债+所有者权益+利润$$
$$=负债+所有者权益+收入-费用$$

从动态角度看，会计期初的静态会计等式受到会计期间发生的经济活动的影响，即动态会计等式的影响，演变成会计期末的静态会计等式，所以期末会计等式是从旧的平衡历经变化走向新的平衡的结果，这也恰好反映了资金运动的规律。

【例 1-1】 2022 年 1 月 1 日，A 公司的资产总额为 3 000 000 元，负债总额为 1 000 000 元，所有者权益总额为 2 000 000 元。截至 2022 年 12 月 31 日，A 公司实现净利润 600 000 元，其中收入为 1 000 000 元，费用为 400 000 元，假设收入均已收存银行，费用均以银行存款支付。

分析：公司本年利润=1 000 000-400 000=600 000（元），全部留归企业，导致所有者权益总额增加。

同时由于本年收入增加，导致公司资产中的货币资金增加了 1 000 000 元；由于本年费用支出，导致公司资产中的货币资金减少了 400 000 元。

2022 年 12 月 31 日，资产=3 000 000+1 000 000-400 000=3 600 000（元）。

所有者权益=2 000 000+600 000=2 600 000（元）。

2022 年 12 月 31 日，资产（3 600 000 元）=负债（1 000 000 元）+所有者权益（2 600 000 元）。

因此，期初，资产（3 000 000 元）=负债（1 000 000 元）+所有者权益（2 000 000 元），受动态会计等式的影响，即利润（600 000 元）=收入（1 000 000 元）-费用（400 000 元）的影响，到 2022 年 12 月 31 日，会计等式依然成立，但是其金额已经发生变化。

（三）经济业务对会计等式的影响

1. 经济业务对会计等式影响的类型

企业经济业务所引起的资金运动会导致一个或几个会计要素发生变化，根据会计等式的原理，会计等式是一种恒等式，即无论经济业务如何变换，都不会破坏会计等式的平衡关系，不外乎是经济业务引起会计等式左边与右边的金额同时发生增减变化，打破原有平衡形成新的平衡，或者会计等式左边或右边内部发生一增一减，总额不变，会计等式依然成立。不同经济业务对会计等式的影响如表 1-1 所示。

表 1-1 不同经济业务对会计等式的影响

类型	资产=负债+所有者权益			影响结果
	资产	负债	所有者权益	
资产内部一增一减	↓↑			资产总额不变，会计等式成立
负债内部一增一减		↓↑		负债总额不变，会计等式成立
所有者权益内部一增一减			↓↑	所有者权益总额不变，会计等式成立
资产增加，负债增加	↑	↑		等式两边同时增加，会计等式成立
资产减少，负债减少	↓	↓		等式两边同时减少，会计等式成立
资产增加，所有者权益增加	↑		↑	等式两边同时增加，会计等式成立
资产减少，所有者权益减少	↓		↓	等式两边同时减少，会计等式成立

续表

类型	资产=负债+所有者权益			
	资产	负债	所有者权益	影响结果
负债增加，所有者权益减少		↑	↓	等式右边一增一减，会计等式成立
负债减少，所有者权益增加		↓	↑	等式右边一增一减，会计等式成立

2. 经济业务对会计等式影响的案例

【例1-2】 2022年1月，A公司注册成立，接受股东投入资本500 000元，已存入在银行开立的存款账户。

分析：会计对该项经济业务进行表示，各要素变化情况如表1-2所示。

表1-2 各要素变化情况

单位：元

资产		=	负债		+	所有者权益	
项目	金额		项目	金额		项目	金额
银行存款	+500 000					股本	+500 000
合计	500 000	=					500 000

A公司接受股东以银行存款方式投入，导致公司资产要素中的银行存款增加500 000元，同时所有者权益要素中的股本增加500 000元，因此，会计等式左边与右边同时增加500 000元，会计等式成立。

资产（500 000元）=负债（0元）+所有者权益（500 000元）

【例1-3】 2022年1月，A公司购入原材料一批，价款为50 000元，货款尚未支付。

分析：会计对该项经济业务进行表示，各要素变化情况如表1-3所示。

表1-3 各要素变化情况

单位：元

资产		=	负债		+	所有者权益	
项目	金额		项目	金额		项目	金额
（1）银行存款	+500 000					股本	+500 000
（2）原材料	+50 000	=	应付账款	+50 000			
合计	550 000	=		50 000	+		500 000

A公司采购原材料，导致公司资产要素中的原材料增加50 000元，同时负债要素中的应付账款增加50 000元，因此，会计等式左边与右边同时增加50 000元，会计等式成立。

资产（550 000元）=负债（50 000元）+所有者权益（500 000元）

【例1-4】 2022年2月，A公司从银行存款户中支出50 000元，归还前欠货款。

分析：会计对该项经济业务进行表示，各要素变化情况如表1-4所示。

第一章 总 论

表1-4 各要素变化情况

单位：元

资产		=	负债		+	所有者权益	
项目	金额		项目	金额		项目	金额
（1）银行存款	+500 000					股本	+500 000
（2）原材料	+50 000	=	应付账款	+50 000			
（3）银行存款	−50 000	=	应付账款	−50 000			
合计	500 000	=		0	+		500 000

A公司归还负债，导致公司资产要素中的银行存款减少50 000元，同时负债要素中的应付账款减少50 000元，因此，会计等式左边与右边同时减少50 000元，会计等式成立。

资产（500 000元）=负债（0元）+所有者权益（500 000元）

【例1-5】2022年3月，A公司与股东协商将价值为100 000元的某项设备调拨给其他企业，同时调减投资者投入资本。

分析：会计对该项经济业务进行表示，各要素变化情况如表1-5所示。

表1-5 各要素变化情况

单位：元

资产		=	负债		+	所有者权益	
项目	金额		项目	金额		项目	金额
（1）银行存款	+500 000					股本	+500 000
（2）原材料	+50 000	=	应付账款	+50 000			
（3）银行存款	−50 000	=	应付账款	−50 000			
（4）固定资产	−100 000	=			+	股本	−100 000
合计	400 000	=			+		400 000

A公司调拨固定资产，导致公司资产要素中的固定资产减少100 000元，同时所有者权益要素中的股本减少100 000元，因此，会计等式左边与右边同时减少100 000元，会计等式成立。

资产（400 000元）=负债（0元）+所有者权益（400 000元）

【例1-6】2022年3月，A公司购入生产所需燃料100吨，价值为30 000元，以银行存款支付。

分析：会计对该项经济业务进行表示，各要素变化情况如表1-6所示。

表1-6 各要素变化情况

单位：元

资产		=	负债		+	所有者权益	
项目	金额		项目	金额		项目	金额
（1）银行存款	+500 000					股本	+500 000
（2）原材料	+50 000	=	应付账款	+50 000			

续表

资产		=	负债		+	所有者权益	
项目	金额		项目	金额		项目	金额
（3）银行存款	−50 000	=	应付账款	−50 000			
（4）固定资产	−100 000				+	股本	−100 000
（5）原材料 银行存款	+30 000 −30 000	=			+		
合计	400 000	=			+		400 000

A 公司用银行存款支付购买燃料价款，导致公司资产要素中的银行存款减少 30 000 元，同时资产要素中的原材料增加 30 000 元，因此，会计等式左边两个项目一增一减，总额不变，会计等式成立。

资产（400 000 元）=负债（0 元）+所有者权益（400 000 元）

【例 1-7】2022 年 4 月，A 公司开具一张面值为 10 000 元、3 个月后到期的商业票据，偿还前欠货款。

分析：会计对该项经济业务进行表示，各要素变化情况如表 1-7 所示。

表 1-7 各要素变化情况

单位：元

资产		=	负债		+	所有者权益	
项目	金额		项目	金额		项目	金额
（1）银行存款	+500 000	=			+	股本	+500 000
（2）原材料	+50 000	=	应付账款	+50 000	+		
（3）银行存款	−50 000	=	应付账款	−50 000	+		
（4）固定资产	−100 000				+	股本	−100 000
（5）原材料 银行存款	+30 000 −30 000	=			+		
（6）		=	应付账款 应付票据	−10 000 +10 000	+		
合计	400 000	=			+		400 000

A 公司用一笔新的负债偿还原有负债，导致公司负债要素中的应付账款减少 10 000 元，同时负债要素中的应付票据增加 10 000 元，因此，会计等式右边两个项目一增一减，总额不变，会计等式成立。

资产（400 000 元）=负债（0 元）+所有者权益（400 000 元）

【例 1-8】2022 年 5 月，A 公司将 20 000 元资本公积转增股本。

分析：会计对该项经济业务进行表示，各要素变化情况如表 1-8 所示。

第一章 总 论

表 1-8 各要素变化情况

单位：元

资产		=	负债		+	所有者权益	
项目	金额		项目	金额		项目	金额
（1）银行存款	+500 000					股本	+500 000
（2）原材料	+50 000	=	应付账款	+50 000			
（3）银行存款	-50 000	=	应付账款	-50 000			
（4）固定资产	-100 000	=			+	股本	-100 000
（5）原材料 银行存款	+30 000 -30 000	=			+		
（6）		=	应付账款 应付票据	-10 000 +10 000	+		
（7）		=			+	股本 资本公积	+20 000 -20 000
合计	400 000	=			+		400 000

A 公司将资本公积转增股本，导致公司所有者权益要素中的资本公积减少 20 000 元，同时所有者权益要素中的股本增加 20 000 元，因此，会计等式右边两个项目一增一减，总额不变，会计等式成立。

资产（400 000 元）=负债（0 元）+所有者权益（400 000 元）

【例 1-9】2022 年 6 月，A 公司向投资者分配现金股利 40 000 元，但是尚未实际支付。

分析：会计对该项经济业务进行表示，各要素变化情况如表 1-9 所示。

表 1-9 各要素变化情况

单位：元

资产		=	负债		+	所有者权益	
项目	金额		项目	金额		项目	金额
（1）银行存款	+500 000					股本	+500 000
（2）原材料	+50 000	=	应付账款	+50 000			
（3）银行存款	-50 000	=	应付账款	-50 000			
（4）固定资产	-100 000	=			+	股本	-100 000
（5）原材料 银行存款	+30 000 -30 000	=			+		
（6）		=	应付账款 应付票据	-10 000 +10 000	+		
（7）		=			+	股本 资本公积	+20 000 -20 000
（8）		=	应付股利	+40 000	+	未分配利润	-40 000
合计	400 000	=			+		400 000

A 公司计划向投资者支付股利，但是尚未实际支付，导致公司所有者权益要素中的未分配利润减少 40 000 元，同时负债要素中的应付股利增加 40 000 元，因此，会计等式右边两个项目一增一减，总额不变，会计等式成立。

资产（400 000 元）=负债（0 元）+所有者权益（400 000 元）

【例 1-10】2022 年 6 月，A 公司接到相关部门通知，将一笔 50 000 元的长期借款转入国家对企业的投入资本。

分析：会计对该项经济业务进行表示，各要素变化情况如表 1-10 所示。

表 1-10　各要素变化情况

单位：元

资产		=	负债		+	所有者权益	
项目	金额		项目	金额		项目	金额
（1）银行存款	+500 000					股本	+500 000
（2）原材料	+50 000	=	应付账款	+50 000			
（3）银行存款	−50 000	=	应付账款	−50 000			
（4）固定资产	−100 000	=			+	股本	−100 000
（5）原材料 银行存款	+30 000 −30 000	=			+		
（6）		=	应付账款 应付票据	−10 000 +10 000	+		
（7）		=			+	股本 资本公积	+20 000 −20 000
（8）		=	应付股利	+40 000	+	未分配利润	−40 000
（9）		=	长期借款	−50 000	+	股本	+50 000
合计	400 000	=			+		400 000

A 公司将长期借款转为投资者投入股本，导致公司所有者权益要素中的股本增加 50 000 元，同时负债要素中的长期借款减少 50 000 元，因此，会计等式右边两个项目一增一减，总额不变，会计等式成立。

资产（400 000 元）=负债（0 元）+所有者权益（400 000 元）

【小提示】

无论经济业务如何发生变化，对会计等式的影响都可以归纳为以下两种：一是经济业务导致会计等式左右两边同时增加或减少，会计等式成立；二是经济业务导致会计等式左边或右边一个项目增加、一个项目减少，并且增加和减少的金额相等，会计等式打破原有平衡关系，随即建立新的平衡关系。

第四节　会计核算原则与信息质量要求

一、会计假设

（一）会计假设的含义

会计假设也被称为会计核算的基本前提，是指企业会计确认、计量、记录和报告的条件假设，是对会计核算所处时间、空间环境等所做的合理设定。

会计假设虽说是一种人为设定，但是并不是人们的主观臆断，而是根据以往的会计实践和理论，对会计领域中尚未肯定的事项所做出的合乎情理的假说或设想，是会计实践中长期奉行、无须证明便为人们所接受的设想，是会计人员从事会计工作、研究会计问题的前提条件。

《企业会计准则——基本准则》规定，会计基本假设包括会计主体、持续经营、会计分期、货币计量。

（二）会计假设的内容

1. 会计主体假设

（1）会计主体假设的含义。

会计主体是指编制财务会计报告的任何单位或组织。

会计主体假设明确了会计工作特定的空间范围，为确定特定企业所掌握的经济资源和进行的经济业务提供了基础，从而也为规定会计记录和财务会计报告所涉及的范围提供了基础。

（2）会计主体假设确定的基础。

会计主体假设确定的基础包括：一是根据能够控制经济资源、承担义务并进行经营运作的经济单位确定会计主体；二是根据特定的个人、集团或机构的经济利益范围确定会计主体。

会计主体与法律主体不同，会计主体在通常情况下是一个独立的企业，也可以是企业内部的责任单位，还可以是几个不同法律主体组成的企业集团。例如，在编制合并财务报表时，由母公司和子公司组成的企业集团为一个会计主体。

法律主体是指活跃在法律之中，享有权利、负有义务和承担责任的人或单位。

在一般情况下，一个独立的法律主体必然是一个会计主体，但是一个会计主体并不一定是一个法律主体。

（3）会计主体假设的影响。

会计人员通过会计主体假设，可以严格区别本会计主体与其他会计主体、会计主体与会计主体所有者之间的经济界限，能够清晰准确地将其他企业的经营活动和企业所有者本人的财产变动或其他经济往来排除在本企业会计核算范围之外，由此可以保证企业财务状况和经营成果的正确，保证企业财务信息真实可靠。因此，会计主体假设为确立客观性、相关性原则提供了条件。

（4）会计主体假设的意义。

会计主体假设的意义主要表现为：第一，会计主体假设划定了财务会计核算的空间范围，解决了核算谁的经济业务和为谁进行会计核算的问题；第二，会计主体假设要求会计信息与会计主体经济活动和成果相关。

2. 持续经营假设

（1）持续经营假设的含义。

持续经营假设是指企业在可预见的未来能够按照目前的规模和经营状态继续经营下去，不会停业或破产。

持续经营假设是一种时间上的假设。可预见的未来通常是指企业足以收回成本的经营期间。在持续经营假设下，会计主体的经济活动不间断地按照计划正常进行，所拥有的各项资产将在正常的经营过程中被耗用、出售或转换，所承担的各项债务也将在正常的经营过程中被清偿，能够正常取得收入、发生费用，并且形成经营成果。

持续经营与非持续经营是相对应的，非持续经营即企业由于各项原因已经无法按照正常状态进行各项经济活动、资产无法正常运用、债务无法正常清偿，企业进入停产或破产状态。

（2）持续经营假设的影响。

持续经营假设的影响表现为以下3点。

第一，持续经营假设为会计原则建立了稳定的基础，解决了资产计价、债务偿还和收益确定问题。在持续经营假设下，企业能够对长期资产按历史成本计价，并且合理估计长期资产能够持续为企业提供服务并带来经济利益。购置长期资产的成本应当由受益人在会计期间共同承担，可以采用人为设计的、尽可能合理的折旧方式进行长期资产的价值转移和补偿，并且与各个会计期间的收益比配，正确计算企业在不同会计期间的经营成果。同时，企业能够连续地、不间断地从事预期的经济活动，取得预期经济利益，所承担的债务责任可以在未来正常经营过程中，陆续按照约定期限和金额偿还，由此使得企业经济活动良性循环。只有在持续经营的状态下，企业的资金运动才能够不间断地循环与周转，会计才能按照其特定的程序和方法连续、系统、全面地反映企业的经济活动。因此，这一假设为运用历史成本原则、确定一贯性原则、划分资本性支出与收益性支出原则提供了条件。

第二，持续经营假设能够保证财务会计目标的实现。财务会计目标是为企业利益相关者提供对其进行经济预测、决策有用的信息。持续经营假设利用时间上的假设，为经济预测、决策建立一个赖以比较的基础，将过去与未来有机地联系起来，使得利益相关者能够通过反映过去状况的会计信息判断企业未来经济发展的趋势和能力，从而做出正确的经济决策。

第三，持续经营假设并不意味着企业将永久存在，经济活动永久正常进行，仅表示企业可以存续到足以执行现有各项计划的时间。例如，企业购置的机器、设备等可以正

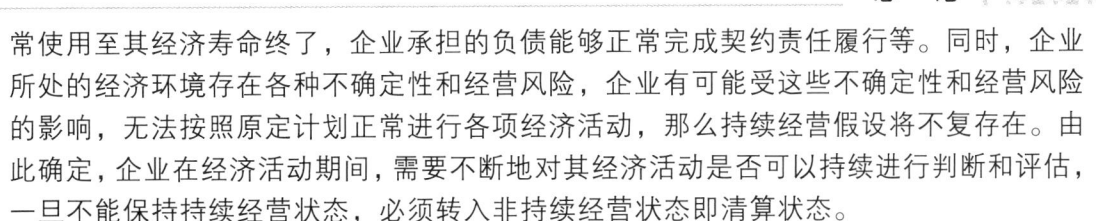

常使用至其经济寿命终了，企业承担的负债能够正常完成契约责任履行等。同时，企业所处的经济环境存在各种不确定性和经营风险，企业有可能受这些不确定性和经营风险的影响，无法按照原定计划正常进行各项经济活动，那么持续经营假设将不复存在。由此确定，企业在经济活动期间，需要不断地对其经济活动是否可以持续进行判断和评估，一旦不能保持持续经营状态，必须转入非持续经营状态即清算状态。

（3）持续经营假设的意义。

持续经营假设是建立会计准则和会计制度、选择会计程序和会计方法的前提，一旦持续经营假设不复存在，相应的会计政策与方法也需要随之改变。

3. 会计分期假设

（1）会计分期假设的含义。

会计分期假设是建立在持续经营假设基础之上的，即将企业连续不断的持续经营活动划分为若干个相等的期间。在会计核算中，我们将每一个相等的期间称作会计期间。

尽管持续经营假设认为企业在可预见的未来还将存在下去，但是为了便于短期决策，财务会计报告使用者还是要求企业能够提供各种有关财务状况和经营成果的信息，所以企业需要将持续经营的期间划分成相等的时间段，定期披露企业财务状况和经营成果。

（2）会计期间的认定。

会计期间是在会计分期假设基础上人为地确定的时间段。目前国际上常用的认定会计期间的方法是历年制和跨年制。

历年制是采用自然年度作为会计核算的会计期间，即从1月1日至12月31日为一个会计年度，1月1日至3月31日为一个会计季度，1月1日至1月31日为一个会计月度。因此在历年制下，会计期间中的年度、季度、月度与自然年度、季度、月度完全重合，便于人们理解。

跨年制是根据国家的地理、文化、历史等因素，单独设定的会计期间。例如，英联邦国家将每年的7月1日至次年的6月30日作为一个会计年度，北美国家将每年的10月1日至次年的9月30日作为一个会计年度，东南亚国家将每年的4月1日至次年的3月31日作为一个会计年度。

我国选择历年制确定会计期间。《中华人民共和国会计法》第十一条规定，会计年度自公历1月1日至12月31日止。《企业会计准则——基本准则》第七条规定，会计期间分为年度和中期。中期是指短于一个完整的会计年度的报告期间。

（3）会计分期假设的影响。

在会计分期假设下，产生了不同的会计期间的概念，出现了需要按照不同会计期间确定经营成果的理念。在会计核算中要求确定取得的收入和发生的费用应归属的会计期间，进而运用"应计""递延""摊提""分配"等不同会计程序，保证各个期间会计程序和方法的连贯一致。因此，这一假设为确定权责发生制原则、配比原则和一贯性原则提供了条件。

（4）会计分期假设的意义。

会计分期假设的意义表现为以下3点。

第一，及时提供会计信息。企业经济活动周期与会计期间不一定相同，大量经济活动需要涵盖若干个会计期间，但是企业的利益相关者需要及时了解企业的财务状况和经营成果，必须对企业的持续经营期间进行划分，形成会计期间，按照会计期间进行会计核算与监督，并及时对外提供会计信息，满足利益相关者的决策需求。

第二，确定会计核算的基础。在日常会计核算中，会计处理需要按照会计期间进行，因而会计确认、计量和报告的是某一特定会计期间的经营活动。然而，在企业经营活动过程中，一个会计期间内资产和负债的变动及由此产生的现金流动方向，形成了权责发生制和收付实现制两种会计核算基础，目前《企业会计准则——基本准则》第九条规定，企业应当以权责发生制为基础进行会计确认、计量和报告。

第三，确定了资产、负债要素的分类的时间标准。例如，周转期超过一个会计年度的资产为长期资产，偿还期限超过一个会计年度的负债为长期负债等。

4. 货币计量假设

（1）货币计量假设的含义。

货币计量假设是指会计主体在确认、计量、记录和报告时以货币作为计量尺度，反映会计主体的经济活动。

货币计量假设包括两层含义：一是在会计核算中采用货币作为主要的计量单位对企业发生的经济活动进行确认、计量、记录和报告，采用实物计量单位和劳动计量单位作为辅助计量单位；二是货币单位价值稳定，即在一定会计期间内币值不变。货币计量假设为确立历史成本原则、可比性原则提供了条件。

因此，《企业会计准则——基本准则》第八条规定，企业会计应当以货币计量。

（2）货币计量假设的影响。

货币计量假设的影响表现为以下2点。

第一，货币计量单位只能反映经济活动中的价值指标，不能表现诸如产品质量和企业竞争力之类的定性信息，即采用货币作为计量单位丧失了会计信息的某些质量。

第二，在不同会计期间，货币单位可能发生较大的波动。货币本身就是一种充当一般等价物的特殊商品，它本身具备价值，并且它的价值随市场波动而波动，所以货币价值只能保持相对稳定，或者在一定期间内变动幅度很小。在不影响其作为会计衡量单位使用时，视为币值不变，一旦币值发生大幅度波动，则需要采用专门的方法对因币值变动对各项财务指标的影响进行适当调整，以满足会计信息的可靠性和相关性要求。

（3）货币计量假设的意义。

在经济领域，可以被作为计量尺度使用的单位，主要有货币计量单位、实物计量单位和劳动计量单位。然而，实物计量单位和劳动计量单位在使用过程中的限制性比较明显，只能用于同类经济事项的衡量，不能反映不同类经济事项的综合信息。货币计量单位利用经济事项本质中的价值指标作为计量单位，透过经济事项的外部表象，直接利用其内在价值作为计量单位，恰好弥补了其他计量单位的缺陷，可以综合衡量一切能够用价值指标体现的经济事项，不受经济事项外在的具体表象的限制。会计信息综合体现企业各种经济活动所引起的资金运动，就需要采用货币计量单位进行核算。会计报告应对外提供全面、连续、系统、综合的会计信息，所以，会计在确认、计量和报告中采用货币作为计量尺度，反映企业的经济活动。

> **小贴士**
>
> **名义货币与实际购买力**
>
> 名义货币是指现时流通的、单位名称不变但是实际购买力不断变化的货币。
>
> 实际购买力是与名义货币对应的概念，以货币名义数量表示可以购买资产的价值。
>
> 当币值稳定时，名义货币与实际购买力是相同的，当币值变动时，名义货币与实际购买力不相同。

二、会计核算原则

（一）会计核算原则的含义

会计核算原则是企业在确认和计量资产、负债、收入、费用和利润的过程中应当遵循的原则。

（二）会计核算原则的内容

会计核算原则主要包括权责发生制原则、配比原则、划分收益性支出与资本性支出原则。

1. 权责发生制原则

权责发生制是指收入和费用的确认应当以经济业务发生的权利和义务的归属期作为确认标准，而不是以相关现金的实际收付作为确认标准。也就是说，凡应当属于本期的收入，不论相关款项是否实际收到，均作为本期的收入确认；不属于本期的收入，即使款项已在本期收到也不作为本期的收入确认。凡应属于本期的费用，不论相关款项是否实际支出，均作为本期的费用确认；不属于本期的费用，即使款项已在本期实际支出也不作为本期的费用确认。

权责发生制原则主要是从时间上规定会计确认、计量的基础，该原则的核心内容是根据权利和责任的归属期间确认收入和费用，不以与收入和费用确认相关的现金收付为依据确认收入和费用。

权责发生制运用的前提条件是企业处于持续经营状态中，并且将持续经营期间划分为若干个会计期间，由此正确划分不同会计期间内资产、负债、收入、费用等会计要素的归属。如果企业进入非持续经营状态，那么就不需要严格划分与收入或费用相关的权利或责任的归属期间，可以将收入或费用视为在一个清算期间内的收入或费用。当企业进入清算期间时，也不需要划分不同的会计期间，可以将整个清算期间视为一个会计期间，完成清算过程中的会计核算。

【例1-11】2022年6月，A公司与B公司签订了一份某商品的销售合同，随即A公司根据合同要求发出某商品，B公司向A公司开出一份3个月到期的商业承兑汇票。

分析：A公司已经根据合同要求及时发出商品，并且收到B公司开出的商业承兑汇票，在通常情况下可以认定收入已经实现，虽然没有实际收到与收入相关的现金，但是

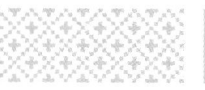

该项收入应归属当期，被确认为当期收入。

【例 1-12】2022 年 6 月，A 公司与 B 公司签订一份设备租赁合同，合同约定租赁期限为 10 个月，租金总额为 100 000 元，A 公司在租赁期开始日支付 50% 的租金，在租赁期满时支付 50% 的租金。

分析：2022 年 6 月，A 公司实际支付了 5 个月的租金，但是按照权责发生制当期只承担 10 000 元租金，其他 40 000 元是为未来期间预付的租金，不能作为本期费用处理，所以，只能将本期承担的 10 000 元租金作为本期费用确认。

> **小贴士**
>
> **收付实现制的概念及主要内容**
>
> 收付实现制，又称现金制或实收实付制，是以收益是否收到和费用是否支付为标准来确认收益和费用的。凡属于本期收到的收益和支付的费用，不论其款项是否应当收付，均作为本期的收益和费用处理，其标准为实收实付。
>
> 在按照收付实现制进行会计核算时，会计不考虑预收收入、预付费用以及应计收入和应计费用的问题，会计期末也不需要进行账项调整，因为实际收到的款项和付出的款项均已登记入账，所以可以根据账簿记录直接确定本期的收入和费用，并加以对比以确定本期盈亏。
>
> 因此，与收付实现制相比较，权责发生制能更加准确地反映特定会计期间实际的财务状况和经营业绩。因此，中国目前的会计规范采用权责发生制。

2. 配比原则

配比原则是指收入与费用配比时运用的原则，应用于企业利润的计算。

配比原则的内涵包括：第一，在计算某一会计期间利润时，收入与费用存在直接的因果关系，即当期为取得收入，必然会发生相应的费用，同理，企业发生费用的目的就是实现收入，那么这样的收入与费用之间存在直接的因果关系，可以匹配确认当期利润；第二，在计算一个会计期间利润时，收入与费用应当归属于同一个会计期间，即只有本期收入与本期费用可以进行匹配来确认本期利润，不同会计期间的收入和费用无法匹配来计算利润。

【例 1-13】2022 年 6 月，A 公司销售一批商品，取得收入 300 000 元，并且向客户承诺，在商品销售后的 6 个月内提供三包服务。根据以往经验判断，A 公司估计将为三包服务发生 5 000 元费用。

分析：2022 年 6 月，A 公司实现销售收入 300 000 元，但是同时向客户承诺提供三包服务，估计将会发生 5 000 元的相关费用，虽然与三包服务相关的费用还没有支付，但是该项费用与本期取得的商品销售收入具有直接的因果关系，所以应当作为本期费用确认，与收入匹配，以正确计算当期销售利润。

3. 划分收益性支出与资本性支出原则

划分收益性支出与资本性支出原则是指企业的一项支出能够形成一项资产，并且能够在超过一个会计年度的期间内受益，该支出则为资本性支出；企业的一项支出只能在不超过一个会计年度的期间内受益，该支出则为收益性支出。

【例1-14】 2022年6月，A公司为董事会办公室购入一台高端复印机，购买成本为32 800元，预计使用寿命为5年，同时购买一批打印纸，花费800元。

分析：A公司购入的高端打印机的使用寿命为5年，则其购买成本32 800元应当为资本性支出，购入的打印纸只能满足当期使用，则其购买成本应当为收益性支出。

三、会计信息质量要求

（一）会计信息质量要求的含义

会计信息质量要求也被称为会计信息质量特征，是指保证企业财务会计报告信息完备和可靠、有助于管理和决策应当具备的基本特征。

财务会计报告是企业对外提供会计信息的载体，面对企业之外所有的不同角色的利益相关者，需要满足其对会计信息的要求，所以企业提供的会计信息必须满足一定的质量要求。

（二）会计信息质量要求的内容

《企业会计准则——基本准则》第十二条至第十九条规定，企业对外提供的会计信息质量要求包括：可靠性、相关性、明晰性、可比性、实质重于形式、重要性、谨慎性、及时性等。

1. 可靠性

《企业会计准则——基本准则》第十二条规定，企业应当以实际发生的交易或者事项为依据进行会计确认、计量和报告，如实反映符合确认和计量要求的各项会计要素及其他相关信息，保证会计信息真实可靠、内容完整。

可靠性要求会计信息必须是客观存在的，会计信息应以实际发生的经济业务为依据，如实反映财务状况和经营成果，所提供的信息不偏不倚、如实反映，具有真实性、可靠性和可验证性。

2. 相关性

《企业会计准则——基本准则》第十三条规定，企业提供的会计信息应当与财务会计报告使用者的经济决策需要相关，有助于财务会计报告使用者对企业过去、现在或者未来情况做出评价或者预测。

相关性要求会计信息一定要同会计信息使用者的经济决策相关联，能够使得会计信息使用者据以做出各种经济决策。

3. 明晰性

《企业会计准则——基本准则》第十四条规定，企业提供的会计信息应当清晰明了，便于财务会计报告使用者理解和使用。

明晰性要求会计记录和会计报告要做到清晰完整，简明扼要，数字记录和文字说明能够一目了然地反映企业经济活动的来龙去脉，便于会计信息使用者正确理解和有效利用。特别是在市场经济条件下，会计信息的使用者非常广泛，更要求会计信息具有明晰性。

4. 可比性

《企业会计准则——基本准则》第十五条规定，企业提供的会计信息应当具有可比性。同一企业不同时期的相同或者相似的交易或者事项，应当采用一致的会计政策，不得随意变更。确需变更的，应当在附注中说明。不同企业发生的相同或者相似的交易或者事项，应当采用规定的会计政策，确保会计信息口径一致、相互可比。

可比性具体可以分为纵向可比性和横向可比性。

纵向可比性要求企业在不同时期对相同或者相似的交易或者事项所使用的会计处理方法和会计报表的指标口径、核算内容、编制规则应当保持一致，具有连续性。

横向可比性要求不同企业，尤其是同一行业的不同企业在对相同或者相似的交易或者事项进行会计核算时，会计指标的口径应当保持一致，并使用相同或者类似的会计程序和方法，使不同企业的会计报表和会计信息具有共同或者类似的特征，可作为比较的基础，以便于会计信息使用者据以进行不同单位之间的比较和分析、判断单位经营成绩的优劣、做出有关的经济决策。

无论是纵向可比性还是横向可比性，并不意味着企业不能变更会计方法或原则。当企业原有的会计方法所赖以存在的客观环境发生变化之后，或者新的方法能够提供更为精确、更为有用的信息时，应适时地变更会计方法。

5. 实质重于形式

《企业会计准则——基本准则》第十六条规定，企业应当按照交易或者事项的经济实质进行会计确认、计量和报告，不应仅以交易或者事项的法律形式为依据。

> 【小提示】
>
> 在租赁业务中，承租人对于通过一般租赁形式租入的、可供企业长期使用的资产，在租赁期间内只拥有其使用权，不拥有其所有权，但是，承租人在租赁期内可以自主安排租赁资产的使用、获得租赁资产产生的收益、承担相应的风险。从经济实质上观察，租赁资产应当作为承租人的使用权资产确认。

6. 重要性

《企业会计准则——基本准则》第十七条规定，企业提供的会计信息应当反映与企业财务状况、经营成果和现金流量等有关的所有重要交易或者事项。

重要性要求会计报表在全面反映企业的财务状况和经营成果的同时，对于重要的会计事项应单独核算、单独反映；而对于不重要的会计事项，则可适当简化或合并反映。

重要性和相关性极为相似，都足以影响会计信息使用者的经济决策，但不同的是，相关性侧重质量上的要求，而重要性侧重数量上的要求。如果企业决定不提供某种会计信息，原因可能是会计信息使用者对那些信息没有兴趣，或者虽有兴趣但金额太小，不足以对决策产生任何影响。一项信息是否重要、是否应单独提供或揭示，应视其本身的性质及相关情况而定，也就是说，重要性原则的使用具有一定的主观性。

7. 谨慎性

《企业会计准则——基本准则》第十八条规定，企业对交易或者事项进行会计确认、计量和报告应当保持应有的谨慎，不应高估资产或者收益，低估负债或者费用。

谨慎性又称稳健性，主要是指在对某些带有不确定因素的交易或者事项进行会计处理时，应当保持谨慎态度，对于可能发生的费用或损失进行合理预计并予以入账，对于可能取得的收入不予以提前入账。不能低估费用或负债的价值，不能高估收入或资产的价值。

8. 及时性

《企业会计准则——基本准则》第十九条规定，企业对于已经发生的交易或者事项，应当及时进行会计确认、计量和报告，不得提前或者延后。

及时性要求企业必须在经济业务发生时及时对各项会计事项进行处理，保证会计信息的时效性，以便满足会计信息使用者的需要。如果会计信息不能及时传递给信息使用者，不能对其决策提供依据和支撑，即便是真实可靠的会计信息也没有实际用途。在大数据、智能化、移动支付、云计算背景下，社会对会计信息的及时性提出了更高的要求。同时，现代信息处理、传递技术的发展，也为及时性提供了更便利的条件。

第五节 会计核算方法

会计方法是指会计用来核算和监督会计对象、执行会计职能、实现会计目标的手段。会计方法是人们在长期的会计工作实践中总结创立的，并随着生产发展、会计管理活动的复杂化而逐渐地完善和提高的，一般包括会计核算方法、会计分析方法和会计检查方法。本节主要介绍会计核算方法，会计分析方法和会计检查方法将在后续课程中讲授。

一、会计核算方法的含义

会计核算方法是指对会计对象进行连续、系统、全面、综合的确认、计量、记录和报告时采用的方法。

会计核算方法主要包括设置账户、复式记账、填制和审核凭证、登记账簿、成本计算、财产清查和编制财务会计报告。

二、会计核算方法的内容

（一）设置账户

账户是对企业经济活动进行分类反映的一种工具。设置账户是利用账户对会计核算的具体内容进行分类核算和监督的一种专门方法。

企业经济活动是复杂且多变的，导致会计对象也是复杂多样的，所以必须对经济业务进行科学的分类，以便分类、连续、全面、综合地确认、计量、记录和报告，据以取得多种不同性质、符合会计信息质量要求的会计信息。

例如，企业的货币资金可以以银行存款和库存现金的方式保存，为了分别反映企业所拥有的银行存款和库存现金的数量，可以设置"银行存款"和"库存现金"两个账户，分别对银行存款和库存现金的增减过程以及变化结果进行核算。

（二）复式记账

复式记账是指对所发生的每项经济业务，以相等的金额，同时在两个或两个以上相互联系的账户中进行登记的一种记账方法。

相对于单式记账方法而言，采用复式记账方法，可以全面反映每一笔经济业务的来龙去脉，而且可以防止出现差错，便于检查账簿记录的正确性和完整性，是一种比较科学的记账方法。

例如，企业接到开户银行通知，收到一笔款项。在单式记账方法下，企业只记录银行存款增加的金额，不记录为什么增加，如果是因为销售商品取得收入导致银行存款增加，那么企业资产总额会增加，如果是其他企业归还之前欠款，那么只是企业应收账款减少，资产总额不会变化。复式记账方法则要求清晰反映银行存款增加以及为什么增加，如果是因为销售商品取得收入导致银行存款增加，那么会计应当反映银行存款增加和收入增加，如果是其他企业归还之前欠款，会计应当反映银行存款增加和应收账款减少、资产总额不变。

（三）填制和审核凭证

会计凭证是记录经济业务、明确经济责任的书面凭据与证明。

会计人员应当根据交易或者事项发生的实际情况，严格审查和认真填制会计凭证，保证会计凭证记录的交易或者事项的真实、合法、合规，通过填制与审核会计凭证，履行会计监督职能。然而，会计凭证只能单独反映每一项交易或者事项，不能连贯地反映每一类交易或者事项变化的过程以及结果。

例如，企业销售部门工作人员借参加成都商品展销会的机会，私自去九寨沟旅游，在报销差旅费时将九寨沟景点门票以及成都至九寨沟往返交通费的票据夹在报销单据中，企图蒙混过关。会计人员在审核原始凭证时，必须认真审阅、仔细甄别，将不合法、不合规的单据剔除，严格履行会计监督职能。

（四）登记账簿

会计账簿是由不同格式账页组成的簿籍。登记账簿也称记账，指以审核无误的会计凭证为依据在账簿中分类、连续、完整地记录各项经济业务，以便为经济管理提供完整、系统的会计核算资料。

登记不同种类的会计账簿能够清晰地反映某一类交易或者事项完整的变化过程，登记若干个不同的账簿就可以反映企业全部的交易或者事项的变化过程，这是财务会计报告编制的重要依据。因此，会计账簿连接了会计凭证与财务会计报告，是会计核算方法中一个重要的环节，是重要的会计资料，是进行会计分析、会计检查的重要依据。

（五）成本计算

成本一般是指取得资产所付出的代价。成本计算是按照成本核算对象归集和分配生产经营过程中发生的各种费用，以便确定各成本核算对象的总成本和单位成本的一种专门方法。

对于制造业而言，生产过程形成的产品成本是综合反映企业生产经营活动的一项重要指标。企业正确地进行成本计算，可以考核生产经营过程的费用支出水平，同时又是确定企业盈亏、制定产品价格、成本管理及控制的基础，能够为企业经营决策提供重要的成本数据。

（六）财产清查

财产清查是指通过盘点实物、核对往来账目等方式查明各项财产物资和债权债务账实是否相符的一种专门方法。

财产清查，特别是定期财产清查工作，可以提高会计记录的正确性，保证账实相符。同时，财产清查还可以查明各项财产物资的保管和使用情况以及各种结算款项的执行情况，以便对积压或损毁的物资和逾期未收到的款项及时采取措施进行清理，不断加强对企业财产物资的管理。

例如，通过企业开户银行定期提供的银行存款对账单与企业银行存款账户核对，能够准确核对企业银行存款账户记录是否完整、正确，是否出现重复记账或遗漏等问题。

（七）编制财务会计报告

编制财务会计报告是在日常核算的基础上，以特定的表格定期并总括地反映企业经济活动情况和结果的一种专门方法。

《企业会计准则——基本准则》第四十四条规定，财务会计报告是指企业对外提供的反映企业某一特定日期的财务状况和某一会计期间的经营成果、现金流量等会计信息的文件。

财务会计报告包括会计报表及其附注和其他应当在财务会计报告中披露的相关信息和资料。会计报表至少应当包括资产负债表、利润表、所有者权益变动表和现金流量表等报表。

上述会计核算方法，虽各有特定的含义和作用，但并不是独立的，而是相互联系、相互依存、彼此制约的，它们构成了一个完整的会计核算方法体系。当企业经济业务发生后，会计人员应当按照规定手续填制和审核凭证，并应用复式记账方法在有关账簿中进行登记；会计期末对生产经营过程中发生的各项支出进行成本计算和财产清查，在切实实现账证（会计账簿与会计凭证）、账账（总分类账与明细分类账）、账实（账存数与实存数）相符的基础上，根据账簿记录编制财务会计报表，这个会计工作过程也被称为会计循环。随着企业经济活动的不断进行，会计循环也周而复始地进行。

【关键词】

会计（Accounting）

基础会计

会计目标（Accounting Objective）

会计要素（Accounting Element）

会计报表（Accounting Reports）

会计方法（Accounting Method）

复式记账（Double Entry Bookkeeping）

会计账簿（Accounting Book）

成本计算（Cost Calculation）

【思维导图】

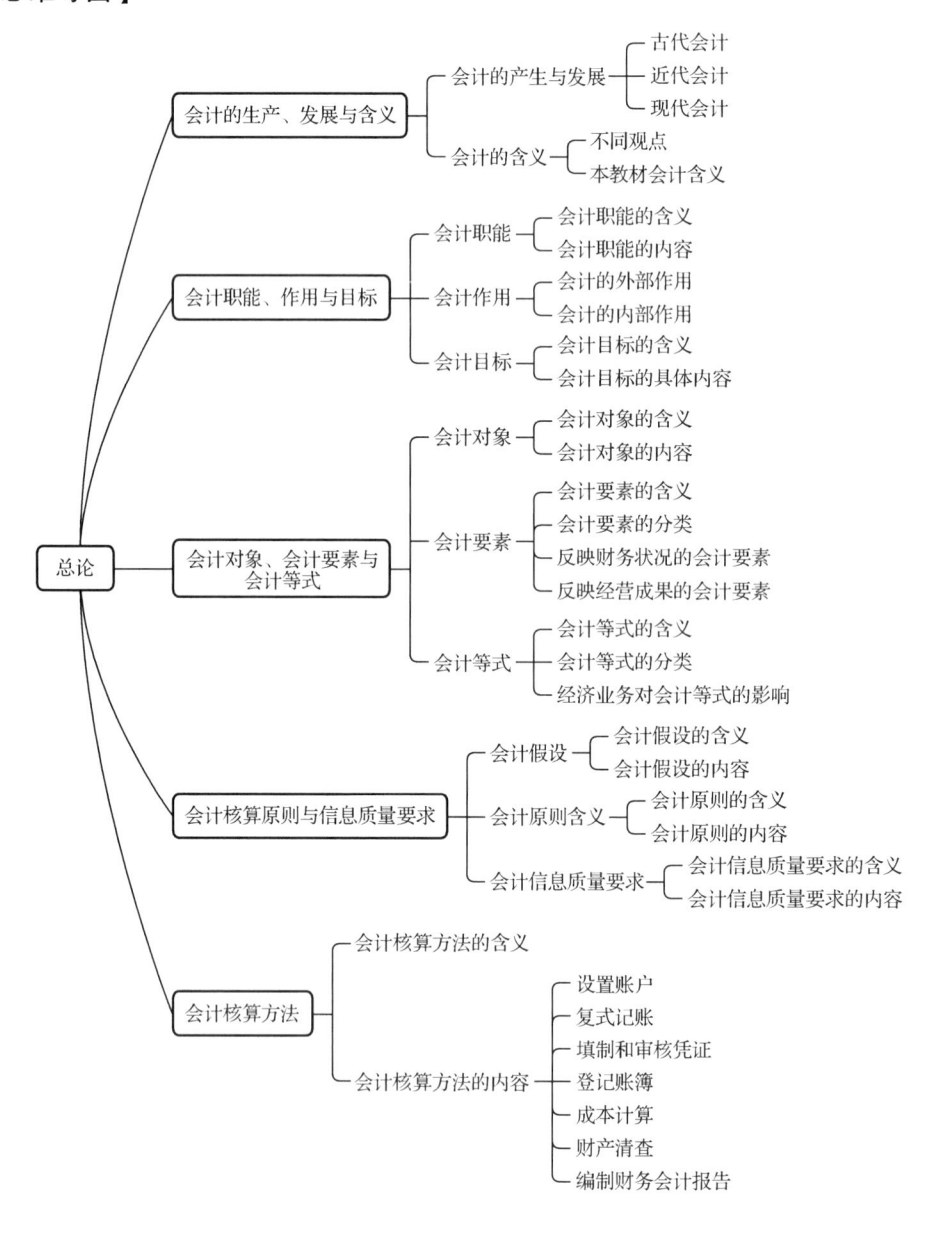

```
总论
├─ 会计的生产、发展与含义
│   ├─ 会计的产生与发展
│   │   ├─ 古代会计
│   │   ├─ 近代会计
│   │   └─ 现代会计
│   └─ 会计的含义
│       ├─ 不同观点
│       └─ 本教材会计含义
│
├─ 会计职能、作用与目标
│   ├─ 会计职能
│   │   ├─ 会计职能的含义
│   │   └─ 会计职能的内容
│   ├─ 会计作用
│   │   ├─ 会计的外部作用
│   │   └─ 会计的内部作用
│   └─ 会计目标
│       ├─ 会计目标的含义
│       └─ 会计目标的具体内容
│
├─ 会计对象、会计要素与会计等式
│   ├─ 会计对象
│   │   ├─ 会计对象的含义
│   │   └─ 会计对象的内容
│   ├─ 会计要素
│   │   ├─ 会计要素的含义
│   │   ├─ 会计要素的分类
│   │   ├─ 反映财务状况的会计要素
│   │   └─ 反映经营成果的会计要素
│   └─ 会计等式
│       ├─ 会计等式的含义
│       ├─ 会计等式的分类
│       └─ 经济业务对会计等式的影响
│
├─ 会计核算原则与信息质量要求
│   ├─ 会计假设
│   │   ├─ 会计假设的含义
│   │   └─ 会计假设的内容
│   ├─ 会计原则含义
│   │   ├─ 会计原则的含义
│   │   └─ 会计原则的内容
│   └─ 会计信息质量要求
│       ├─ 会计信息质量要求的含义
│       └─ 会计信息质量要求的内容
│
└─ 会计核算方法
    ├─ 会计核算方法的含义
    └─ 会计核算方法的内容
        ├─ 设置账户
        ├─ 复式记账
        ├─ 填制和审核凭证
        ├─ 登记账簿
        ├─ 成本计算
        ├─ 财产清查
        └─ 编制财务会计报告
```

【实操实训】

根据下列情况，分别按照权责发生制和收付实现制确认收入和费用。

情况	权责发生制	收付实现制
本月实现收入，本月收到货币资金		
本月实现收入，以后期间收到相关货币资金		
本月发生费用，本月实际支付货币资金		
本月发生费用，以后期间支付货币资金		
本月预收以后期间与收入有关的款项		
本月收到以前期间与收入有关的款项		
本月实际支付以前期间与费用有关的款项		
本月实际支付以后期间与费用有关的款项		

第二章 会计处理系统

▶ 知识目标

通过对本章的学习,学生应理解会计确认、计量、报告的概念,掌握会计确认、计量、记录、报告之间的关系,熟悉会计处理系统。

▶ 技能目标

通过对本章的学习,学生应熟练掌握会计确认方法、会计计量单位和计量属性以及财务会计报告的种类。

▶ 课程思政

2021年12月24日,中华人民共和国第十三届全国人民代表大会常务委员会第三十二次会议修订通过《中华人民共和国科学技术进步法》,自2022年1月1日起施行。《中华人民共和国科学技术进步法》明确规定:"学校及其他教育机构应当坚持理论联系实际,注重培养受教育者的独立思考能力、实践能力、创新能力和批判性思维,以及追求真理、崇尚创新、实事求是的科学精神。"坚持实事求是,基础在于"实事",就是了解实际、掌握实情。坚持实事求是,关键在于"求是",就是探求和掌握事物发展的规律。所以,在教学过程中应当以润物细无声的方式将实事求是精神浸入专业知识中,要求学生做事公平公正。

▶ 会计小故事

一天,动物园管理员发现袋鼠从笼子里跑出来了,于是开会讨论,一致认为笼子的高度过低,所以他们决定将笼子的高度由原来的10米加高到20米。结果第二天,他们发现袋鼠还是跑到外面来了,所以他们又决定将笼子的高度加高到 30 米。没想到隔天,他们居然又看到袋鼠全跑到外面了,于是管理员们大为紧张,决定一不做二不休,将笼子的高度加高到 100 米,并预计若袋鼠以后再跑到外面,将花费 10 万元资金将笼子的高度加高到 200 米,该动物园会计也已经将 10 万元资金列入了费用。一天,长颈鹿和几只袋鼠在闲聊。长颈鹿问:"你们看,这些人会不会再继续加高你们的笼子?"袋鼠说:"很难说,如果他们再继续忘记关门的话!"

从会计管理的角度出发,有两件事值得注意:一是人们忽略了事件发生的根本原因;二是会计将未发生的 10 万元资金作为费用列支,违背了会计确认的原则。

第一节　会计确认

一、会计确认的含义及意义

(一) 会计确认的含义

不同的会计机构以及研究者对会计确认的认识不同。

美国会计原则委员会 (Accounting Principles Board,APB) 认为,会计确认是将经济活动产生的信息以会计要素的形式正式列入会计系统的过程。

美国财务会计准则委员会 (Financial Accounting Standards Board,FASB) 认为,会计确认是将某一项资产、负债、营业收入、费用等正式列入某一个企业财务报表的过程。

我国著名会计学家葛家澍教授认为,会计确认是指通过一定的标准和方法,辨认和确定经济信息是否作为会计信息进行正式记录并列入财务报表的过程。

根据美国会计原则委员会、美国财务会计准则委员会以及我国著名会计学家葛家澍教授的观点可知,会计确认需要解决企业在生产经营过程中发生的经济业务是否需要进入会计系统以及如何进入会计系统的问题。

目前,国内大部分学者以及会计学教材将会计确认表达为:会计确认是指对经济事项是否作为会计要素正式加以记录和报告所做的认定。

(二) 会计确认的意义

1. 会计确认是会计处理的起点

在会计处理系统正式接收、记录经济业务的有关数据之前,应根据会计假设、会计目标和会计数据质量进行必要的确认,排除不属于会计核算范围的经济数据。凡是被确认的事项,均要进入会计处理系统,会计确认是会计处理系统的第一道关口。经过确认并输入会计处理系统的经济数据,通过会计特有的方法进行分类、加工、记录、整理,最后汇总编制成财务报表,为管理者提供会计资料。为保证会计提供信息的使用价值,在会计处理系统正式输出信息之前,应进行必要的确认,归并一些不太重要的经济数据,突出重要的数据。

2. 会计确认是会计信息质量的保证

只有经过正确的会计确认，才能正确地记录和披露会计信息。进入会计处理系统的会计数据还需要再确认，以保证以财务会计报告形式输出的会计信息满足会计信息使用者的需要。

会计确认是会计的基本理论问题，是解决经济信息与会计信息的界限，从众多经济信息中采用会计专门方法甄别出会计信息，将其纳入会计处理系统，进行会计核算。

（三）会计确认的时间

会计确认根据时间先后，可分为初始确认、再确认2个阶段。

1. 初始确认

初始确认是指对输入会计核算系统的原始经济信息进行的确认。初始确认的主要任务是解决如何进行会计记录的问题，即需要对经济活动产生的信息进行判断、选择和归类，以便信息能够被复式簿记系统正式接收和记录。

初始确认能够明确哪些信息应当进入会计处理系统、这些经济信息以什么样的方式进入会计处理系统以及何时以何等金额进入会计处理系统的问题。信息只有经过初始确认才可以进入会计处理系统。从审核及填制伴随经济业务发生的原始凭证开始，依据会计目标或会计核算的特定规范要求进行筛选，将筛选后有用的原始数据进行分类，运用复式记账方法编制记账凭证，并登记有关账簿。

2. 再确认

再确认是指对会计处理系统输出的经过加工的会计信息的确认。再确认是指在初始确认的基础上，对记录在会计处理系统中的信息继续筛选、加工、浓缩、提炼，或加以扩充、重新归类、组合等，最终将其列示在会计报表中。

再确认的主要任务是解决如何进行会计报告的问题，即会计账簿中有哪些信息可以在会计报表中列示，应当以什么样的形式、在什么时间、以什么金额列入会计报表。相反，再确认需要明确会计报表中应当披露与揭示什么样的会计信息、多少会计信息以及什么时间披露与揭示的问题。

3. 初始确认与再确认的关系

初始确认与再确认既有联系也有区别。初始确认是会计确认的基础，再确认是会计确认的进阶。初始确认决定着经济信息能否转换成会计信息进入会计处理系统；再确认是对经过加工的信息的提炼。初始确认和再确认可以保证会计信息的真实性和有用性。

二、会计确认标准

会计确认主要包括会计确认对象、会计确认标的、会计确认步骤、会计确认目标和会计确认标准五个方面的内容，并且这些内容融合贯穿在初始确认和再确认的过程中。在此，我们主要介绍会计确认标准。

（一）会计确认标准的含义

会计确认标准是指会计核算的特定规范。

我国会计核算的特定规范包括企业会计准则、企业会计制度、企业财务通则、企业财务制度，以及相关的财经法规等。只有符合这些会计核算的特定规范的事项，会计才予以确认。

（二）会计确认标准的要求

1. 会计确认基本标准

会计确认基本标准包括"质"和"量"两个方面。"质"的要求，就是会计确认必须符合特定会计要素的本质、定义以及特征，缺一不可，能够用文字和数字进行描述；"量"的要求，就是会计确认必须有可靠的可计量属性，不能计量的项目不能被会计确认，也不能进入会计处理系统。

2. 会计确认具体标准

将会计确认基本标准进一步细化，形成会计确认具体标准。会计确认具体标准包括可定义性、可计量性、相关性、可靠性。在遵循成本效益原则以及重要性原则的前提下，会计将符合会计确认具体标准的事项予以确认。

（1）可定义性。

可定义性是指应予确认的项目必须符合会计核算对象，某个财务报表要素的定义、特征及项目分类的要求。可定义性的核心是指出被确认的项目必须在内涵上和外延上符合会计核算对象，某个财务报表要素的定义、特征及项目分类的要求。

可定义性表现为：

第一，准备确认的项目是通过交易或者事项产生的，它们的性质符合会计要素的定义。

第二，对于与该项目有关的未来经济利益（未来现金流）流入或流出企业的不确定性能明确评估。

第三，对于该项目的成本或价值能够可靠地加以计量。

在大多数情况下，会计要素的内涵和外延都比较清晰、容易确认，但有时会计要素的外延也需要判断和分析。例如，资产和费用在不同情况下，可能被确认为资产，也可能被确认为费用。有些项目可能符合会计要素的定义，但是不符合其他确认条件，也不能进行会计确认。例如，企业在长期生产经营过程中自创的商誉、企业拥有的人力资源等，由于不能或不易采用货币进行准确的计量，同样不能进行会计确认。

（2）可计量性。

可计量性是指予以确认的项目必须具有相应的可计量属性，即能可靠地以货币作为单位加以度量。

可计量性表现为：

第一，准备确认的项目可以用货币计量。会计作为全面、系统反映经济活动的一个经济信息系统，首先要接收企业大量经济业务所产生的数据，其次并非所产生的经济数据都能成为会计信息系统的处理对象。例如，企业人员构成、工时利用率、签订的供销合同等，尽管它们也产生数据，但其本身不属于经营资金运动或已完成的经营资金运动，不能通过货币计价或计量，其数据不能纳入财务信息，因此不是会计处理对象，不能按会计信息系统的特定规范直接进行加工处理。在会计确认时，应当排除那些不属于会计对象的经济数据，只对与经营资金运动有关的、能够用货币计量或计价的经济数据或加工中的信息予以确认，从而保证了会计信息系统处理对象的质的统一性。当然，在会计核算系统中也会有一些非货币信息。这些非货币信息既不可能也不需要系统、顺序地按会计核算的各种专门方法进行加工，也就是说，它们不必经过严格的会计确认。因此，凡不具备可用货币计量特征的数据或信息，都不能被会计确认。

第二，准备确认的项目能够可靠地用货币计量。可靠地计量并非完全是肯定或者精确的意思。例如，财务会计报告中的数据看起来计算过程正确，计算结果精确，但实际上并不一定是可靠的。可靠计量只能够指出同一个项目会有不同的数值的可靠性，以及各数据受不确定因素的影响程度。例如，会计确认过程中有些项目暂时不能准确计量，而是能够加以估计的需要合理估计，这种会计估计并不影响准备确认的项目的可靠性。再如，对不同的项目可以采用不同的计量属性，以保证对该项目可以进行可靠的计量。

（3）相关性。

相关性是指会计提供的信息能够帮助会计信息的需要者计算过去、现在和预测将来的结局，或者去证实、纠正以往的预期情况，从而影响其决策。

相关性的核心要义是，待确认项目有关的财务信息与使用者的信息需求相关，有助于他们进行经济评价和决策。由于经济活动纷繁复杂，不同使用者的决策和管理所需要的会计信息在种类、形式和数量上都是有差别的。按相关性进行会计确认，可以尽可能做到针对使用者的具体需要，确认相关的经济数据，排除无关的数据。通过对信息的整理、压缩和改制，最大限度地满足各类使用者对会计信息的差别需求。因此，判断信息有相关性的标准应当是：待确认的项目具有预测价值、反馈价值和及时性。

（4）可靠性。

可靠性是指应予以确认的项目的有关信息应如实且完整地反映、可验证和不偏不倚。

可靠性的核心要义是，要确认的项目是真实可靠的且具有可核实性、能够被证实与其所要反映的事实是一致的、在引导信息使用者评价和决策时不带有偏向。换句话说，可靠性要求每条会计信息都应当如实反映已经发生的过去事项或预计（按计划）将会发生的未来事项，不能夸大或故意隐瞒，这就是如实反映；有可靠的凭证可据以查验其数据的来源和转化为信息的计算过程不是主观臆断或随意捏造的，这就是可验证性；可靠性要求客观公正、实事求是，不能按照任何个人意志来接收、加工和提供信息，这就是中立性；可靠性要求将事实的全部状况按照会计处理系统的要求完整和恰如其分地披露，不能过于繁复也不能随意删减，这就是充分披露和恰当披露。

相关性与可靠性是会计确认时的重要标准，两者必须保持均衡。不具备相关性的会计信息对信息使用者而言是没有用的，不具备可靠性的会计信息对信息使用者而言是极其危险的，有可能导致其做出错误的判断和决策。在会计实践中，有时需要在相关性和可靠性之间权衡得失，有时会削弱一些相关性，以换取更强的可靠性，有时会削弱一些可靠性，以换取更强的相关性，但是绝对不会放弃任何一方。未来，会计信息使用者会越来越关注相关性。

三、会计要素确认

（一）资产确认

资产确认时必须符合资产的定义，除此之外还需要满足下列 2 个条件。

1. 与该资源有关的经济利益很可能流入企业

资产是一种经济资源，具有为企业提供某种特定服务的潜质、能够为企业带来经济利益的本质特征。例如，木材可以加工成为家具。资产也是某种特定的权利。例如，企业通过租赁方式从出租人那里获得的、能够在租赁期内使用但不拥有其所有权的资产。然而，在企业所处的经济环境中，资源能否流入企业或者有多少能够流入企业具有不确定性。

如果一项支出已经发生，有证据表明与其相关的经济利益能够流入企业，则该支出能够确认为资产，如果没有证据表明与其相关的经济利益能够流入企业，则这项支出不能作为资产，可能成为一种费用或者损失。

例如，当企业赊销商品给客户时，如果客户的经营状况正常，财务信用良好，能够在预定期限内足额支付货款，企业可以将货款确认为债权资产（应收账款），如果客户的经营状况不佳，财务信用下降，不能判断能否在预定期限内足额支付货款，企业不能将货款确认为债权资产（应收账款）。

2. 该资源的成本或者价值能够可靠地计量

在会计确认中，可计量性是一个重要条件，即所有资产必须能够可靠地计量其成本或者价值，才能够被确认为资产，否则不能被确认为资产。能够可靠地计量包括能够进行合理的估计，即对于可以合理估计其价值或成本的支出也可以被确认为资产。

例如，企业在购置生产中所需设备时，按照市场价值支付的实际成本为该设备的成本。企业在长期经营活动中形成的商誉，由于不能进行可靠计量则不能被确认为企业的资产。

（二）负债确认

负债确认时必须符合负债的定义，除此之外还需要满足下列 2 个条件。

1. 与该义务有关的经济利益很可能流出企业

负债本身为一种义务，该义务可能导致经济利益流出企业。在日常会计核算中，企业履行义务是否流出经济利益存在不确定性，需要根据相关证据进行判断。当有确凿证据表明，某项过去事项形成的义务能够导致经济利益流出企业，则确认为负债；反之，如果企业承担了现时义务，但是导致企业经济利益流出的可能性很小或者不能确定，则不能确认为负债。

2. 未来流出的经济利益的金额能够可靠地计量

在确认负债时,可计量性体现为企业履行义务导致流出的经济利益能够可靠地计量,即负债不仅会导致经济利益流出企业,而且流出企业的经济利益是能够可靠计量的。对于与法定义务有关的经济利益流出金额,通常可以根据合同或者法律规定的金额予以确定。对于与推定义务有关的经济利益流出金额,企业应当根据履行相关义务所需支出的最佳估计数进行估计,并综合考虑有关货币时间价值、风险等因素的影响。

(三) 所有者权益确认

所有者权益体现的是所有者在企业中的剩余权益,即资产减去负债之后的余额。因此,所有者权益不能独立确认,必须依赖资产和负债的确认,其金额也取决于资产和负债的计量。所有者权益用公式表达为:

$$所有者权益 = 资产 - 负债$$

(四) 收入确认

收入确认时除了符合收入的定义,还需要满足下列3个条件。

1. 与收入相关的经济利益很可能流入企业

根据权责发生制原则,当收入已实现或可实现或已完成赚取过程,企业有权利获得相应的经济利益,应当将其确认为收入。然而,企业所处经济环境存在诸多不确定因素,即便企业已经完成收入赚取过程,与收入相关的经济利益是否能够流入企业也需要进行合理估计。因此,当收入已实现或可实现或已完成赚取过程时,还需要对对方的财务信用以及能力进行评估,如果有确凿证据证明与收入相关的经济利益能够流入企业,才能够确认为收入。

例如,企业将商品销售给处于正常生产经营状况下的客户,可以合理推断对方会履行合约,正常足额支付货款,那么能够确认销售收入。如果客户处于严重经营和财务困境中,力图通过生产自救摆脱困境,其结果尚难以预料,那么企业将无法判断与收入相关的经济利益能否流入企业,所以该项销售不能确认为收入。

2. 经济利益流入可导致企业资产增加或负债减少

企业通过取得收入所导致的经济利益流入,可能表现为资产增加,也可能表现为负债减少。

例如,企业对外销售商品或者提供劳务收回的货款,即表现为资产的增加。如果企业采用预收货款方式对外销售商品或提供劳务,其提前收取的款项构成了负债,当企业完成收入赚取的过程时,应当冲减之前的负债。

3. 经济利益流入金额能够可靠地计量

企业通过取得收入所导致的经济利益流入的金额能够可靠计量是收入确认的重要条件。如果有证据证明收入能够被可靠计量,例如,交易双方签订的经济合同中明确约定了商品或劳务价格,则认为收入所导致的经济利益流入的金额是能够可靠计量的,能够被确认为收入,否则,不能被确认为收入。

（五）费用确认

费用确认时除了符合费用的定义，还需要满足下列3个条件。

1. 与费用相关的经济利益很可能流出企业

费用的本质就是经济利益的流出，所以需要根据证据判断相关的经济利益很可能流出企业时才能将其确认为费用。费用确认时应当遵循权责发生制原则和谨慎性原则，同时应当按照与收入的因果关系进行确认。

2. 经济利益流出导致资产减少或负债增加

企业发生费用所导致的经济利益流出，可能表现为资产减少，也可能表现为负债增加。

例如，当企业以银行存款方式支付经营过程中应承担的水电、运输等费用时，即表现为资产的减少。如果企业与借款银行约定，每年年末支付一次利息，则当年承担但是尚未支付的利息会导致负债增加。

3. 经济利益流出的金额能够可靠地计量

无论费用是以导致资产减少的方式还是导致负债增加的方式存在，其金额都必须可以计量，否则无法确认费用。

（六）利润确认

利润的确认主要依赖收入和费用以及利得和损失的确认，其金额的确定也主要取决于收入、费用、利得、损失金额的计量。因此，利润不能像收入、费用那样单独确认，其确认只能依附于一定期间内收入和费用等的确认。

第二节 会计计量

一、会计计量的含义

会计计量是在会计确认的基础上，对经济业务按照其具体内容以及与会计要素的关系，选择运用一定计量单位对其进行数量上的衡量、计算和确定，最终转化为能够满足不同使用者需要的、能够集中和综合反映单位财务状况和经营成果信息的过程。

会计计量的本质就是解决在会计确认过程中，经济信息应以怎样的金额列入会计处理系统的问题。

会计计量有以下明显的特征：

第一，任何一种计量都不能离开数字的计算过程。

第二，任何一种计量都存在不同程度的估计。

> **小贴士**
>
> 美国会计学会对会计计量的定义
>
> 1971年，美国会计学会发表的《会计计量基础委员会的报告》中对会计计量的定义是：按照规则，在观察和计量的基础上，将数字分配给一个主体的过去、现在或未来的经济现象。

二、会计计量单位

（一）会计计量单位的含义

会计计量单位指不同会计计量标准所运用的各种量度单位，体现了会计计量对象拥有可计量性，是会计计量运用不同计量标准实施会计计量的前提条件。

（二）会计计量单位的类型

会计计量单位包括货币计量单位和非货币计量单位。非货币量计量单位主要指各种实物量单位和各种劳动量单位。货币计量单位指各种不同性质的货币量单位，例如，人民币元、美元、欧元等。

（三）会计计量单位的选择

1. 会计计量单位选择的要求

会计计量单位的选择，应当根据不同会计计量目的和具体会计计量对象的特点和要求来确定。

会计计量在不同阶段、不同范围，选择一种或多种计量单位进行计量，以确保会计计量能满足多种会计计量目的，为不同信息使用者提供特殊需要的会计信息，使会计信息符合决策有用观的要求。

从会计发展过程看，会计计量单位是从非货币计量单位发展到货币计量单位的。例如，从最早的某些象征性符号（如结绳记事的"结"）向各种实物量度、劳动量度进化。进入商品经济社会，各种实物量度和劳动量度已经不能满足人们对企业经济活动进行全面、综合反映的要求，于是货币作为商品内在价值尺度的必然表现形式，取代了实物量度和劳动量度，成为会计的主要计量单位。当然，尽管会计以货币为主要的计量单位，但也不排除实物量和劳动量会被当作辅助计量单位使用的可能性。

2. 会计计量单位的应用

会计计量以货币为主要的计量单位，也就是以货币价值尺度为标准进行会计计量。

货币价值尺度是指某一国家法律规定使用的货币单位，也称货币面值单位。例如，美国的美元、美分，英国的英镑、先令，我国的元、角、分等。

我国现行会计准则中要求企业采用名义货币单位作为会计计量单位。然而，当国际经济环境出现大幅度物价变动，尤其是出现通货膨胀时，应当对按照名义货币单位计量的财务报表，按照一般购买力货币单位进行重新表述，以消除通货膨胀对会计计量造成的影响。

> **【小提示】**
>
> 例如，企业在某一会计期初的所有者权益总额为 20 亿元，会计期末的所有者权益总额为 30 亿元。如果在会计期间币值稳定，没有发生明显变化，则可以认定，企业在本会计期间的所有者权益增加了 10 亿元。如果在会计期间物价上涨了 50%，即会计期末的物价是会计期初的 150%，那么，会计期末的所有者权益 30 亿元与会计期初的所有者权益 20 亿元内含的一般购买力恰好相等。从一般购买力角度看，企业所有者权益在本会计期并没有增加。

三、会计计量属性

（一）会计计量属性的含义

会计计量属性是指用货币对会计要素进行计量时采用的标准。

会计计量属性对会计计量行为和结果都有非常重要的作用。不同的会计计量属性，会使相同的会计要素表现为不同的货币数量。

（二）会计计量属性的类型

《企业会计准则——基本准则》第四十二条规定，会计计量属性主要包括：历史成本、重置成本、可变现净值、现值和公允价值。

1. 历史成本

（1）历史成本的含义。

历史成本是指企业取得或建造某项资产时所实际支付的现金及现金等价物。

在历史成本计量下，资产按照购置时支付的现金或者现金等价物的金额，或者按照购置资产时所付出的对价的公允价值计量。负债按照因承担现时义务而实际收到的款项或者资产的金额，或者承担现时义务的合同金额，或者按照日常活动中为偿还负债预期需要支付的现金或者现金等价物的金额计量。

（2）历史成本计量属性的优点。

历史成本计量属性的优势体现为：第一，具有可靠性。由于历史成本是在交易发生时按照客观经济事实所确定的，因此使会计计量具有客观性，值得信赖。第二，具有可验证性。由于历史成本是以会计凭证为依据确定的，便于事后查核和验证，因此使会计计量具有可验性。第三，具有可行性。由于历史成本的数据比较容易取得，并且计量后一般不再发生变化，使会计计量具有可行性。因此，历史成本计量是持续经营假设、币值不变假设和可比性原则的共同要求。它一方面有助于对各项资产计量结果进行检验与控制，另一方面使收入与费用的配比建立在实际交易的基础上，有助于保证会计信息的真实可靠。因此，历史成本是最根本和最重要的会计计量属性，也是财务会计中应用最广泛的会计计量属性。

（3）历史成本计量属性的缺点。

历史成本计量属性的缺点体现在以下方面：第一，不能反馈真实的信息。如果货币价格发生大幅变化，尤其是在通货膨胀、物价上涨的情况下，资产的账面价值不能代表资产负债表日资产的实际价值，进而导致经营成果不真实。第二，信息的相关性差。根据历史成本计算的销售成本与按照现行价格计算的销售收入相配比，不能确切地计量本期的经营成果。历史成本更加注重过去时点会计计量对象的价值，不能满足信息使用者未来决策的需要。

2. 重置成本

（1）重置成本的含义。

重置成本是指企业重新取得与其所拥有的某项资产相同或与其功能相当的资产所支付的现金或者现金等价物。

在重置成本计量下，资产按照现在购买相同或者相似资产所需支付的现金或者现金等价物的金额计量。负债按照现在偿付该项债务所需支付的现金或者现金等价物的金额计量。

在会计实践中，通常对盘盈固定资产的计量采用重置成本。

（2）重置成本计量属性的优点。

重置成本计量属性的优点体现在以下方面：第一，能够避免在物价上涨时少计成本、虚增利润、夸大经营者业绩。第二，能够反映现实价值，不是过去价值，提高了会计信息的有用性。第三，重置成本体现了企业现时付出成本，与现时确认的收入在时间上可以相互匹配。

（3）重置成本计量属性的缺点。

重置成本计量属性的缺点体现在以下方面：第一，重置成本的含义不明确，由于经济发展技术进步等原因，客观上已经很难寻找与原有资产相同或者类似的资产。第二，金额确认比较困难，由于难以寻找可靠的证据，在会计计量时只能依据会计估计，降低了会计信息的可靠性。

3. 可变现净值

（1）可变现净值的含义。

可变现净值是指企业在正常生产经营过程中，以估计售价减去至完工时估计发生的成本、估计的销售费用以及相关税费后的金额。

在可变现净值计量下，资产按照其正常对外销售所能收到现金或者现金等价物的金额扣减该资产至完工时估计发生的成本、估计的销售费用以及相关税费后的金额计量。可变现净值通常应用于存货资产减值情况下的后续计量。

（2）可变现净值计量属性的优点。

可变现净值计量属性的优点体现在以下方面：第一，企业能够随着市场经济变化准确地表达企业的应对能力，完整地体现稳健性原则的要求。第二，反映了资产未来能够实现的价值，提供了企业变现信息，使得会计信息对使用者决策更有帮助。

（3）可变现净值计量属性的缺点。

可变现净值计量属性的缺点体现在以下方面：第一，应用范围较小，不适合企业各种形式的资产计量，只适用于企业未来准备变现或者清偿的业务，即只能在非持续经营状态下运用，违背了持续经营假设。第二，计量时主要依据会计估计，其金额缺乏客观性。

4. 现值

（1）现值的含义。

现值是指企业在正常生产经营过程中以估计的未来现金流入扣除未来现金流出后的余额，用恰当的折现率予以折现而得到的价值。

在现值计量下，资产按照预计从其持续使用和最终处置中所产生的未来净现金流入量的折现金额计量。负债按照预计期限内需要偿还的未来净现金流出量的折现金额计量。

（2）现值计量属性的优点。

现值计量属性的优点体现在以下方面：第一，现值是根据资产的时间价值进行计量的，能够为企业提供未来现金流量情况。第二，能够对历史成本进行一定程度的修正。

（3）现值计量属性的缺点。

现值计量属性的缺点主要体现为：现值计量在很大程度上依赖会计人员的专业水平，如果会计人员专业水平不够，职业判断能力不足，则难以做出准确的现值计量。

5. 公允价值

（1）公允价值的含义。

公允价值是指在公平交易中，熟悉情况的交易双方自愿进行资产交换或者债务清偿的金额。

（2）公允价值计量属性的优点。

公允价值计量属性的优点体现在以下方面：第一，能够体现资产本质。资产存在的意义就是为企业带来更多的经济利益，公允价值所反映的就是在市场交易过程中的实际价格，采用该计量属性，资产的价格是买卖双方在友好协商、充分沟通交流后所确定的交易价格，是公平合理的。第二，具有明显的相关性。公允价值与市场经济紧密联系，该计量属性能够将企业生产过程中的成本转换成为相应的市场价格。

（3）公允价值计量属性的缺点。

公允价值计量属性的缺点体现在以下方面：第一，可靠性不高。公允价值需要依据市场交易价格进行确定，但是市场交易价格处于频繁变动之中，影响市场交易价格的因素众多，所以会计人员根据能够获取的信息确定的公允价值不一定是真正意义上的公允价值。第二，可操作性相对较差。公允价值计量属性运用需要具备成熟、完备、有序的市场环境，能够提供可供企业会计计量时的各种市场信息，同时要求会计人员具备相当高的专业技术，能够在众多、复杂、多变的信息中获得与计量最相关的信息，做出准确的判断。然而，我国目前尚处于市场经济的发展过程中，上述要求只能部分满足，不可能在会计计量中全面运用。

各种计量属性的基本特征的比较情况如表2-1所示。

表 2-1　各种计量属性的基本特征的比较情况

会计计量属性	时间序列	交易性质	交换价值类型	信息质量特征		实际操作的可行性
				可靠性	相关性	
历史成本	过去	实际	投入	强	弱	易
重置成本	现在	假设	投入	↓	↓	↓
可变现净值	未来	预期	产出	↓	↓	↓
公允价值	现在	假设	产出	↓	↓	↓
现值	未来	预期	产出	弱	强	难

（三）会计计量属性之间的关系

根据历史成本、重置成本、可变现净值、现值和公允价值这些会计计量属性中包含的时间概念，可以将其划分为按照过去价值的会计计量属性和按照现时价值进行计量的会计计量属性。

1. 按照过去价值进行计量的会计计量属性

历史成本是按照过去价值进行计量的会计计量属性。

历史成本反映的是资产或者负债过去的价值，即根据交易发生时的实际价格进行计量。该种会计计量属性更加注重会计如实反映的要求，所提供的信息更加真实可靠，具有可验证性。

【专家提醒】

企业作为固定资产购入的房屋建筑物应当以历史成本计量，企业作为投资性房地产购入的房屋建筑物应当以公允价值计量。

2. 按照现时价值进行计量的会计计量属性

重置成本、可变现净值、现值以及公允价值是按照现时价值进行计量的会计计量属性。其反映的是资产或者负债的现时成本或者现时价值，是与历史成本相对应的计量属性。

公允价值相对于历史成本而言，具有很明显的时间特征，即当前环境下某项资产或负债的历史成本可能是过去环境下该项资产或负债的公允价值，而当前环境下某项资产或负债的公允价值也许就是未来环境下该项资产或负债的历史成本。一项交易在交易时点通常是按公允价值交易的，随后就变成了历史成本，资产或者负债的历史成本就是根据交易时有关资产或者负债的公允价值确定的。

应用公允价值计量时，当相关资产或者负债不存在活跃市场的报价或者不存在同类或者类似资产的活跃市场报价时，需要采用估值技术来确定相关资产或者负债的公允价值。在会计实践中，现值是比较普遍的一种估值方法，公允价值就是以现值为基础确定的。

（四）会计计量属性的选择

1. 会计计量属性选择的要求

会计计量属性的选择与会计目标以及会计信息质量要求都有密切的关系，所以，应当结合信息使用者的需要，遵循会计信息质量要求，通过选择适当的会计计量属性，保证会计计量的准确性。

企业会计在实务中选择会计计量属性时需要在会计信息质量的相关性和可靠性之间进行平衡。相关性主要强调会计信息的有用性，是否具有预测价值、反馈价值和及时性，是否能够为信息使用者提供决策依据；可靠性主要强调对外报告的经济业务是否真实存在、内容是否完整。如果会计目标受决策有用观主导，则会计计量更注重相关性；如果会计目标受受托责任观主导，则会计计量更注重可靠性。目前我国会计准则明确指出，会计目标既要满足企业管理层解脱其受托责任的需要，同时还要满足信息使用者在经营决策时的需要。因此，会计实务中会计计量属性选择应当能够同时满足相关性和可靠性的要求。

2. 会计准则对会计计量属性选择的规定

《企业会计准则——基本准则》第四十三条规定，企业在对会计要素进行计量时，一般应当采用历史成本，采用重置成本、可变现净值、现值、公允价值计量的，应当保证所确定的会计要素金额能够取得并可靠计量。因此，对某一项会计要素进行计量时应当依据其具体性质和计量的相关性、可靠性确定，一般的资产和负债通常采用历史成本计量，以保证其可靠性。对特殊的资产和负债，如金融资产、金融负债，可采用公允价值计量。

例如，会计计量对象是企业的一套生产设备，会计计量过程如表 2-2 所示。

表 2-2　会计计量过程

计量对象	计量属性	计量单位	计量结果
资产——设备一套	历史成本	人民币元	580 000

四、会计计量的质量标准

会计计量应坚持三个基本质量标准：

（一）同质性

同质性即会计计量所提示的数量关系应与被提示的物品或者事项的内在数量关系（客体）保持一致，这是由于经济活动中的数量关系是更客观存在的。会计应当通过财务报表再现这些经济活动发生后所引起的变化与结果。会计计量必须通过再现体（财务会计报告）来反映被在线的客体（财务状况、经营成果和现金流量），并在再现体与客体之间保持同质性。如果会计计量所揭示的数量关系不能代表经济现实的内在数量关系，那么会计计量结果无异于一种虚构，没有存在的意义。

（二）证实性

证实性即在给定条件相同时，不同的会计人员对同一客体的计量应得出相同的结果，也就是计量结果可以互为证实。会计计量不同于其他计量，会计计量经常面临不确定性。被计量客体的内在数量关系本身是不确定的，所以要求在给定条件下，不同会计人员应该对客体的判断是相同，给出相同的计量结果。

（三）一致性

一致性即计量方法的使用要保持前后期的一致性，以免使用者对会计信息产生误解。对某一事项的计量可能同时存在几种计量方法，会计需要运用一定的职业判断，确定最为恰当、合理的计量方法，并保证不同时期或不同主体之间的会计信息具有可比性。

第三节 财务会计报告的含义及内容

一、财务会计报告的含义

《企业会计准则——基本准则》第四十四条规定，财务会计报告是指企业对外提供的反映企业某一特定日期财务状况和某一会计期间的经营成果、现金流量等会计信息的文件。

财务会计报告是会计日常工作的最终结果，也是企业对外披露会计信息的载体。企业日常通过会计凭证和会计账簿对所发生的经济业务进行核算和监督，但是日常核算只能分散地、零星地对经济业务进行核算，不能提供完整的、系统的、全面的、综合的会计信息。在现代企业制度下，所有权与经营权分离，企业必须以财务会计报告的方式对外提供会计信息，所有者也要求企业必须定期采用财务会计报告的方式提供会计信息，以便据此做出相应的决策。因此，会计期末必须在账簿记录基础上对会计核算资料，运用专门的方法进一步加工、整理，把按照各种会计核算方法确认、计量、记录的资产、负债、所有者权益、收入、费用和利润的数据编制成财务报表，向信息使用者提供有关企业财务状况和经营成果的信息。财务会计报告也是进行会计分析、会计检查的重要依据。

会计信息必须以一定的方式和格式传递给信息使用者，但由于记录产生的信息量大、信息分布分散，财务会计报告必须压缩信息的数量、提高其质量，使其成为相互联系的财务指标体系，这样才能便于信息使用者使用。

二、财务会计报告的内容

财务会计报告主要包括会计报表及其报表附注和其他应当在财务会计报告中披露的信息和资料。

（一）会计报表

会计报表是一种表式报告，是对企业财务状况、经营成果和现金流量的结构性表述。

会计报表是以表式报告形式呈现的，表中各项目的设计、内涵、相互之间的关系具有严密的勾稽关系，并且会计报表之间也存在勾稽关系，这些关系将会计报表连接成一个有机整体，能够实现对外提供完整的、系统的、全面的、综合的会计信息的会计目标，同时这些会计信息具有高度概况性。

会计报表包括：资产负债表、利润表、所有者权益变动表和现金流量表。

（二）会计报表附注

会计报表附注是对会计报表的编制基础、编制依据、编制原则和编制方法等所做的解释与说明，以帮助报表使用者理解报表项目的内容和计量方法。

由于会计报表所提供的会计信息具有高度的概括性，所以，会计报表的编制基础、编制依据、编制原则和编制方法都不能在会计报表中一一反映，同时在会计报表中，主要项目金额的形成以及变化过程也无法呈现，这就需要通过会计报表附注对上述问题进行解释和说明，帮助会计信息使用者准确理解和运用会计信息。

> **小贴士**
>
> **一般企业会计报表附注的主要内容（节选）**
>
> （一）企业基本情况
> （1）企业注册地、组织形式和总部地址。
> （2）企业的业务性质和主要经营活动。
> （3）财务会计报告的批准报出者和财务会计报告批准报出日。
> （二）财务报表的编制基础
> 企业应披露财务报表编制基础的信息。
> （三）遵循企业会计准则的声明
> 企业应当声明编制的财务报表符合企业会计准则的要求，真实、完整地反映企业的财务状况、经营成本和现金流量等有关信息。

（三）财务情况说明书

财务情况说明书是对财务报表反映出的经营情况，采用文章或图表的方式对其做进一步的解释和说明，重点解释财务报表数据背后的市场环境、业务背景、主客观原因以及合理化建议等。

> **小贴士**
>
> **财务情况说明书的主要内容（节选）**
>
> 一、企业生产经营的基本情况
> 二、利润实现、分配或企业亏损情况

三、资金增减和周转情况

四、所有者权益增减情况

五、对企业财务状况、经营成果和现金流量有重大影响的其他事项

【关键词】

会计确认（Accounting Recognition）

会计计量（Accounting Measurement）

财务会计报告（Financial Accounting Report）

【思维导图】

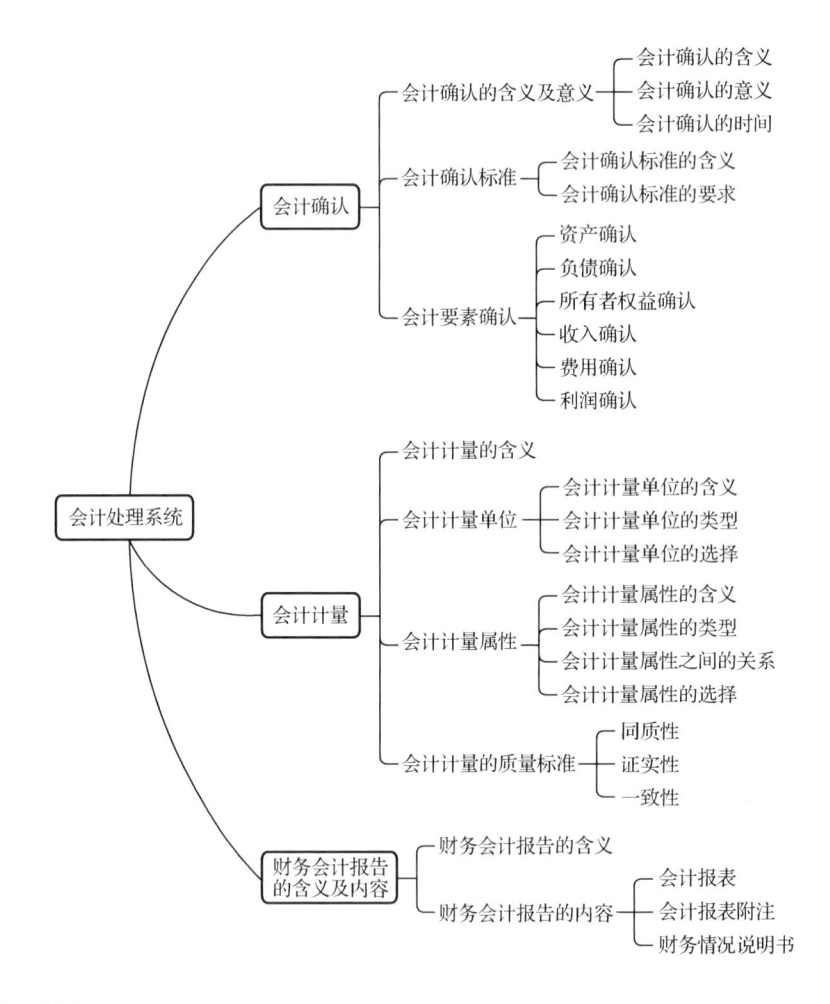

会计处理系统
- 会计确认
  - 会计确认的含义及意义
    - 会计确认的含义
    - 会计确认的意义
    - 会计确认的时间
  - 会计确认标准
    - 会计确认标准的含义
    - 会计确认标准的要求
  - 会计要素确认
    - 资产确认
    - 负债确认
    - 所有者权益确认
    - 收入确认
    - 费用确认
    - 利润确认
- 会计计量
  - 会计计量的含义
  - 会计计量单位
    - 会计计量单位的含义
    - 会计计量单位的类型
    - 会计计量单位的选择
  - 会计计量属性
    - 会计计量属性的含义
    - 会计计量属性的类型
    - 会计计量属性之间的关系
    - 会计计量属性的选择
  - 会计计量的质量标准
    - 同质性
    - 证实性
    - 一致性
- 财务会计报告的含义及内容
  - 财务会计报告的含义
  - 财务会计报告的内容
    - 会计报表
    - 会计报表附注
    - 财务情况说明书

【实操实训】

不同会计计量属性对资产与负债的计量的具体要求如下表所示。

会计计量属性	对资产的计量	对负债的计量
历史成本	按照购置时实际发生的金额计量	按照承担义务时实际发生的金额计量
重置成本	按照现在重新购置时可能发生的金额计量	按照现在偿还时可能发生的金额计量
可变现净值	按照现在销售时可能收到的金额计量	按照现在销售时可能收到的金额计量
现值	按照将来时的金额折现计量	按照将来时的金额折现计量
公允价值	按照熟悉情况的交易双方自愿交易中出售资产所能收到价格计量	按照熟悉情况的交易双方自愿交易中转移负债所需支付价格计量

据此结合不同资产和负债的具体形式,理解不同会计计量属性在会计实务中的运用。

第三章 会计科目与账户

> **知识目标**
>
> 通过对本章的学习，学生应准确理解会计科目与账户的概念、设置的意义及分类等基本理论问题。熟练掌握会计账户结构的作用与运用，了解会计科目与会计账户之间的联系与区别。
>
> **技能目标**
>
> 通过对本章的学习，学生应熟练掌握会计科目与会计账户结构的作用与运用。
>
> **课程思政**
>
> 会计科目的设置是会计实践的历史结晶。在会计科目设置中要坚持政治认同，使设置的会计科目满足我国现阶段政治环境、经济背景的要求；要具有法治意识，使会计科目设置合规、合法；要具有国家意识、集体意识，使会计科目设置注重社会效益，适应中国的国情和单位情况。
>
> **会计小故事**
>
> 会计老张一直负责公司的应收账款核算业务，按照公司外部债务人名称设置"应收账款"明细账。今年公司兼并了其他企业，组成了由母子公司构成的企业集团，老张成了集团的会计，公司的产品不仅销售给企业集团之外的客户，也销售给集团内部的子公司。然而，老张还是按照原来的思路进行应收账款核算。某日，集团财务经理要求老张提供集团内部销售的应收账款总额。老张立刻开始了紧张、仔细的统计工作，好不容易将数据统计出来报给财务经理，但财务经理还是发现遗漏了部分业务。财务经理了解情

况后告诉老张，会计科目的设置一定要在遵循国家政策的前提下，结合单位的实际情况，要做到与时俱进，现在由于集团内部的销售业务量很大，所以"应收账款"明细账设置要先按照"内销""外销"设置二级明细账，再按照债务人名称设置三级明细账。这样就可以提供不同销售渠道、不同债务人的相关信息了，以后集团公司要求提供信息时，老张就不会再手忙脚乱了。

第一节 会计科目

一、会计科目的含义

会计科目是在对会计核算内容或会计要素分类的基础上，按照经济内容再进行分类核算时给予的项目名称或标志。会计要素对会计对象进行了基本分类，但是每一个会计要素仍然包括很多具体内容，不能满足会计核算的要求，由此需要对会计要素进一步分类，完成具体会计核算，提供相应的会计信息。因此会计科目是会计要素具体化的表现。

在我国，会计科目是会计制度中的一部分，由中华人民共和国财政部（以下简称"财政部"）统一制定，各类企业应根据自身业务特点和管理要求选择使用。同时，会计科目也是会计账户开设、会计凭证编写和会计报表编制的依据和基础。

二、会计科目设置的原则

会计科目设置既要满足相关法律法规以及部门规章的基本要求，又要满足企业自身业务特点与会计核算的要求。为了更好发挥会计科目的重要作用，会计科目设置应遵循以下基本原则。

（一）合法性原则

企业在设置会计科目时，必须遵循《中华人民共和国会计法》《企业会计制度》《企业会计准则——基本准则》《企业会计准则应用指南》的相关要求，不能随意或者仅根据自身需要设置会计科目。

（二）适应性原则

企业在设置会计科目时，在遵循合法性的基础上，还需要考虑企业所属行业的业务特点，以体现行业或企业业务的特殊性，满足会计核算对会计科目的要求。也就是说，企业会计核算中运用的会计科目应当能够满足国家宏观经济管理的需要，也能够满足企业微观经济管理的实际需求，同时还能够满足投资人和债权人等信息使用者的多方需求。

(三)稳定性原则

企业在设置会计科目时,必须考虑利益相关者对会计信息的连续性和可比性要求,所以企业在设置会计科目时要尽量保持会计科目的长期稳定性,不能随意更改会计科目的名称、内容、数量。

(四)简明性原则

企业在设置会计科目时,必须明确会计科目是对经济业务的分类,因此会计科目的名称必须与其所反映的经济业务相一致,并且具有高度的概括性。

三、会计科目的分类

(一)按照会计科目反映的经济内容分类

按照会计科目反映的经济内容不同,可以将会计科目分为资产类、负债类、所有者权益类、成本类和损益类会计科目。

1. 资产类会计科目

资产是企业从事经济活动、创造经济利益的基础,也是企业会计核算与监督的一个重要部分。

根据国家相关会计制度,反映资产类核算内容的会计科目主要包括:库存现金、银行存款、固定资产、无形资产、长期股权投资、原材料、交易性金融资产、应收账款、库存商品、累计折旧等。

2. 负债类会计科目

负债是企业筹集资金的重要渠道,也是企业在未来经济活动中必须以资产和劳务偿还本金和利息的义务,所以企业偿还负债必然导致企业经济利益减少。

根据国家相关会计制度,反映负债类核算内容的会计科目主要包括:短期借款、应付账款、应付票据、应交税费、应付职工薪酬、应付利润、长期借款、应付债券等。

3. 所有者权益类会计科目

根据国家相关会计制度,反映所有者权益类核算内容的会计科目可以进一步划分为资本类会计科目和利润类会计科目。资本类会计科目主要包括:实收资本、资本公积。利润类会计科目主要包括:盈余公积、本年利润、利润分配。

4. 成本类会计科目

成本是企业从事经济活动必然发生的劳动耗费,也是企业必须严格控制的支出。

根据国家相关会计制度,反映成本类核算内容的会计科目主要包括:生产成本、制造费用、劳务成本、研发支出等。

5. 损益类会计科目

根据国家相关会计制度,反映损益类核算内容的会计科目主要包括:主营业务收入、其他业务收入、营业外收入、补贴收入、投资收益、主营业务成本、税金及附加、管理费用、财务费用、营业费用、营业外支出、所得税费用等。

（二）按照会计科目反映内容的详细程度分类

按照会计科目反映经济内容的详细程度不同，可以将会计科目分为总分类会计科目和明细分类会计科目。

1. 总分类会计科目

总分类会计科目是对某一会计要素包含的具体内容进行总括分类、提供总括会计信息的会计科目，是进行总分类核算的依据。

总分类会计科目是根据国家相关会计制度、企业必须根据自身经济业务的特点和管理要求选用、一般不需要自行设置的会计科目，主要包括：银行存款、库存现金、原材料、库存商品、固定资产、应收账款、应付账款、主营业务收入、实收资本、本年利润、利润分配、盈余公积等。

2. 明细分类会计科目

明细分类会计科目是对某一总分类会计科目反映的经济内容进一步分类形成的，能够提供核算对象更加具体和详细的会计信息的会计科目。如果会计核算、监督或提供会计信息有所需要，还可以进一步对某一明细分类会计科目进行细分，所以就形成二级明细分类会计科目、三级明细分类会计科目，甚至四级明细分类会计科目。

国家相关会计制度对会计核算中涉及的主要总分类会计科目下设的明细分类会计科目做了一定程度的规范，其余的更加细分的明细分类会计科目，企业有权根据自身经济活动特点以及管理要求自行设计和运用，以便能够更详细地反映经济业务、提供更详细的会计信息。

例如，应交税费总分类会计科目下，根据企业经济活动中可能涉及的税种分别设置不同的二级明细分类会计科目，可以表示为应交税费——应交所得税、应交税费——应交增值税、应交税费——应交营业税、应交税费——应交资源税、应交税费——应交城市维护建设税等。

3. 各级次会计科目之间的关系

各级次会计科目之间的关系体现为总分类会计科目统驭明细分类会计科目，明细分类会计科目对总分类会计科目进行补充和说明。也就是说，总分类会计科目反映的经济内容应当包括所属全部明细分类会计科目应当反映的经济内容，反之，明细分类会计科目所反映的经济内容不能超出总分类会计科目所反映的经济内容。二级明细分类会计科目统驭三级明细分类会计科目，三级明细分类会计科目统驭四级明细分类会计科目，即上级会计科目统驭下级会计科目，下级会计科目是对上级会计科目的补充和说明。

四、会计科目体系

目前，我国企事业单位通用的会计科目体系是由财政部统一制定的。为了体现不同行业业务特点以及对会计信息的不同需求，财政部制定了不同行业、不同业务、不同规模企业、行政事业单位的会计科目，主要包括制造业会计科目、金融企业会计科目、小企业会计科目、行政事业单位会计科目、农民专业合作社会计科目、工会会计科目等，其目的在于帮助企业或单位选择恰当的会计科目。本节主要介绍制造业会计科目表和行政事业单位会计科目表，其他各类会计科目表略。

（一）会计科目表

会计科目表包括两部分内容：一是会计科目编号，二是会计科目名称。

1. 会计科目编号

会计科目编号是对会计科目按照一定规则进行的统一编号。我国现行的会计科目编号是由财政部统一编制的，一个会计科目设计一个固定编号。目前，会计科目表中的会计科目编号是由四位数字组成的，每一位数字有不同的含义。例如，固定资产的编号是1601，其中第一个1表示该会计科目为资产类会计科目，6表示该会计科目为固定资产类的会计科目，后面的01表示固定资产。同理可以推及，累计折旧的编号是1602，其中第一个1表示该会计科目为资产类会计科目，6表示该会计科目为固定资产类的会计科目，后面的02表示累计折旧。

对会计科目进行编号的主要目的是适应会计信息化的要求。随着社会经济以及网络技术的不断发展，会计工作也面临从手工操作转向计算机处理，所以用科学编码表示每一个会计科目，能够实现计算机对会计科目的准确识别、相关信息便捷传递的目标。

2. 会计科目名称

会计科目名称是按照会计科目反映的经济活动的内容所确定的固定称谓。我国现行的会计科目名称是由财政部按照统一规则确定的，保证了会计科目名称的标准化。例如，"银行存款"科目就是所有企业反映银行存款变化所使用的会计科目的统一称谓。

（二）制造业会计科目表

在不同行业中，制造业企业的经济活动最具有系统性和完整性，包括企业资金筹集、资金运用、资金收回等资金周转与循环的各个环节，所以制造业企业会计科目是最具有代表性的、适用范围最为广泛的。2006年，财政部发布《企业会计准则应用指南》，并要求企业执行。制造业会计科目表的具体内容如表3-1所示。

表3-1 制造业会计科目表

编号	会计科目名称	编号	会计科目名称
一、资产类		1122	应收账款
1001	库存现金	1123	预付账款
1002	银行存款	1131	应收股利
1015	其他货币资金	1132	应收利息
1101	交易性金融资产	1231	其他应收款
1121	应收票据	1241	坏账准备

第三章 会计科目与账户

续表

编号	会计科目名称	编号	会计科目名称
1401	材料采购	2232	应付股利
1402	在途物资	2241	其他应付款
1403	原材料	2411	预计负债
1404	材料成本差异	2601	长期借款
1406	库存商品	2602	应付债券
1407	发出商品	2801	长期应付款
1408	委托加工物资	2811	专项应付款
1461	存货跌价准备	2901	递延所得税负债
1501	债权投资	三、所有者权益类	
1502	债权投资减值准备	3001	实收资本
1503	其他债券投资	3002	资本公积
1504	其他权益工具投资	3101	盈余公积
1524	长期股权投资	3103	本年利润
1525	长期投资股权减值准备	3104	利润分配
1526	投资性房地产	四、成本类	
1531	长期应收款	4001	生产成本
1601	固定资产	4101	制造费用
1602	累计折旧	4201	劳务成本
1603	固定资产减值准备	4301	研发支出
1604	在建工程	五、损益类	
1605	工程物资	5001	主营业务收入
1606	固定资产清理	5051	其他业务收入
1701	无形资产	5101	公允价值变动损益
1702	累计摊销	5111	投资收益
1703	无形资产减值准备	5117	其他收益
1711	商誉	5301	营业外收入
1801	长期待摊费用	5401	主营业务成本
1811	递延所得税资产	5402	其他业务成本
1901	待处理财产损溢	5405	税金及附加
二、负债类		5601	销售费用
2001	短期借款	5602	管理费用
2201	应付票据	5603	财务费用
2202	应付账款	5701	资产减值损失
2205	预收账款	5702	信用减值损失
2211	应付职工薪酬	5711	营业外支出
2221	应交税费	5801	所得税费用
2231	应付利息	5901	以前年度损益调整

（三）行政事业单位会计科目表

行政事业单位经济活动与制造业的经济活动不同，其会计核算要求与制造业会计核算要求也不同，它同时具备了财务会计和预算会计双重功能，需要实现财务会计与预算会计的相互分离与适度衔接，全面、清晰地反映行政事业单位的财务信息与预算执行信息。因此行政事业单位的会计科目也与制造业会计科目存在差异。2017 年 10 月财政部以《政府会计制度——行政事业单位会计科目与报表》的方式公布并要求自 2019 年 1 月 1 日起开始实施。《政府会计制度——行政事业单位会计科目与报表》具体内容如表 3-2 所示。

表 3-2 行政事业单位会计科目表

编号	会计科目名称	编号	会计科目名称
一、财务会计科目		1703	研发支出
（一）资产类		1801	公共基础设施
1001	库存现金	1802	公共基础设施累计折旧（摊销）
1002	银行存款	1811	政府储备物资
1011	零余额账户用款额度	1821	文物文化资产
1021	其他货币资金	1831	保障性住房
1101	短期投资	1832	保障性住房累计折旧
1201	财政应返回额度	1891	受托代理资产
1211	应收票据	1901	长期待摊费用
1212	应收账款	1902	待处理财产损溢
1214	预付账款	（二）负债类	
1215	应收股利	2001	短期借款
1216	应收利息	2101	应交增值税
1218	其他应收款	2102	其他应交税费
1219	坏账准备	2103	应缴财政款
1301	在途物品	2201	应付职工薪酬
1302	库存物资	2301	应付票据
1303	加工物品	2302	应付账款
1401	待摊费用	2303	应付政府补贴款
1501	长期股权投资	2304	应付利息
1502	长期债券投资	2305	预收账款
1601	固定资产	2307	其他应付款
1602	固定资产累计折旧	2401	预提费用
1611	工程物资	2501	长期借款
1613	在建工程	2502	长期应付款
1701	无形资产	2601	预计负债
1702	无形资产累计摊销	2901	受托代理负债

续表

编号	会计科目名称	编号	会计科目名称
（三）净资产类		二、预算会计科目	
3001	累计盈余	（一）预算收入类	
3101	专用基金	6001	财政拨款预算收入
3201	权益法调整	6101	事业预算收入
3301	本期盈余	6201	上级补助预算收入
3302	本年盈余分配	6301	附属单位上缴预算收入
3401	无偿调拨净资产	6401	经营预算收入
3501	以前年度盈余调整	6501	债务预算收入
（四）收入类		6601	非同级财政拨款预算收入
4001	财政拨款收入	6602	投资预算收入
4101	事业收入	6609	其他预算收入
4201	上级补助收入	（二）预算支出类	
4301	附属单位上缴收入	7101	行政支出
4401	经营收入	7201	事业支出
4601	非同级财政拨款收入	7301	经营支出
4602	投资收益	7401	上缴上级支出
4603	捐赠收入	7501	对附属单位补助支出
4604	利息收入	7601	投资支出
4605	租金收入	7701	债务还本支出
4609	企业收入	7901	其他支出
（五）费用类		（三）预算结余类	
5001	业务活动费用	8001	资金结存
5101	单位管理费用	8101	财政拨款结转
5201	经营费用	8102	财政拨款结余
5301	资产处置费用	8201	非财政拨款结转
5401	上缴上级费用	8202	非财政拨款结余
5501	对附属单位补助费用	8301	专用结余
5801	所得税费用	8401	经营结余
5901	其他费用	8501	其他结余
		8701	非财政拨款结余分配

第二节 会计账户

一、会计账户的含义

会计账户是根据会计科目设置的，具有一定格式和结构，用以连续、系统、全面核算和监督会计要素增减变动过程及其结果的载体。

会计科目解决了会计要素具体分类的问题，但是无法将企业经济活动中发生的各种经济业务连续、系统、全面地记录下来，反映会计要素具体的增减变化情况以及变化结果，因此需要根据会计科目设置会计账户，通过会计账户的具体结构完成会计记录。

> **小贴士**
>
> 会计账户含义中的要点
> 第一，会计账户是根据会计科目设置的。
> 第二，会计账户具有一定的格式和结构。
> 第三，会计账户的目的是生成会计信息。

二、会计账户的作用

（一）会计账户能够反映经济业务的变化情况

会计账户是会计核算方法中最基本的核算手段，是会计核算中的一项专门工具。它有反映的功能，能够完成对企业经济业务发生所形成的价值运动进行清晰、准确、及时、连续的记录，用会计语言表述了企业经济业务变化的全过程。

（二）会计账户能够生成会计数据

会计账户通过记录会计要素具体项目金额的变动来反映企业经济业务的具体变化情况和结果，这些金额变动的情况就是各种会计数据。进一步利用专门方法加工这些会计数据，编制会计报表，将财务数据整理加工成具有丰富经济含义的会计信息。

（三）会计账户是编制报表的依据

通过会计账户能够记录企业经济业务的增减变化，能够随时获取各类经济业务连续、系统的会计信息，也是会计核算最重要的组成部分。在会计核算中，会计账户记录和反映的企业经济活动所引起的会计要素的增减变动情况以及企业每个会计期间的经营状况的财务信息都是企业财务人员编制会计报表的直接和重要参考依据。没有会计账户的登记和汇总，便不会有会计报表的形成。账户核算资料是报表资料的基础和前提。

三、会计科目与会计账户的关系

会计科目与会计账户是两个既相互联系又相互区别的不同概念。

（一）会计科目与会计账户的联系

1. 两者的名称相同

会计科目与会计账户都是对会计要素所做的进一步分类，两者的名称是相同的。

2. 两者反映的经济内容相同

会计账户是根据会计科目设置的。因此，会计科目的核算内容与会计账户的核算内容一定是相同的，或者说，会计账户的核算内容就是根据相应的会计科目核算内容确定的。会计账户是会计科目的实体化，每一个会计科目都有对应的会计账户，不同级次的会计科目对应着不同级次的会计账户，即根据总分类会计科目设置总分类会计账户，根据明细分类科目设置明细分类会计账户。

（二）会计科目与会计账户的区别

1. 两者的结构不同

会计科目包括会计科目的名称以及相应的核算范围，但是会计科目没有具体的结构，不能对企业发生的经济活动进行清晰、连续、全面和及时的记录和反映。

会计账户以会计科目作为名称，在其核算范围内，同时利用自身独特的格式和结构，对企业发生的经济业务的增减变化过程以及变化结果进行清晰、连续、全面和及时的记录和反映，能够把财务数据加工成会计信息。

2. 两者的作用不同

会计科目的作用主要是对会计要素进行分类，为设置会计账户做准备。会计账户的作用则是系统提供某一具体会计要素的核算资料，为登记会计账簿、编制会计报表、提供会计信息做准备。

3. 两者的地位不同

会计账户的设置是会计核算方法之一，它包含会计科目设置的内容，但是会计科目却不能作为独立的会计核算方法，它只为会计账户设置提供依据。

四、会计账户的结构

会计账户是会计用来记录企业发生的交易或事项的，所以会计账户不仅需要明确的核算内容，而且需要具有方便记录交易或事项发生、完成情况的结构。

会计账户结构包括会计账户的格式、记账规则以及反映经济业务增减变动过程和变动结果的金额。

（一）会计账户的格式

企业发生的经济业务导致会计要素金额发生变化，这种金额变化表现为会计要素金额增加或减少，所以，为了能够记录这样的变化，会计账户被分为左右两边，分别反映会计要素的增加额或减少额。在借贷记账法下，会计账户左方被称为借方，会计账户右方被称为贷方。在通常情况下，这种格式的会计账户被称为丁字形账户，其格式如图3-1所示。

```
    左方            会计科目            右方
   ─────────────────┬─────────────────
                    │
```

图 3-1　丁字形账户的格式

在借贷记账法下，丁字形账户的格式如图3-2所示。

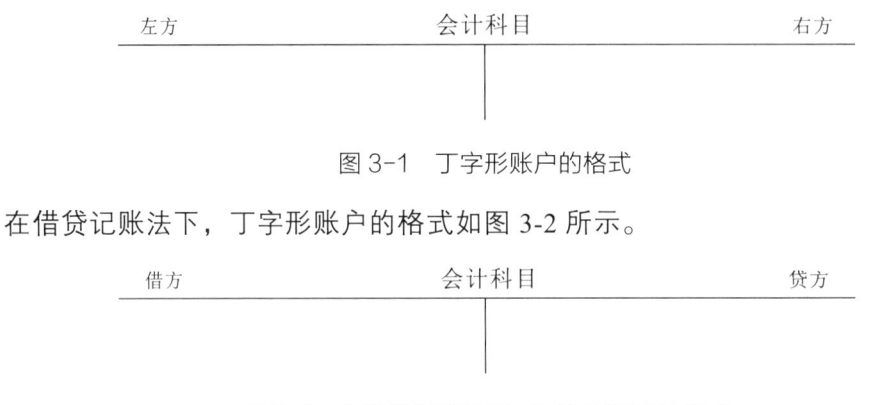

```
    借方            会计科目            贷方
   ─────────────────┬─────────────────
                    │
```

图 3-2　在借贷记账法下，丁字形账户的格式

（二）会计账户的记账规则

会计账户的记账规则是指会计账户的具体用法，即账户左方登记什么内容、账户右方登记什么内容、如何体现会计要素金额的变化情况以及结果。

一般来说，会计账户的一方应当登记会计要素增加的金额，另一方应当登记会计要素减少的金额。例如，在借贷记账法下，会计账户的左方（借方）通常登记资产类账户的增加金额或负债类账户的减少金额，会计账户的右方（贷方）通常登记资产类账户的减少金额或负债类账户的增加金额。

（三）会计账户的数据以及关系

会计账户能够反映的会计要素在一个特定会计期间内发生的增加金额或减少金额被称为会计账户的本期发生额，也称左方发生额或右方发生额，在借贷记账法中就是借方发生额和贷方发生额。一个会计账户的左右两方所反映的变化方向是相反的，例如，一个会计账户左方反映一类业务的增加金额，右方就是反映该类业务的减少金额，反之亦然。

会计账户反映会计要素在一个会计期末变化结果的金额被称为本期期末余额，同时本期期末余额应该转入下一个会计期间成为期初余额。会计账户的期初余额、本期发生额和期末余额完整地反映了会计要素在一个会计期间发生的变化过程以及变化结果，因此，期初余额、本期发生额和期末余额之间存在数量关系，其基本关系可以表达为：

期末余额=期初余额+本期增加发生额-本期减少发生额

会计账户利用自身的特殊结构，通过不同的数据以及数据之间的关系能够连续地反映会计要素在企业经济活动中的变化情况以及变化的结果。

【例3-1】 2022年3月1日，长江公司银行存款账户余额为400 000元，4月因取得商品销售收入增加银行存款600 000元，当月因支付职工薪酬减少银行存款100 000元。

据此可知，2022年3月，银行存款账户期初余额=400 000（元）。

2022年3月银行存款账户增加发生额=600 000（元）。

2022年3月银行存款账户减少发生额=100 000（元）。

2022年3月银行存款账户期末余额=400 000+600 000-100 000=900 000（元）。

五、会计账户的分类

会计账户可以分为不同的类型，目前主要按照反映的经济内容、按照提供指标的详细程度以及按照用途与结构分类。由于按照用途与结构分类受记账方法的影响，所以我们将在第四章第三节介绍该种分类。

（一）按照反映的经济内容分类

会计账户按照反映的经济内容可以分为资产类、负债类、所有者权益类、成本类和损益类会计账户。

1. 资产类会计账户

资产类会计账户是根据资产类会计科目所设置的、反映企业拥有或能够控制的资源变化过程与结果的会计账户。制造业会计核算中主要的资产类会计账户包括：库存现金、银行存款、应收账款、应收票据、原材料、库存商品、固定资产、长期股权投资、无形资产、在建工程等。在借贷记账法下，资产类会计账户结构如图3-3所示。

借方	资产类会计账户	贷方
期初余额		
（1）增加额		（1）减少额
（2）增加额		（2）减少额
本期发生额		本期发生额
期末余额		

图3-3 资产类会计账户结构

2. 负债类会计账户

负债类会计账户是根据负债类会计科目设置的、反映企业必须以资产或劳务偿还的债务的增减变化过程与变化结果的会计账户。制造业会计核算中主要的负债类会计账户包括：短期借款、应付账款、应付票据、应交税费、应付职工薪酬、应付利润、长期借款、应付债券等。在借贷记账法下，负债类会计账户结构如图3-4所示。

借方	负债类会计账户	贷方
		期初余额
（1）减少额		（1）增加额
（2）减少额		（2）增加额
本期发生额		本期发生额
		期末余额

图 3-4　负债类会计账户结构

3. 所有者权益类会计账户

所有者权益类会计账户是根据所有者权益类会计科目设置的、反映企业资产扣除负债后由所有者享有的剩余权益增减变化过程与变化结果的会计账户。反映所有者权益类核算内容的会计账户，包括资本类账户和利润类账户。制造业会计核算中主要的所有者权益类会计账户包括：实收资本、资本公积、盈余公积、本年利润、利润分配。所有者权益类会计账户结构如图 3-5 所示。

借方	所有者权益类会计账户	贷方
		期初余额
（1）减少额		（1）增加额
（2）减少额		（2）增加额
本期发生额		本期发生额
		期末余额

图 3-5　所有者权益类会计账户结构

4. 成本类会计账户

成本类会计账户是根据成本类会计科目设置的、反映企业经营过程中为生产商品、提供劳务而发生的各种资源耗费情况的会计账户。制造业会计核算中主要的成本类会计账户包括：生产成本、制造费用、劳务成本、研发支出等。成本类会计账户结构如图 3-6 所示。

借方	成本类会计账户	贷方
（1）增加额		（1）转出额
（2）增加额		
本期发生额		本期发生额

图 3-6　成本类会计账户结构

5. 损益类会计账户

损益类会计账户是根据损益类会计科目设置的、反映企业在一定会计期间内经营成果情况的会计账户。由于企业在一定期间内的经营成果是本期取得的各项收入与各项发生的支出对比后的结果，所以，损益类会计账户可以进一步细分为收入类会计账户和费用类会计账户。收入类会计账户主要反映企业在一定期间内取得的各项收入情况,费用类会计账户主要反映企业在一定期间内为经营活动而发生的各种支出情况。制造业会计核算中主要的收入类会计账户包括:主营业务收入、其他业务收入、营业外收入、补贴收入、投资收益等。收入类会计账户结构如图3-7所示。

借方	收入类会计账户	贷方
(1)转出额		(1)增加额
		(2)增加额
本期发生额		本期发生额

图 3-7 收入类会计账户结构

制造业会计核算中主要的费用类会计账户包括:主营业务成本、税金及附加、管理费用、财务费用、营业费用、营业外支出、所得税费用等。费用类会计账户结构如图3-8所示。

借方	费用类会计账户	贷方
(1)增加额		(1)转出额
(2)增加额		
本期发生额		本期发生额

图 3-8 费用类会计账户结构

> **小贴士**
>
> 在借贷记账法下,各类会计账户结构如图3-9所示。
>
> | 借方 | 会计账户名称 | 贷方 |
> |---|---|---|
> | 资产增加 | | 资产减少 |
> | 费用增加 | | 费用减少 |
> | 负债及所有者权益减少 | | 负债及所有者权益增加 |
> | 收入减少 | | 收入增加 |
> | 本期发生额: | | 本期发生额: |
> | 期末余额:资产余额 | | 期末余额:负债及所有者权益余额 |
>
> 图 3-9 在借贷记账法下,各类会计账户结构

(二)按照提供指标的详细程度分类

按照提供指标的详细程度,会计账户可分为两类:总分类会计账户和明细分类会计账户。

1. 总分类会计账户

总分类会计账户是对企业经济活动进行总括核算、提供总括信息的会计账户。

例如，原材料总分类会计账户，该会计账户反映企业所有原材料增减变化过程和变化结果，提供企业在一个会计期间内原材料的总括信息，但是不能提供不同种类、不同用途、不同性质原材料的信息。

【例3-2】 2022年4月1日，长江公司原材料总分类会计账户期初余额为1 000 000元，本月购入各种原材料550 000元，本月生产消耗原材料860 000元，所以2022年4月原材料总分类会计账户的期末余额为690 000元。

2. 明细分类会计账户

明细分类会计账户是对企业经济活动进行明细核算、提供详细信息的会计账户。

为了更加详细地反映企业各种不同种类、不同用途、不同性质的原材料，可在原材料总分类会计账户下设置明细分类会计账户，如原材料—主要材料、原材料—辅助材料、原材料—周转材料等，通过这些明细分类会计账户可以提供更详细的信息。

小贴士

总分类会计账户与明细分类会计账户之间的关系

总分类会计账户统驭明细分类会计账户，明细分类会计账户是根据总分类会计账户设置的，明细分类会计账户的核算内容之和与总分类会计账户的核算内容相同，明细分类会计账户期初余额、本期增加发生额、本期减少发生额与期末余额之和等于总分类会计账户的期初余额、本期增加发生额、本期减少发生额与期末余额。

【例3-3】 接【例3-2】资料，长江公司2022年4月1日，原材料总分类账户期初余额为1 000 000元，其中，原材料——主要材料明细分类会计账户期初余额为800 000元，原材料——辅助材料明细分类会计账户期初余额为100 000元，原材料——周转材料明细分类会计账户期初余额为100 000元。本月购入原材料550 000元，包括企业生产的主要材料400 000元、辅助材料100 000元、周转材料50 000元。本月生产消耗原材料860 000元，包括主要材料600 000元、辅助材料200 000元、周转材料60 000元。

则原材料——主要材料期末余额=800 000+400 000-600 000=600 000（元）。

原材料——辅助材料期末余额=100 000+100 000-200 000=0（元）。

原材料——周转材料期末余额=100 000+50 000-60 000=90 000（元）。

在上例中，原材料总分类会计账户期初余额=原材料——主要材料明细分类会计账户期初余额+原材料——辅助材料明细分类会计账户期初余额+原材料——周转材料明细分类会计账户期初余额。

原材料总分类会计账户本期发生额=原材料——主要材料明细分类会计账户本期发生额+原材料——辅助材料明细分类会计账户本期发生额+原材料——周转材料本期发生额。

原材料总分类会计账户期末余额=原材料——主要材料明细分类会计账户期末余额+原材料——辅助材料明细分类会计账户期末余额+原材料——周转材料期末余额。

即总分类会计账户期初余额=所属明细分类会计账户期初余额之和。

第三章 会计科目与账户

总分类会计账户本期发生额=所属明细分类会计账户本期发生额之和。

总分类会计账户期末余额=所属明细分类会计账户期末余额之和。

【关键词】

会计科目（Accounting Subject）

会计账户（Accounting Account）

资产类账户（Asset Account）

负债类账户（Liability Account）

所有者权益类账户（Owner's Equity Account）

成本费用类账户（Cost and Expense Account）

损益类账户（Profit and Loss Account）

【思维导图】

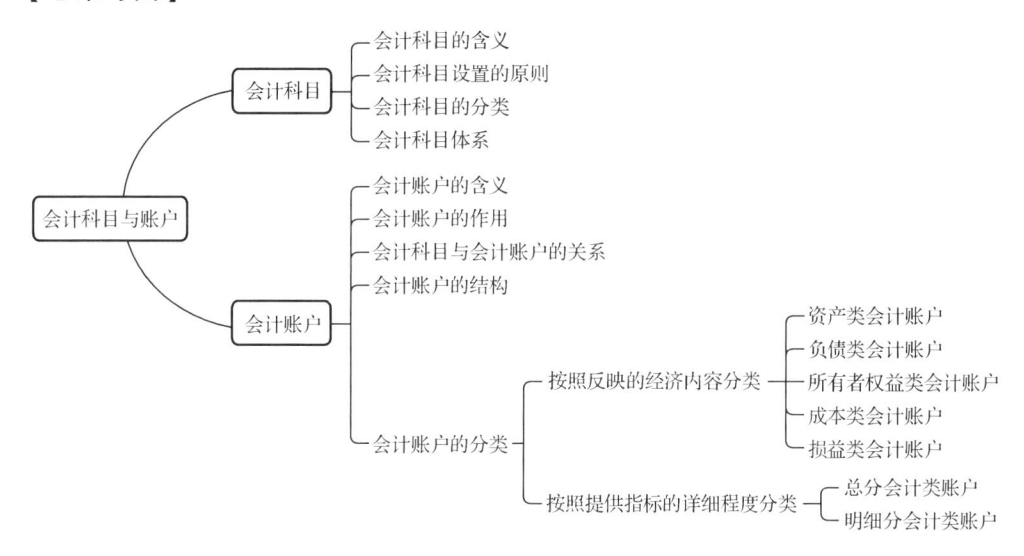

```
                ┌─ 会计科目的含义
                ├─ 会计科目设置的原则
        会计科目 ┤
                ├─ 会计科目的分类
                └─ 会计科目体系

会计科目与账户 ┤
                ┌─ 会计账户的含义
                ├─ 会计账户的作用
                ├─ 会计科目与会计账户的关系
        会计账户 ┤
                ├─ 会计账户的结构
                │                              ┌─ 资产类会计账户
                │                              ├─ 负债类会计账户
                │         ┌─ 按照反映的经济内容分类 ─┤─ 所有者权益类会计账户
                │         │                    ├─ 成本类会计账户
                └─ 会计账户的分类 ┤              └─ 损益类会计账户
                          │                    ┌─ 总分会计类账户
                          └─ 按照提供指标的详细程度分类 ┤
                                               └─ 明细分会计类账户
```

【实操实训】

A公司各总分类账户相关金额如下表所示，根据资料计算并填写空白处的金额。

单位：元

账户名称	期初余额	本期增加额	本期减少额	期末余额
银行存款	500 000	60 000	10 000	
库存现金	20 000	5 000		10 000
固定资产	600 000		800 000	900 000
原材料		400 000	200 000	300 000

第四章
复式记账原理与应用

↘ 知识目标

通过对本章的学习,学生应掌握复式记账原理,尤其是借贷记账法的概念、记账符号、记账规则以及平衡原理,通过理解企业运作过程,深刻理解资金运动的过程。

↘ 技能目标

通过对本章的学习,学生应熟练运用借贷记账法,同时掌握制造业各类基本经济业务的会计处理。

↘ 课程思政

当代中国青年是与新时代同向同行、共同前进的一代,生逢盛世,肩负重任。广大青年要爱国爱民,从党史学习中激发信仰获得启发、汲取力量,不断坚定"四个自信",不断增强做中国人的志气、骨气、底气,树立为祖国为人民永久奋斗、赤诚奉献的坚定理想。

因此,新时代的大学生必须努力学习,不断积累自身专业素养,才能够适应社会对专业人才的要求。

↘ 会计小故事

刘君是一位既具有理论知识又具有较丰富实践工作经验的大学会计学教授。一日,有位朋友领导请他帮忙去看一下 A 企业的会计账务,想从公正的角度知道 A 企业的会计账务处理究竟有没有问题,并明确告诉刘君:"现在税务局与 A 企业的领导关系很紧张,双方对 A 企业的账务处理存在不同的看法。"

第四章 复式记账原理与应用

刘君驱车到了 A 企业，了解到 A 企业现任会计主管是退休后聘任到本单位的会计人员，该会计主管每天上班做的第一件事就是打开他座位右边的第一个抽屉，看一下、关起来，有时候工作到一半又会打开抽屉再看一下。同事们很好奇，却不明就里。有一天，一位胆大的会计人员趁主管不在的机会打开了那个抽屉，发现抽屉里有一张纸，上面写着："借方在左边，贷方在右边。"众人哗然。

刘君了解 A 企业账务后发现的主要问题有：一是每张会计记账凭证上只有一个会计科目，即将一笔会计分录列示在至少两个记账凭证上；二是在会计记账凭证摘要中发现了"无形资产折旧"字样；三是 A 企业原来为注册资金 60 万元的集体企业，近日该企业聘请 B 无形资产评估事务所对其某项专利进行了评估，评估价格为 3 200 余万元，A 企业据此做了增加无形资产、增加实收资本的业务。对其中的后面两个问题，A 企业与税务局存在重大的认识分歧。

第一节　复式记账

一、记账方法

记账方法是指将企业发生的会计交易或事项运用记账符号和记账规则在会计账户中予以登记的方法。

记账方法是会计在长期发展中，不断总结进化所形成的一套科学的、可行的会计方法。不同的历史阶段有不同的记账方法。随着社会的进步和发展，记账方法也不断精进。

根据记账符号和记账规则的不同，记账方法可以分为单式记账方法和复式记账方法。

二、单式记账方法

（一）单式记账方法的含义

单式记账方法是指对企业发生的每项经济业务只在一个会计账户中进行登记的记账方法。

例如，企业为董事会办公室购置一台激光打印机，用银行存款支付了 1 200 元，在单式记账方法下，会计只反映银行存款减少了 1 200 元，不记录银行存款为什么减少 1 200 元，即不记录银行存款减少 1 200 元的去向。反之，会计也许只反映企业增加了一台价值 1 200 元激光打印机，但是不反映企业从哪里获得的激光打印机，是自行购买的还是接受其他企业或个人捐赠的，即不记录资产的来源。

（二）单式记账方法的特点

单式记账方法产生于会计发展早期，受到经济发展水平以及人类会计核算思维的限制。该种记账方法只能反映经济业务变化的一个方面,不能反映经济业务变化的全貌,所以,单式记账方法不能在会计账户中完整反映企业经济业务引起的资金运动的来龙去脉,这一点也是单式记账方法不可避免的缺陷。因此,随着社会经济的发展,人们的会计思想也在不断进步和完善,各国陆续淘汰了单式记账方法。

> **小贴士**
>
> 中国古代的单式记账方法
>
> 三柱结算法是中式会计利用入(收)、出(付)、余三要素及其相互关系反映一定时期的财产增减变化并结算账目的方法。该方法将一定时期的全部经济业务区分为入或收(指本期收入,内含期初结余)、出或付(指本期支出)、余(指期末结余)三要素,以三要素之间的相互关系为依据,采用入-出=余或者收-付=余的计算公式,计算一定时期内某种财产的增减变化及其结果。
>
> 四柱结算法利用旧管、新收、开除、实在四要素及其相互关系反映一定时期的财产增减变化并结算账目的方法。
>
> 三柱结算法萌芽于周朝,确立于秦汉时期,在东汉至唐初被使用。四柱结算法出现于唐朝中期,成熟于宋朝。

三、复式记账方法

(一)复式记账方法的含义

复式记账方法是指对企业发生的每项经济业务,都必须用相等的金额在两个或两个以上相互联系的会计账户中进行登记,全面、系统地反映经济业务增减变化的一种记账方法。

对于复式记账方法最简单的理解就是:有来就有往。它反映资金的来龙和去脉,即如果是资产增加业务,不仅反映资产增加还需要反映增加的渠道,如果是资产减少业务,不仅反映资产减少还需要反映减少的原因,通过往来记录说明经济业务的全部过程。

例如,企业用银行存款支付1 200元为董事会办公室购置一台激光打印机,在复式记账方法下,会计必须同时反映银行存款减少了1 200元、增加了一台价值1 200元的激光打印机,完整说明银行存款减少的原因是购置了激光打印机,或企业增加的一台激光打印机是支付1 200元银行存款购置的。这样就完整地在会计账户中反映了资金的来龙去脉。

(二)复式记账方法的原理

复式记账的理论依据是会计等式。会计通过会计账户记录会计要素的变化过程以及变化结果,每一项经济业务发生就会导致会计要素发生变化,但是无论会计要素如何运动,会计等式始终成立。那么在会计核算中,当经济业务发生时,必须在两个或两个以上相互联系的会计账户中以同样的金额记录变化过程,以保持会计各要素之间的平衡关系。

（三）复式记账方法的种类

复式记账方法按照其记账符号、记账规则、试算平衡方法的不同，可分为借贷记账法、增减记账法和收付记账法。

借贷记账法是历史上最早出现的复式记账方法，也是目前世界各国普遍选用的复式记账方法。

增减记账法是以"增""减"为记账符号、以"同增、同减、有增有减"为记账规则的一种复式记账方法。

收付记账法是以"收""付"为记账符号、以"同收、同付、有收有付"为记账规则的一种复式记账方法。

增减记账法与收付记账法是 20 世纪 60 年代我国会计主管部门根据当时的社会经济环境和会计管理要求以及复式记账原理自行设计并使用的一种复式记账方法，增减记账法主要应用于商品流通企业，于 1993 年后停用。收付记账法最早应用于农村经济组织会计核算，后来应用于行政事业单位的会计核算，于 1998 年后停用。

（四）复式记账方法的特点

（1）记录完整。

复式记账方法要求所有经济业务发生时，都必须在两个或两个以上的会计账户中同时登记，以期反映资金运动的来龙去脉。

（2）账户对应。

复式记账方法要求会计账户之间存在一定的对应关系，即通过会计账户之间的对应关系，能够在会计账户中真实体现资金运动的全貌。同理，存在对应关系的会计账户被称为对应账户，只有对应账户才能说明资金的来龙去脉

例如，当企业用银行存款支付 1 000 000 元购买一台生产设备时，可以通过银行存款账户减少 1 000 000 元和固定资产账户增加 1 000 000 元进行记录，这样在会计系统中完整地记录了企业将货币资产转化为固定资产的经济业务过程。

（3）试算平衡。

复式记账方法能够通过会计等式实现试算平衡，人们可以便捷地检查会计记录的正确性。

（五）复式记账方法的优点

复式记账方法可以全面、相互联系地反映各项经济业务的全貌，并可利用会计要素之间的内在联系和试算平衡公式，来检查账户记录的准确性。复式记账方法是一种比较完善的记账方法，为世界各国所通用。

第二节　借贷记账法原理与应用

一、借贷记账法原理

（一）借贷记账法的含义

借贷记账法以"借""贷"作为记账符号，以"有借必有贷，借贷必相等"为记账规则，对发生的每一项经济业务进行记录的一种复式记账方法。

借贷记账法产生于13—15世纪的意大利。意大利地理位置优越，是当时的国际商业中心，其贸易活动繁荣、商业交往频繁，这样的环境对意大利的会计发展起到极大的促进作用，在古代复式记账方法的基础上形成了借贷记账法。尤其是在1494年，数学家卢卡·帕乔利在其著作《算数、几何、比与比例概要》第二章中，第一次从理论上详细描述了借贷记账法，指出所有分录都是复式的，也就是说，若你记录了贷方，则你必须同时记录借方。同时，他认为，不仅买卖双方的姓名需要记录，商品的重量、型号和量度也需要记录，此外，商品的价格以及支付条款也应反映，现金收付、货币种类以及其变换价值也应记录。从此，借贷记账法不断发展，被世界各国陆续接受和采用，一直至今，是复式记账方法中适用范围最广的记账方法。

《企业会计准则——基本准则》第十一条规定，企业应当采用借贷记账法记账。

> **小贴士**
>
> **卢卡·帕乔利简介**
>
> 1445年，卢卡·帕乔利出生于意大利托斯卡地区的一个小镇，1475年受聘于佩鲁贾大学，任数学讲师。1482—1490年，他往返于罗马、那不勒斯、威尼斯等城市，实地考察了复式簿记在商品经济发展中的作用，并对其进行研究，在1494年出版的《算数、几何、比与比例概要》中做了论述，从此使借贷记账法科学化、系统化，完成了簿记实务向簿记理论的转变。

（二）借贷记账法的记账符号

借贷记账法以"借"和"贷"作为记账符号。在12—13世纪的意大利，私人钱庄主人将借入的款项记在贷主名下，表示自身债务增加，将贷出的款项记在借主名下，表示自身债权增加，所以最初"借""贷"二字分别表示债权、债务的增减变化。随着商品经济的发展，借贷记账法得到广泛运用，记账对象不再局限于债权、债务关系，而是扩大到记录财产物资的增减变化和计算经营损益。"借""贷"被用来反映全部会计要素的增减变化，它们逐渐脱离了其自身的含义，转化为纯粹的记账符号。

借贷记账法中"借"和"贷"代表会计账户不同的记账方向。会计账户的左方为借方，右方为贷方，至于哪一方记录经济业务的增加还是减少，需要根据具体会计账户的性质和用途加以确认。

（三）借贷记账法的记账规则

借贷记账法的记账规则为：有借必有贷，借贷必相等。其具体含义包括：

第一，借贷记账法在记录任何一项经济业务时都必须在两个或两个以上相互联系的账户中进行登记，以反映经济业务的全貌。如果在一个会计账户中记借方，必须同时在另一个或几个账户中记贷方；如果在一个账户中记贷方，必须同时在另一个或几个账户中记借方。

例如，企业将库存现金20 000元存入银行账户，即该业务导致企业库存现金减少、银行存款增加，库存现金和银行存款账户借方反映增加额、贷方反映减少额，那么会计应当在库存现金账户的贷方记录减少额，在银行存款账户的借方记录增加额。这样的会计处理体现了借贷记账法的记账规则中"有借必有贷"的要求。

第二，对于任何一项经济业务，借贷记账法必须以相等的金额、在两个或两个以上对应账户中进行登记，即计入会计账户借方的金额与计入会计账户贷方的金额必须相等。如果经济业务简单，会计在记录时可能只涉及两个会计账户，那一定是一个会计账户记在借方，另一个会计账户记在贷方，并且计入借方的金额与计入贷方的金额相等。如果经济业务复杂，会计记录时可能涉及多个会计账户，那么计入会计账户借方金额之和与会计账户贷方金额之和一定相等。这样的会计处理体现了"借贷必相等"的要求。

根据前面例子的资料，计入银行存款账户借方的金额是20 000元，计入库存现金账户贷方的金额也必须是20 000元。

（四）借贷记账法下的账户结构

在借贷记账法下，应根据会计账户所反映的经济业务不同设计会计账户（简称"账户"）的具体结构。

1. 资产类账户结构

资产类账户借方登记资产的增加额，贷方登记资产的减少额，期末余额在借方，反映会计期末资产的结余情况。在一个会计期间（年、季、月）内，借方记录的合计数额称借方发生额，贷方记录的合计数额称贷方发生额，在每一会计期间的期末将借贷两方发生额进行比较，其差额与期初余额的代数和为期末余额。

资产类账户数据之间的关系用公式表示为：

资产类账户借方期末余额=借方期初余额+借方本期发生额-贷方本期发生额

资产类账户结构如图4-1所示。

2. 负债或所有者权益类账户结构

负债或所有者权益类账户贷方登记负债或所有者权益的增加额，借方登记负债或所有者权益的减少额，期末余额在贷方，反映会计期末负债或所有者权益的结余情况。

借方	资产类账户		贷方
期初余额	×××		
（1）增加额	×××	（1）减少额	×××
（2）增加额	×××	（2）减少额	×××
本期发生额	×××	本期发生额	×××
期末余额	×××		

图 4-1　资产类账户结构

负债或所有者权益类账户数据之间的关系用公式表示为：

负债或所有者权益类账户贷方期末余额=贷方期初余额+贷方本期发生额－借方本期发生额。

负债或所有者权益类账户结构如图 4-2 所示。

借方	负债或所有者权益类账户		贷方
		期初余额	×××
（1）减少额	×××	（1）增加额	×××
（2）减少额	×××	（2）增加额	×××
本期发生额	×××	本期发生额	×××
		期末余额	×××

图 4-2　负债或所有者权益类账户结构

3. 成本类账户结构

成本类账户借方登记成本费用的增加额，贷方登记成本费用的减少额，该类账户期末结转后通常没有期末余额。如果因某种情况，该类账户有余额，也表现为借方余额。

成本类账户结构如图 4-3 所示。

借方	成本类账户		贷方
（1）增加额	×××	（1）转出额	×××
（2）增加额	×××		
本期发生额	×××	本期发生额	×××

图 4-3　成本类账户结构

【专家提醒】

成本类账户反映的内容与本期经济成果相关，期末发生额转入成果计算类账户，所以期末一般没有余额。

4. 损益类账户结构

损益类账户可以进一步分为收入类账户和费用类账户，并且收入类账户与费用类账户的结构不同，借贷两方登记的方向正好相反。收入类账户贷方登记收入的增加额，借方登记收入转出的数额（减少额），该类账户期末结转后通常没有期末余额。

收入类账户结构如图 4-4 所示，费用类账户结构则相反。

借方	收入类账户		贷方
（1）转出额	×××	（1）增加额	×××
		（2）增加额	×××
本期发生额	×××	本期发生额	×××

图 4-4　收入类账户结构

小贴士

借贷记账法下不同账户借贷方记录的金额

在借贷记账法下，不同账户借贷方记录的金额正负情况如表 4-1 所示。

表 4-1　借贷记账法下不同账户借贷方记录的金额正负情况

账户类型	借方	贷方
资产类账户	+	-
负债类账户	-	+
所有者权益类账户	-	+
收入类账户	-	+
费用类账户	+	-

借贷记账法的记账规则直接决定了不同性质账户结构，两者之间的关系如图 4-5 所示。

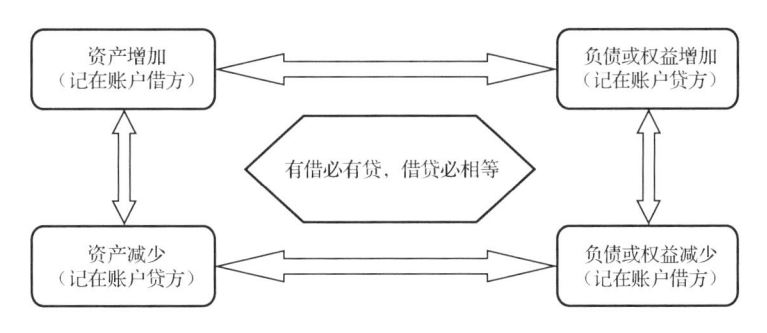

图 4-5　借贷记账法的记账规则与账户结构的关系

（五）借贷记账法的试算平衡

1. 试算平衡的含义

试算平衡就是根据会计等式的平衡关系、按照借贷记账法的记账规则、通过对所有账户发生额和余额的汇总计算和对比、检查账户记录是否正确的一种方法。

根据借贷记账法记账规则的要求，每一项经济业务发生时都需要在相互对应的账户中以相同的金额进行记录，那么每次会计处理时，借方登记的金额与贷方登记的金额必然相等。因此，所有账户借方登记金额之和与所有账户贷方登记金额之和一定相等，这又被称为借贷直接平衡。

2. 试算平衡的类型

试算平衡根据计算方法不同分为余额平衡和发生额平衡。

余额平衡按照期初余额与期末余额不同，可以分为期初余额平衡和期末余额平衡。

期初余额平衡指所有账户借方期初余额之和与所有账户贷方期初余额之和相等。

所有账户借方期初余额之和=所有账户贷方期初余额之和

期末余额平衡指所有账户借方期初余额之和与所有会计账户贷方期末余额之和相等。

所有账户借方期末余额之和=所有账户贷方期末余额之和

发生额平衡指所有账户借方本期发生额之和等于所有账户贷方本期发生额之和。

所有账户借方本期发生额之和=所有账户贷方本期发生额之和

结合借贷记账法下各类会计账户的结构，我们可知，只有资产类账户、负债类账户和所有者权益类账户会产生期初余额或者期末余额，按照会计等式的要求，余额平衡必然存在。同时，在一定的会计期间内，无论企业发生怎样的经济业务，都必须遵循"有借必有贷，借贷必相等"的记账规则进行会计记录，那么会计账户的发生额平衡必然存在。因此，借贷直接平衡的试算平衡也是借贷记账法遵循会计平衡关系的结果。

（六）会计分录

1. 会计分录的含义

会计分录是对每一项经济业务按照借贷记账法记账规则的要求，分别列示应借应贷账户名称及金额的一种记录方式。

企业经济业务发生于内部各个不同的业务部门，例如，供应部门负责采购生产中所需原材料，生产部门负责将原材料加工成可以销售的商品，销售部门则负责将企业生产的商品对外销售、赚取收入。会计部门属于企业管理部门，并不直接从事各种具体经济业务活动。因此，会计部门只能根据业务部门取得的证明业务发生或者完成情况的凭证，用会计的语言进行描述，将业务活动纳入会计处理系统中。编制会计分录就是用会计专门的语言描述经济业务，并在会计处理系统中进行记录。

2. 会计分录的要素

会计分录的要素包括：账户名称、记账金额、记账方向。这也是通常认定的会计分录三要素。

在编制会计分录时，第一，需要判断经济业务的性质，确定应记录的会计账户名称；第二，需要计量经济业务引起资金运动的金额，以便确认需要记账的具体金额；第三，需要根据应记录的会计账户的性质以及业务发生的情况，确定记账的方向。因此，在会计实务中，会计人员根据经济业务的发生情况以及获得的原始凭证编制会计分录，也就是用会计语言表述经济业务的发生或完成情况，是会计核算的开始，是未来获取会计信息的最初入口。

第四章
复式记账原理与应用

> 【小提示】
>
> 每一笔会计分录中所涉及的会计账户一定存在对应关系，只有存在对应关系的会计账户才可以完整地描述经济业务的来龙去脉。

3. 会计分录的基本格式

会计分录的基本格式表达为：借在前、贷在后，借贷二字后有冒号，借贷需要分行错格，正确使用会计账户，借方贷方登记的金额相等。

例如，借：会计账户名称　　　　　　　　　××××
　　　　贷：会计账户名称　　　　　　　　　××××

4. 会计分录的类型

根据会计分录反映经济业务的复杂程度和使用会计账户数量多少可以分为简单会计分录和复合会计分录。

简单会计分录是指由一个借方账户和一个贷方账户所形成的会计分录，即一借一贷会计分录。

复合会计分录是指由一个借方账户和若干个贷方账户或者若干个借方账户和一个贷方账户所形成的会计分录。

在一般情况下，会计采用简单会计分录形式就可以清晰地描述经济业务发生的全貌，但是在某些复杂的经济业务中，需要使用两个以上相互对应的会计账户才能够表述经济业务情况，此时需要编制复合会计分录。下述案例中的第四笔会计分录为复合会计分录。

【例4-1】王元在学校超市开办了一家眼镜店，2022年4月发生了下列经济业务，根据经济业务做出相应的会计分录。

（1）王元父亲用银行存款为眼镜店投入50 000元。

借：银行存款　　　　　　　　　　　　50 000
　　贷：实收资本　　　　　　　　　　　　50 000

（2）王元支付银行存款15 000元购入一台验光机。

借：固定资产——验光机　　　　　　　15 000
　　贷：银行存款　　　　　　　　　　　　15 000

（3）王元支付银行存款8 000元购入一批太阳镜。

借：库存商品——太阳镜　　　　　　　8 000
　　贷：银行存款　　　　　　　　　　　　8 000

（4）王元提供验光服务取得6 000元收入，其中有1 000元是现金收入，5 000元通过微信转账存入银行。

借：银行存款　　　　　　　　　　　　5 000
　　库存现金　　　　　　　　　　　　1 000
　　贷：主营业务收入　　　　　　　　　　6 000

（5）王元销售太阳镜取得11 000元收入，款项已经存入银行。

借：银行存款　　　　　　　　　　　　11 000
　　贷：主营业务收入　　　　　　　　　　11 000

（6）王元以银行存款支付当月水电费用 500 元。

借：管理费用　　　　　　　　　　　　　　　　　　500
　　贷：银行存款　　　　　　　　　　　　　　　　　　500

（7）王元以银行存款支付超市场地租金 1 500 元。

借：管理费用　　　　　　　　　　　　　　　　　　1 500
　　贷：银行存款　　　　　　　　　　　　　　　　　　1 500

（8）王元结转销售太阳镜的成本。

借：主营业务成本　　　　　　　　　　　　　　　　8 000
　　贷：库存商品　　　　　　　　　　　　　　　　　　8 000

王元眼镜店会计账簿登记情况如图 4-6 所示。

```
           银行存款                          实收资本
（1）50 000    （2）15 000                       （1）50 000
（4）5 000     （3）8 000                        本期发生额 50 000
（5）11 000    （6）500                          期末余额 50 000
               （7）1 500
本期发生额 66 000  本期发生额 25 000              主营业务收入
期末余额 41 000                                  （4）6 000
                                                 （5）11 000
           固定资产                              本期发生额 17 000
（2）15 000
本期发生额 15 000                                主营业务成本
期末余额 15 000                                  （8）8 000
                                                 本期发生额 8 000
           库存现金
（3）1 000                                       管理费用
本期发生额 1 000                                 （6）500
期末余额 1 000                                   （7）1 500
                                                 本期发生额 2 000
           库存商品
（3）8 000     （8）8 000
本期发生额 8 000  本期发生额 8 000
期末余额 0
```

图 4-6　王元眼镜店会计账簿登记情况

根据王元眼镜店会计账簿登记情况，采用借贷直接平衡法编制试算平衡表，如表 4-2 所示。

表 4-2　王元眼镜店试算平衡表

2022 年 4 月 30 日　　　　　　　　　　　　　　　　　　　　　　　　　　　　　　单位：元

会计账户	期初余额		本期发生额	
	借方	贷方	借方	贷方
银行存款			66 000	25 000
实收资本				50 000
固定资产			15 000	
库存商品			8 000	8 000

续表

会计账户	期初余额		本期发生额	
	借方	贷方	借方	贷方
库存现金			1 000	
主营业务收入				17 000
主营业务成本			8 000	
管理费用			2 000	
合计			100 000	100 000

二、融资业务会计核算

(一) 融资的含义

融资是融通资金的简称,指企业通过一定渠道和方式从企业外部获得用于生产经营资金的财务活动。

(二) 融资方式

根据企业取得资金的渠道和承担风险大小的不同,企业融资方式主要有股权融资和债权融资两种方式。

1. 股权融资

股权融资是指企业通过出让股权接受投资者投入资金的方式。

企业通过股权融资获得的资金不需要还本付息,可供企业长期使用,没有固定的股利负担,可以根据企业经营成果给股东支付股利。因此,这种融资方式与债权融资比较,财务风险相对比较小,但是却会影响企业的控制权。

股权融资按照其募集资金方式不同,可以分为公开募集和私下募集两种。

公开募集方式就是企业通过公开发行股票的方式融资的方式。私下募集方式就是对特定投资人以私下协商方式出售股权融资的方式。

根据《中华人民共和国公司法》,股份有限公司一般采用公开募集方式融资,即通过资本市场公开发行股票,并且股票可以在证券市场交易、流通,股东不可以退股,可以在证券市场转让。有限责任公司不允许公开募集,一般只能采用私下募集方式进行认缴,企业给股东出具出资证明书,出资证明书不可以交易、流通,但是允许在原始股东之间转让。

2. 债权融资

债权融资是指企业通过银行等金融机构获得借款或通过发行债券取得生产经营资金的方式。

企业通过债权融资获得资金必须承担还本付息的责任,无论企业是否获得相应的收益,都必须按照融资时的约定,按时归还本金,及时足额支付利息。因此,这种融资方式存在比较大的财务风险。

(三)融资业务会计核算的主要内容

企业通过股权融资方式为生产经营筹集资金,一方面表现为不同形式的资产增加,例如,投资者以货币资金的方式对企业投资,会使企业货币资金增加,如果投资者以生产设备、场地、建筑物或专利技术方式对企业投资,会使企业固定资产或无形资产增加;另一方面表现为所有者权益增加,即投资者在企业剩余权益中的份额增加。

企业通过债权融资方式为生产经营筹集资金,即企业向债权人举债,债权人向企业发放贷款或购买企业发行的债券,投资者都是以货币资金方式投入企业,所以,一方面表现为企业货币资金增加,另一方面表现为企业债务责任增加。

(四)融资业务会计核算应设置的会计账户

1. 银行存款账户

银行存款账户属于资产类账户,主要核算企业银行存款增减变化情况以及变化结果。该账户借方登记本期增加额,贷方登记本期减少额,期末余额在借方,反映企业期末银行存款结余金额,可根据不同银行存款账户设置明细分类账户。银行存款账户结构如图4-7所示。

借方	银行存款		贷方
期初余额	×××		
本期增加额	×××	本期减少额	×××
本期发生额合计	×××	本期发生额合计	×××
期末余额	×××		

图4-7 银行存款账户结构

2. 实收资本账户

实收资本账户属于所有者权益类账户,主要核算企业接受投资者投入资本金增减变化情况以及变化结果。该账户借方登记本期减少额,贷方登记本期增加额,期末余额在贷方,反映企业期末资本金结余金额,可根据不同主体设置明细分类账户。实收资本账户结构如图4-8所示。

借方	实收资本		贷方
		期初余额	×××
本期减少额	×××	本期增加额	×××
本期发生额合计	×××	本期发生额合计	×××
		期末余额	×××

图4-8 实收资本账户结构

【小提示】

股份有限公司通过发行股票取得的资金通过股本账户核算,有限责任公司通过私下募集的资金通过实收资本账户核算。

3. 长期借款账户

长期借款账户属于负债类账户,主要核算企业长期借款增减变化情况以及变化结果。该账户借方登记本期因归还借款减少额,贷方登记本期因借款增加额,期末余额在贷方,登记企业期末长期借款结余金额,可根据不同债权主体设置明细分类账户。长期借款账户结构如图 4-9 所示。

借方		长期借款	贷方
		期初余额	×××
(1) 本期减少额	×××	(1) 本期增加额	×××
(2) 本期减少额	×××	(2) 本期增加额	×××
本期发生额合计	×××	本期发生额合计	×××
		期末余额	×××

图 4-9　长期借款账户结构

4. 短期借款账户

短期借款账户属于负债类账户,主要核算企业短期借款增减变化情况以及变化结果。该账户借方登记本期减少额,贷方登记本期增加额,期末余额在贷方,反映企业期末短期借款结余金额,可根据不同债权主体设置明细分类账户。短期借款账户结构如图 4-10 所示。

借方		短期借款	贷方
		期初余额	×××
(1) 本期减少额	×××	(1) 本期增加额	×××
(2) 本期减少额	×××	(2) 本期增加额	×××
本期发生额合计	×××	本期发生额合计	×××
		期末余额	×××

图 4-10　短期借款账户结构

5. 财务费用账户

财务费用账户属于成本类账户,主要核算企业为筹集生产经营所需资金等发生的筹资费用,包括利息支出、汇兑损益、手续费等。该账户借方登记增加的各项财务费用,贷方登记期末结转的财务费用,该账户结转后无余额,可根据财务费用种类设置明细分类账户。财务费用账户结构如图 4-11 所示。

借方		财务费用	贷方
(1) 本期增加额	×××	(1) 本期减少额	×××
(2) 本期增加额	×××	(2) 本期减少额	×××
本期发生额合计	×××	本期发生额合计	×××

图 4-11　财务费用账户结构

（五）融资业务会计核算案例

1. 股权融资业务会计核算案例

至诚有限责任公司成立于2022年1月1日，公司主营业务为医用设备的设计、生产与销售，主导产品是测温仪和血压仪。公司为一般纳税人。

【例4-2】2022年1月1日，公司通过私下募集方式接受当地投资公司投入10 000 000元。款项已经存入银行。

借：银行存款　　　　　　　　　　　　　　　　　　10 000 000
　　贷：实收资本——法人资本　　　　　　　　　　　　　10 000 000

【例4-3】2022年2月5日，公司收到当地投资公司以厂房形式投入的资本金，相关资产评估公司对该厂房估价为6 000 000元，厂房相关产权手续已经办理交接。

借：固定资产——厂房　　　　　　　　　　　　　　　6 000 000
　　贷：实收资本——法人资本　　　　　　　　　　　　　6 000 000

2. 债权融资业务会计核算案例

【例4-4】2022年2月20日，公司为了满足日常对现金的需要，与当地工商银行磋商达成借款协议借入4 000 000元，借款期限为2年，年利率为6%，到期还本、每年末支付利息，工商银行于2022年2月25日将4 000 000元划转至至诚公司银行账号。

借：银行存款　　　　　　　　　　　　　　　　　　　4 000 000
　　贷：长期借款　　　　　　　　　　　　　　　　　　　4 000 000

【例4-5】2022年12月31日，根据借款协议结算并支付本年长期借款利息。2022年至诚公司实际借款时间为10个月，借款利息计算与会计处理如下：

2022年月利率=6%÷12=0.5%
2022年借款利息=4 000 000×10×0.5%=200 000（元）

借：财务费用　　　　　　　　　　　　　　　　　　　　200 000
　　贷：银行存款　　　　　　　　　　　　　　　　　　　　200 000

三、采购业务会计核算

（一）采购业务的含义

企业采购业务是指为满足生产经营需要采购的各种生产设备以及生产中消耗的各种主要材料和辅助材料。

（二）采购业务会计核算的主要内容

1. 计算采购成本

企业在采购生产经营所需的各种生产设备以及材料的过程中，一方面导致各种实物资产增加；另一方面导致货币资金减少或负债增加。根据相关规定，采购成本按照历史成本计量，包括采购价格以及需要承担的采购费用。如果同时采购若干种材料，应当选用适当的方式分摊共同承担的采购费用，准确计算每种材料的采购成本。

2. 计算增值税进项税额

企业在采购过程中需要根据采购价格计算和支付增值税进项税额，增值税进项税额单独确认和核算，用以抵扣企业在销售环节中收取的增值税销项税额，最终确定企业当期应当缴纳的增值税。

（三）采购业务会计核算应设置的账户

采购业务会计核算应当设置固定资产、原材料、应付账款、预付账款、应交税费、管理费用等账户。

1. 固定资产账户

固定资产账户属于资产类账户，主要核算企业固定资产增减变化情况以及变化结果。该账户借方登记本期增加额，贷方登记本期减少额，期末余额在借方，反映企业期末固定资产的结余金额，可根据固定资产种类账户设置明细分类账户。固定资产账户结构如图 4-12 所示。

借方	固定资产		贷方
期初余额	×××		
（1）本期增加额	×××	（1）本期减少额	×××
（2）本期增加额	×××	（2）本期减少额	×××
本期发生额合计	×××	本期发生额合计	×××
期末余额	×××		

图 4-12　固定资产账户结构

2. 原材料账户

原材料账户属于资产类账户，该账户主要核算企业原材料增减变化情况以及变化结果。该账户借方登记本期增加额，贷方登记本期减少额，期末余额在借方，反映企业期末原材料的结余金额，可根据原材料种类账户设置明细分类账户。原材料账户结构如图 4-13 所示。

借方	原材料		贷方
期初余额	×××		
（1）本期增加额	×××	（1）本期减少额	×××
（2）本期增加额	×××	（2）本期减少额	×××
本期发生额合计	×××	本期发生额合计	×××
期末余额	×××		

图 4-13　原材料账户结构

3. 应付账款账户

应付账款账户属于负债类账户，主要核算企业应付账款增减变化情况以及变化结果。该账户借方登记本期减少额，贷方登记本期增加额，期末余额在贷方，反映企业期末应付账款的结余金额，可根据不同债权主体设置明细分类账户。应付账款账户结构如图 4-14 所示。

借方		应付账款	贷方	
		期初余额	×××	
(1) 本期减少额	×××	(1) 本期增加额	×××	
(2) 本期减少额	×××	(2) 本期减少额	×××	
本期发生额合计	×××	本期发生额合计	×××	
		期末余额	×××	

图 4-14 应付账款账户结构

4. 预付账款账户

预付账款账户属于资产类账户,该账户主要核算企业预付账款变化情况以及变化结果。该账户借方登记本期增加额,贷方登记本期减少额,期末余额在借方,反映企业期末预付账款结余金额,可根据债务主体账户设置明细分类账户。预付账款账户结构如图 4-15 所示。

借方		预付账款	贷方	
期初余额	×××			
(1) 本期增加额	×××	(1) 本期减少额	×××	
(2) 本期增加额	×××	(2) 本期减少额	×××	
本期发生额合计	×××	本期发生额合计	×××	
期末余额	×××			

图 4-15 预付账款账户结构

5. 管理费用账户

管理费用账户属于损益类账户,该账户主要核算企业管理费用发生与结转情况。该账户借方登记本期增加额,贷方登记本期减少额,期末结转后无余额,可根据管理费用种类账户设置明细分类账户。管理费用账户结构如图 4-16 所示。

借方		管理费用	贷方	
(1) 增加额	×××	(1) 减少额	×××	
(2) 增加额	×××	(2) 减少额	×××	
本期发生额合计	×××	本期发生额合计	×××	

图 4-16 管理费用账户结构

6. 应交税费账户

应交税费账户属于负债类账户,该账户主要核算企业应交税费的计算与缴纳情况。由于涉及税种较多,此处重点介绍应交税费——应交增值税(进项税额)与应交税费——应交增值税(销项税额)明细分类账户的结构。应交税费——应交增值税(进项税额)的账户借方记录采购时取得的增值税专用发票支付的增值税(进项税额),贷方记录期末转出用于抵扣的进项税额。应交税费——应交增值税(销项税额)的账户借方记录转出的销项税额,贷方记录销售时根据增值税专用发票收取的销项税额。应交税费——应交增值税(进项税额)账户结构如图 4-17 所示。

第四章 复式记账原理与应用

借方	应交税费——应交增值税（进项税额）		贷方
		期初余额	×××
（1）减少额	×××	（1）增加额	×××
（2）减少额	×××	（2）增加额	×××
本期发生额合计	×××	本期发生额合计	×××
		期末余额	×××

图 4-17　应交税费——应交增值税（进项税额）账户结构

> **小贴士**
>
> **增值税的概念以及征收的基本原理**
>
> 增值税是对企业因生产、销售商品、提供劳务等经济活动产生的增值额征收的一种税。
>
> 企业采购设备或材料时支付增值税进项税，销售商品或提供劳务时收取增值税销项税，销项税额抵扣进项税额后的差额为企业应当缴纳的增值税额。
>
> 增值税纳税人分为一般纳税人和小规模纳税人，一般纳税人的增值税基本税率分为 13%、9% 和 6% 三档。
>
> 一般纳税人的增值税计算公式为：
>
> 销项税额=销售收入×适用税率
>
> 进项税额=采购价格×适用税率
>
> 应交增值税额=销项税额-进项税额

（四）采购业务会计核算案例

2022 年 3 月，至诚公司发生了以下业务。

【例 4-6】 3 月 10 日，公司为了满足生产需要购入一台塑膜成型机，增值税专用发票显示价款为 468 000 元，增值税税率为 13%，进项税额为 60 840 元。同时，公司支付运输、保险、安装等费用 12 000 元，设备已经安装完成并投入生产。款项已经通过公司的工商银行账号支付。固定资产入账价值计量以及会计处理如下：

固定资产入账价值=468 000+12 000=480 000（元）。

借：固定资产——塑膜成型机　　　　　　　　　　　480 000
　　应交税费——应交增值税（进项税额）　　　　　 60 840
　贷：银行存款　　　　　　　　　　　　　　　　　540 840

【例 4-7】 3 月 15 日，至诚公司为了生产电子测温仪，与供应商签订采购合同，约定采用预付货款方式购入 A、B 两种电子元件，其中 A 种电子元件为 10 000 件，单价为 20 元，B 种电子元件为 20 000 件，单价为 18 元，增值税专用发票显示价款总额为 560 000 元，增值税税率为 13%，进项税额为 72 800 元。款项已经通过公司的工商银行账号支付，材料预计 2022 年 4 月到货。相关会计处理如下：

借：预付账款——××供应商　　　　　　　　　　　560 000
　　应交税费——应交增值税（进项税额）　　　　　 72 800

贷：银行存款　　　　　　　　　　　　　　　　　　　　　　　　632 800

【例4-8】3月16日，公司为了生产电子测温仪，购入一批辅助材料，增值税专用发票显示价款为20 000元，增值税税率为13%，进项税额为2 600元。同时，公司支付运输费用1 000元。材料已经验收入库，款项尚未支付。原材料入账价值计算以及会计处理如下：

　　原材料——辅助材料入账价值=20 000+1 000=21 000（元）。
　　借：原材料——辅助材料　　　　　　　　　　　　　　　　　　21 000
　　　　应交税费——应交增值税（进项税额）　　　　　　　　　　　2 600
　　　　贷：应付账款——××供应商　　　　　　　　　　　　　　　23 600

【例4-9】3月20日，公司收到购入的电子元件，同时以银行存款支付运输费用3 600元，电子元件验收合格后已经入库。会计处理如下：

　　材料采购成本=材料买价+采购费用。
　　按照A、B电子元件采购数量分摊采购费用。
　　单位材料应分摊的采购费用=3 600÷（10 000+20 000）=0.12（元）。
　　A电子元件应分摊的采购费用=10 000×0.12=1 200（元）。
　　B电子元件应分摊的采购费用=20 000×0.12=2 400（元）。
　　A电子元件采购成本=10 000×20+1 200=201 200（元）。
　　B电子元件采购成本=20 000×18+2 400=362 400（元）。
　　借：原材料——主要材料——A　　　　　　　　　　　　　　　201 200
　　　　　　　　　　　　　　——B　　　　　　　　　　　　　　362 400
　　　　贷：预付账款——××供应商　　　　　　　　　　　　　　560 000
　　　　　　银行存款　　　　　　　　　　　　　　　　　　　　　　3 600

【例4-10】3月21日，公司从银行存款提取现金20 000元，用于日常零星开支。相关会计处理如下：

　　借：库存现金　　　　　　　　　　　　　　　　　　　　　　　20 000
　　　　贷：银行存款　　　　　　　　　　　　　　　　　　　　　　20 000

【例4-11】3月25日，公司支付前欠货款。相关会计处理如下：

　　借：应付账款——××供应商　　　　　　　　　　　　　　　　23 600
　　　　贷：银行存款　　　　　　　　　　　　　　　　　　　　　　23 600

【例4-12】3月30日，公司采购部部长报销差旅费共计6 800元，款项以现金方式支付。相关会计处理如下：

　　借：管理费用——差旅费　　　　　　　　　　　　　　　　　　6 800
　　　　贷：库存现金　　　　　　　　　　　　　　　　　　　　　　6 800

> 【小提示】
> 　　企业采购过程中为所采购物品支付的类似运输、包装、保险等费用，应当计入设备或材料成本，因为此类费用都是资产购置过程以及达到使用状态之前必须发生的费用，但是为采购人员支付的差旅费，应当作为管理费用处理，不能计入资产或成本。

四、生产业务会计核算

(一) 生产业务的含义

企业生产业务是制造企业从原材料投入生产到产品完工入库过程中发生的各种业务。生产过程是劳动耗费过程与产品生产过程的统一，主要经济业务是归集发生的各种耗费，分配或结转各种耗费。

(二) 生产业务会计核算的主要内容

企业生产业务会计核算的主要内容是核算生产中发生的各种劳动耗费和计算生产中形成的产品生产成本。

1. 生产中发生的劳动耗费

生产中发生的劳动耗费包括：第一，为生产所消耗的原材料价值全部转移到新产品的价值中去，构成产品制造成本的一部分；第二，为制造产品而损耗的固定资产价值构成产品制造成本的一部分；第三，劳动者改变劳动对象的使用价值，并创造出新价值，为制造产品而为工人支付的薪酬，构成产品制造成本的一部分；第四，在生产过程中发生的为组织和管理生产活动而支付的各种制造费用，构成产品制造成本的一部分。

2. 计算产品完工生产成本

产品生产成本是指产品生产过程中发生的直接成本和间接费用。直接成本就是生产过程中直接消耗的材料成本、人工成本等，间接费用就是生产过程中生产部门为生产所发生的各种费用，如生产部门设备折旧费用、管理人员薪酬、一般性消耗等，也称制造费用。会计在会计期末应根据产品完工情况，将产品生产成本在完工产品与在产品之间进行分配，确定完工产品成本与在产品成本。

3. 完成产品成本结转

产品在完成全部生产过程、验收合格具备销售条件后，应当转为库存商品，其生产成本随即转化为库存商品入账价值。

(三) 生产业务会计核算应设置的账户

1. 生产成本账户

生产成本账户属于成本类账户，主要核算产品生产过程中所发生的劳动耗费，计算产成品的实际制造成本，为入库的完工产品提供计价的依据。该账户的借方登记生产过程中发生的全部产品制造成本，贷方登记完工产品制造成本，如果期末有借方余额，则反映未完工产品制造成本，该账户按照成本对象以及成本项目设置明细分类账户。生产成本账户结构如图 4-18 所示。

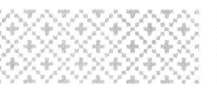

借方	生产成本		贷方
（1）增加额	×××	（1）减少额	×××
（2）增加额	×××	（2）减少额	×××
本期发生额合计	×××	本期发生额合计	×××
借方余额	×××		

图 4-18　生产成本账户结构

2. 制造费用账户

制造费用账户属于成本类账户，主要核算生产部门组织和管理生产发生的、能够计入产品生产成本的费用。该账户的借方登记生产部门组织和管理生产发生的、能够计入产品生产成本的费用，贷方登记结转入产品制造成本的费用金额，结转后无余额。该账户按照成本项目设置明细分类账户。制造费用账户结构如图 4-19 所示。

借方	制造费用		贷方
（1）增加额	×××	（1）减少额	×××
（2）增加额	×××	（2）减少额	×××
本期发生额合计	×××	本期发生额合计	×××

图 4-19　制造费用账户结构

3. 应付职工薪酬账户

应付职工薪酬账户属于负债类账户，主要核算企业应付职工薪酬的结算以及发放情况。该账户借方登记本期实际支付职的工薪酬金额，贷方登记本期计算的应付职工的薪酬金额，期末余额在贷方，反映企业期末应付未付职工薪酬金额，可根据不同债权主体设置明细分类账户。应付职工薪酬账户结构如图 4-20 所示。

借方	应付职工薪酬		贷方
		期初余额	×××
（1）减少额	×××	（1）增加额	×××
（2）减少额	×××	（2）增加额	×××
本期发生额合计	×××	本期发生额合计	×××
		期末余额	×××

图 4-20　应付职工薪酬账户结构

4. 库存商品账户

库存商品账户属于资产类账户，主要核算企业生产部门生产的、完成全部生产过程并且验收合格、准备销售的商品成本增减变化过程以及变化结果。该账户借方登记库存商品增加额，即完工入库商品的生产成本，贷方登记库存商品减少额，即因销售结转的库存商品价值，期末余额在借方，反映库存商品的结余情况。该账户按照商品种类设置明细分类账户。库存商品账户结构如图 4-21 所示。

借方	库存商品		贷方
期初余额	×××		
（1）增加额	×××	（1）减少额	×××
（2）增加额	×××	（2）减少额	×××
本期发生额合计	×××	本期发生额合计	×××
期末余额	×××		

图 4-21　库存商品账户结构

5．累计折旧账户

累计折旧账户属于资产类账户，主要核算企业固定资产累计折旧增减变化过程以及变化结果，借方登记转出的固定资产折旧金额，贷方登记计提的固定资产累计折旧，期末余额在贷方，反映固定资产累计折旧金额。可根据固定资产种类设置明细分类账户。累计折旧账户结构如图 4-22 所示。

借方	累计折旧		贷方
		期初余额	×××
（1）减少额	×××	（1）增加额	×××
（2）减少额	×××	（2）增加额	×××
本期发生额合计	×××	本期发生额合计	×××
		期末余额	×××

图 4-22　累计折旧账户结构

【专家提醒】

针对固定资产的特点，会计核算专门设置累计折旧账户，记录固定资产在使用过程中采用折旧方式转移的价值，该账户的性质与固定资产账户相同，但是账户结构与固定资产账户相反。

（四）生产业务会计核算案例

2022 年 4 月，至诚公司为了支援当地疫情防控，安排生产 5 000 台手执电子测温仪、1000 台门禁式电子测温仪，为此发生下列经济业务。

【例 4-13】 4 月 1 日，生产部门为生产手执电子测温仪，领用 2022 年 3 月购入的 A 电子元件 5 000 件，价值 100 600 元，领用 B 电子元件 10 000 件，价值 181 200 元，领用辅助材料价值 21 000 元。为生产门禁式电子测温仪领用 2022 年 3 月购入的 A 电子元件 5 000 件，价值 100 600 元，B 电子元件 10 000 件，价值 181 200 元。材料成本计算以及会计处理如下：

手执电子测温仪的材料成本=100 600+181 200+21 000=302 800（元）。

门禁式电子测温仪的材料成本=100 600+181 200=281 800（元）。

借：生产成本——材料——手执电子测温仪　　　302 800
　　　　　　　　　　　——门禁式电子测温仪　　281 800

貸：原材料——主要材料 563 600
　　　　　——辅助材料 21 000

【例4-14】4月30日，生产部门消耗水费、电费共计94 300元，以银行存款支付。相关会计处理如下：

借：制造费用——水电费 94 300
　　贷：银行存款 94 300

【例4-15】4月30日，生产部门结算工人薪酬共计190 000元，其中，直接生产手执电子测温仪工人工资80 000元，门禁式电子测温仪工人工资60 000元，车间管理人员工资50 000元。工资尚未支付。相关会计处理如下：

借：制造费用——人工费 50 000
　　生产成本——人工费——手执电子测温仪 80 000
　　　　　　　　　　　——门禁式电子测温仪 60 000
　　贷：应付职工薪酬 190 000

【例4-16】4月30日，生产部门当月因使用固定资产计提折旧额8 000元。固定资产折旧费计算以及会计处理如下：

假设2022年3月，公司购入固定资产预计可使用5年，采用平均年限法计提折旧费，当月折旧费=（480 000÷5）÷12=8 000（元）

借：制造费用——折旧费 8 000
　　贷：累计折旧 8 000

【例4-17】4月30日，公司在月末以银行存款支付职工薪酬。相关会计处理如下：

借：应付职工薪酬 190 000
　　贷：银行存款 190 000

【例4-18】4月30日，公司将本月生产部门发生的制造费用转入生产成本账户。生产成本计算以及会计处理如下：

公司当月生产部门发生制造费用总额= 94 300+50 000+ 8 000=152 300（元）。

产品生产成本=直接消耗材料成本+承担的制造费用。

制造费用应当在两种产品之间按照所消耗主要材料成本进行分配。

单位材料成本应承担的制造费用=152 300÷（302 800+281 800）=0.26（元）。

手执电子测温仪应承担的制造费用=302 800×0.26=78 728（元）。

门禁式电子测温仪应承担的制造费用=281 800×0.26=73 572（元）。

借：生产成本——制造费用——手执电子测温仪 78 728
　　　　　　　　　　　——门禁式电子测温仪 73 572
　　贷：制造费用——水电费 94 300
　　　　　　　——人工费 50 000
　　　　　　　——折旧费 8 000

第四章
复式记账原理与应用

> **小贴士**
>
> **制造费用分配标准**
>
> 常用的制造费用分配标准有：生产工人工资、生产工人工时、机器设备工时、产品产量。
>
> 计算公式为：
>
> 制造费用分摊率=制造费用总额÷$\sum$制造费用分配标准
>
> 某产品应承担的制造费用=该产品分配标准×制造费用分摊率

【例4-19】4月30日，当月投产的电子测温仪全部完工，并且已验收合格入库，月末计算产品成本。生产成本计算以及会计处理如下：

手执电子测温仪生产总成本=302 800+80 000+78 728=461 528（元）。

单位成本=461 528÷5 000=92.31（元）。

门禁式电子测温仪生产总成本=281 800+60 000+73 572=415 372（元）。

单位成本=415 372÷1 000=415.37（元）。

借：库存商品——手执电子测温仪　　　　　　　　461 528
　　　　　　——门禁式电子测温仪　　　　　　　　415 372
　　贷：生产成本——材料——手执电子测温仪　　　302 800
　　　　　　　　　　　　——门禁式电子测温仪　　281 800
　　　　　　　　——人工——手执电子测温仪　　　 80 000
　　　　　　　　　　　　——门禁式电子测温仪　　 60 000
　　　　　　　　——制造费用——手执电子测温仪　 78 728
　　　　　　　　　　　　　——门禁式电子测温仪　 73 572

五、销售业务会计核算

（一）销售业务的含义

销售业务是企业对外销售商品或提供劳务服务的业务。企业对外销售商品、半成品等被称为商品销售业务，对外销售材料、技术转让、固定资产出租、提供各种服务业务被称为其他销售业务。

（二）销售业务会计核算的主要内容

销售业务会计核算的主要内容包括：

1. 确认销售收入

企业根据与客户签订销售合同、发出商品或提供劳务、办理结算手续，应当根据企业会计准则的要求确认销售收入。

2. 计算增值税销项税额

企业在销售过程中，应当根据销售收入以及适用增值税税率计算增值税销项税额。

3. 销售货款结算

企业在销售业务中常用的销售货款结算方式包括：现销、赊销、预收货款销售。在现销方式下，销售实现时相关款项也已经收存银行。在赊销方式下，销售实现时相关款项并未实际收存银行，而是形成应收债权。在预收货款销售方式下，预收货款时销售并未实现，不能确认销售收入，预收款项只能确认为应付债务，当销售实现后，即满足收入确认条件时，方可在会计账务中确认销售收入。

4. 结转销售成本

按照收入与费用配比原则要求，企业在取得销售收入的同时，一定付出了相应的商品或提供了相应的劳务，所以在确认销售收入的同时，也应当将企业在销售业务中出售商品的生产成本或提供劳务中的劳务成本结转为销售成本，进而配比计算当期销售利润。

5. 销售费用处理

企业在销售过程中发生的各项与销售活动有关的费用，如广告费、产品推介费、销售场地租赁费等作为销售费用处理。

（三）销售业务会计核算应设置的会计账户

1. 主营业务收入账户

主营业务收入账户属于损益类账户，主要核算企业确认的销售商品、提供劳务等主营业务收入。该账户借方登记减少额，即期末转出的主营业务收入，贷方登记增加额，即本期企业实现的主营业务收入。该账户期末结转后无余额，可根据主营业务种类设置明细分类账户。主营业务收入账户结构如图 4-23 所示。

借方	主营业务收入		贷方
（1）减少额	×××	（1）增加额	×××
（2）减少额	×××	（2）增加额	×××
本期发生额合计	×××	本期发生额合计	×××

图 4-23　主营业务收入账户结构

2. 主营业务成本账户

主营业务成本账户属于损益类账户，主要核算已销售商品的成本。该账户借方登记增加额，即确认本期的主营业务成本，贷方登记减少额，即期末结转入本年利润金额。该账户期末结转后无余额。可根据主营业务种类设置明细分类账户。主营业务成本账户结构如图 4-24 所示。

借方	主营业务成本		贷方
（1）增加额	×××	（1）减少额	×××
（2）增加额	×××	（2）减少额	×××
本期发生额合计	×××	本期发生额合计	×××

图 4-24　主营业务成本账户结构

3. 销售费用账户

销售费用账户属于损益类账户,该账户主要核算企业发生的各项销售费用。借方登记增加额,即本期发生的各项销售费用,贷方登记减少额,即期末转出的销售费用。期末结转后无余额,可根据销售费用种类设置明细分类账户。销售费用账户结构如图4-25所示。

借方	销售费用		贷方
(1) 增加额 ×××			
(2) 增加额 ×××		(1) 减少额	×××
		(2) 减少额	×××
本期发生额合计 ×××		本期发生额合计	×××

图 4-25 销售费用账户结构

4. 应收账款账户

应收账款账户属于资产类账户,该账户主要核算企业因赊销商品、提供劳务等经营活动应收取的款项。借方登记企业销售活动发生的应收款项增加额,贷方登记实际收回或注销的应收账款。期末余额在借方,反映期末应收未收的款项。可根据债务主体设置明细分类账户。应收账款账户结构如图4-26所示。

借方	应收账款		贷方
期初余额 ×××			
(1) 增加额 ×××		(1) 减少额	×××
(2) 增加额 ×××		(2) 减少额	×××
本期发生额合计 ×××		本期发生额合计	×××
期末余额 ×××			

图 4-26 应收账款账户结构

5. 应收票据账户

应收票据账户属于资产类账户,该账户主要核算企业因赊销商品、提供劳务等经营活动收到的商业汇票。借方登记收到的应收票据,贷方登记实际收回或转让的应收票据。期末余额在借方,反映企业持有未到期的商业汇票金额。可根据债务主体设置明细分类账户。应收票据账户结构如图4-27所示。

借方	应收票据		贷方
期初余额 ×××			
(1) 增加额 ×××		(1) 减少额	×××
(2) 增加额 ×××		(2) 减少额	×××
本期发生额合计 ×××		本期发生额合计	×××
期末余额 ×××			

图 4-27 应收票据账户结构

6. 预收账款账户

预收账款账户属于负债类账户，该账户核算企业按照销售合同条款预先收取但尚未交付商品或提供劳务的款项。借方登记已交付商品或提供劳务后转为收入的预收款项。贷方登记企业预收款项。期末余额在贷方，反映企业预收款项结余金额。可根据债权主体设置明细分类账户。预收账款账户结构如图 4-28 所示。

借方	预收账款	贷方	
期初余额	×××		
（1）增加额	×××	（1）减少额	×××
（2）增加额	×××	（2）减少额	×××
本期发生额合计	×××	本期发生额合计	×××
期末余额	×××		

图 4-28 预收账款账户结构

（四）销售业务会计核算案例

2022 年 5 月，至诚公司发生下列与销售有关的经济业务。

【例 4-20】 5 月 7 日，公司以单价 120 元向驻地卫生防疫部门销售手执电子测温仪 1 000 台，增值税专用发票显示销售收入为 120 000 元，增值税（销售税额）为 15 600 元，款项已经收存银行。相关会计处理如下：

借：银行存款　　　　　　　　　　　　　　　　　　　135 600
　　贷：主营业务收入——手执电子测温仪　　　　　　120 000
　　　　应交税费——应交增值税（销项税额）　　　　 15 600

【例 4-21】 5 月 10 日，公司以单价 550 元向驻地教育部门销售门禁式电子测温仪 200 台，增值税专用发票显示销售收入为 110 000 元，增值税（销售税额）为 14 300 元，款项尚未收到。相关会计处理如下：

借：应收账款——教育部门　　　　　　　　　　　　　124 300
　　贷：主营业务收入——手执电子测温仪　　　　　　110 000
　　　　应交税费——应交增值税（销项税额）　　　　 14 300

【例 4-22】 5 月 11 日，公司以单价 120 元向当地零售企业销售手执电子测温仪 1 500 台，增值税专用发票显示销售收入为 180 000 元，增值税（销售税额）为 23 400 元，对方以银行存款支付增值税销售税额，同时开出一张金额为 180 000 元、期限为 30 天的商业汇票。相关会计处理如下：

借：银行存款　　　　　　　　　　　　　　　　　　　 23 400
　　应收票据　　　　　　　　　　　　　　　　　　　180 000
　　贷：主营业务收入　　　　　　　　　　　　　　　180 000
　　　　应交税费——应交增值税（销项税额）　　　　 23 400

【例 4-23】 5 月 18 日，公司预收当地铁路部门货款 440 000 元，商品尚未交付。相关会计处理如下：

第四章 复式记账原理与应用

借：银行存款　　　　　　　　　　　　　　　　　　440 000
　　贷：预收账款——铁路部门　　　　　　　　　　　　440 000

【例 4-24】5 月 18 日，公司以银行存款支付当地新媒体广告费 10 000 元。相关会计处理如下：

借：销售费用——广告费　　　　　　　　　　　　　10 000
　　贷：银行存款　　　　　　　　　　　　　　　　　　10 000

【例 4-25】5 月 20 日，公司收到 5 月 10 日赊销货款，已存入银行。相关会计处理如下：

借：银行存款　　　　　　　　　　　　　　　　　　124 300
　　贷：应收账款——教育部门　　　　　　　　　　　　124 300

【例 4-26】5 月 28 日，公司交付当地铁路部门购买的门禁式电子测温仪 800 台，增值税专用发票显示销售收入为 440 000 元，增值税销项税额为 132 000 元，税款已收存银行。相关会计处理如下：

借：预收账款　　　　　　　　　　　　　　　　　　440 000
　　银行存款　　　　　　　　　　　　　　　　　　　132 000
　　贷：主营业务收入——门禁式电子测温仪　　　　　　440 000
　　　　应交税费——应交增值税（销项税额）　　　　　132 000

【例 4-27】5 月 30 日，公司结算销售部门人员薪酬 50 000 元，尚未支付。相关会计处理如下：

借：销售费用——职工薪酬　　　　　　　　　　　　50 000
　　贷：应付职工薪酬　　　　　　　　　　　　　　　　50 000

【例 4-28】5 月 30 日，公司结转当月销售成本。销售成本计算以及会计处理如下：
当月销售手执电子测温仪的应结转销售成本=2 500×92.31 =230 775（元）。
当月销售门禁式电子测温仪的应结转销售成本=1 000×415.37 =415 372（元）。

借：主营业务成本——手执电子测温仪　　　　　　　230 775
　　　　　　　　——门禁式电子测温仪　　　　　　415 372
　　贷：库存商品——手执电子测温仪　　　　　　　　　230 775
　　　　　　　　——门禁式电子测温仪　　　　　　　415 372

> 【小提示】
>
> 企业可根据商品不同情况选用先进先出法、平均单价法、个别单价法计算其销售成本。
> 本例采用个别计价法，按照商品生产成本计算商品销售成本。

【例 4-29】5 月 30 日，公司以银行存款支付职工薪酬。相关会计处理如下：

借：应付职工薪酬　　　　　　　　　　　　　　　　50 000
　　贷：银行存款　　　　　　　　　　　　　　　　　　50 000

六、投资业务会计核算

（一）投资业务的含义

投资业务是指企业除正常生产活动外从事的不同方式的投资活动（如股票投资、债券投资、基金等）以谋求投资收益的业务。

（二）投资业务会计核算的主要内容

1. 确认投资方式

企业对外投资的目的不同，采用的投资方式也不相同。

按照企业对外投资的时间长短可以将投资分为短期投资和长期投资，按照对外投资的性质划分可以将投资分为股权投资和债券投资，按照企业管理层持有对外投资的目的不同可以将投资分为交易性金融资产和其他权益工具投资、长期股权投资等。

2. 计算投资成本

企业对外投资方式不同，投资成本的计算方法也不相同，此处主要介绍交易性金融资产和长期股权投资的投资成本计算方法。

交易性金融资产是企业以赚取差价为目的，从二级资本市场购入的股票、债券和基金等，所以该项投资初始计量以实际支付的购买价格作为投资成本，投资时发生的交易费用不能计入投资成本，应当冲减投资收益。企业在持有交易性金融资产期间，会计期末根据资本市场的公允价值调整其账面价值，账面价值与期末公允价值之间的差额作为公允价值变动损益，计入当期损益。

长期股权投资是企业为了获得更大的经济利益、长期持有、不易变现的股权投资而进行的投资，其核算方式主要包括成本法和权益法。此处主要介绍成本法。因此，该项投资以购买时实际支付的购买价格作为长期股权投资初始成本，包括购买时支付的相关手续费等。

3. 确认投资收益

企业以交易性金融资产方式进行投资时，在每个会计期末根据该投资的公允价值调整其账面价值。公允价值与原账面价值之间的差额作为公允价值变动损益计入当期损益，当企业出售该投资时，其账面价值与出售时实际收到的价款之间的差额作为价差损益计入当期损益。

企业以长期股权投资方式进行投资时，当收到被投资企业现金分红时应当确认投资收益。

（三）投资业务会计核算应设置的会计账户

1. 交易性金融资产账户

交易性金融资产账户属于资产类账户，该账户主要核算企业从二级市场中购买的、用于交易的股票、债券、基金等金融产品的增减变化过程以及变化结果。借方登记购入的交易性金融资产以及期末由于公允价值下降形成的公允价值变动损失，贷方登记出售交易性金融资产转出的价值以及期末公允价值上升形成的公允价值变动收益。期末余额在借方，反映期末交易性金融资产公允价值。根据交易性金融资核算内容设置成本与公允价值变动损益二级明细分类账户，另外可根据投资品种设置三级明细分类账户。交易性金融资产账户结构如图4-29所示。

借方	交易性金融资产	贷方	
期初余额	×××		
（1）增加额	×××	（1）减少额	×××
（2）增加额	×××	（2）减少额	×××
本期发生额合计	×××	本期发生额合计	×××
期末余额	×××		

图4-29 交易性金融资产账户结构

2. 长期股权投资账户

长期股权投资账户属于资产类账户，该账户主要核算长期股权投资的增减变化过程以及变化结果。借方登记录增加额，贷方登记减少额，期末余额在借方，反映结余数。可根据被投资企业设置明细分类账户。长期股权投资账户结构如图4-30所示。

借方	长期股权投资	贷方	
期初余额	×××		
（1）增加额	×××	（1）减少额	×××
（2）增加额	×××	（2）减少额	×××
本期发生额合计	×××	本期发生额合计	×××
期末余额	×××		

图4-30 长期股权投资账户结构

3. 公允价值变动损益账户

公允价值变动损益账户属于损益类账户，该账户主要核算由于公允价值变动形成的损益以及结转情况。借方登记公允价值变动损失以及贷方金额转出情况，贷方登记公允价值变动收益以及借方金额转出情况，期末结转后无余额。可根据不同投资方式设置明细分类账户。公允价值变动损益账户结构如图4-31所示。

借方	公允价值变动损益	贷方	
（1）减少额	×××	（1）增加额	×××
（2）减少额	×××	（2）增加额	×××
本期发生额合计	×××	本期发生额合计	×××

图4-31 公允价值变动损益账户结构

4. 投资收益账户

投资收益账户属于损益类账户，该账户主要核算投资业务形成的投资收益或投资损失情况。借方登记实现的投资损失以及结转的投资收益，贷方登记实现的投资收益以及结转的投资损失，期末结转后无余额。可根据投资项目设置明细分类账户。投资收益账户结构如图 4-32 所示。

借方	投资收益	贷方
（1）减少额　　×××		（1）增加额　　×××
（2）减少额　　×××		（2）增加额　　×××
本期发生额合计　×××		本期发生额合计　×××

图 4-32　投资收益账户结构

（四）投资业务会计核算案例

2022 年 6 月，至诚公司发生下列与投资有关的经济业务。

【例 4-30】6 月 4 日，公司在资本市场以每股 9.6 元的价格购买 20 000 股华科医疗股票，作为交易性金融资产持有，款项已经支付。相关会计处理如下：

　　借：交易性金融资产——成本——华科医疗　　　　192 000
　　　　贷：银行存款　　　　　　　　　　　　　　　　192 000

【例 4-31】6 月 15 日，公司为了稳定主要材料供应，以每股 5 元的价格认购上游企业发行的非流通股票 200 000 股，计 1 000 000 元。相关会计处理如下：

　　借：长期股权投资　　　　　　　　　　　　　　1 000 000
　　　　贷：银行存款　　　　　　　　　　　　　　　1 000 000

【例 4-32】6 月 20 日，公司在资本市场以每股 12 元的价格购买 100 000 股金泰医疗股票，作为交易性金融资产持有，待股票价格上涨后出售，款项已经支付。相关会计处理如下：

　　借：交易性金融资产——成本——金泰医疗　　　1 200 000
　　　　贷：银行存款　　　　　　　　　　　　　　　1 200 000

【例 4-33】6 月 29 日，公司以每股 15 元的价格出售 100 000 股金泰医疗股票，款项已收存银行。相关会计处理如下：

　　借：银行存款　　　　　　　　　　　　　　　　1 500 000
　　　　贷：交易性金融资产——成本——金泰医疗　　1 200 000
　　　　　　投资收益　　　　　　　　　　　　　　　　300 000

【例 4-34】6 月 30 日，公司持有的华科医疗股票收盘价格为每股 13 元，确认交易性金融资产公允价值变动损益。交易性金融资产公允价值变动损益计算以及会计处理如下：

交易性金融资产公允价值变动损益=（13-9.6）×20 000=68 000（元）。

　　借：交易性金融资产——公允价值变动——华科医疗　68 000
　　　　贷：公允价值变动损益　　　　　　　　　　　　　68 000

七、其他业务会计核算

（一）其他业务的含义

其他业务是指除融资业务、采购业务、生产业务、销售业务、投资业务、利润及利润分配业务外的其他业务活动。

（二）其他业务会计核算的主要内容

1. 增值税的计算与缴纳

企业根据增值税法的要求以及当期确认的增值税销项税额及允许抵扣的进项税额计算当期实际应向税务部门缴纳的增值税额。

2. 税金及附加的计算与缴纳

根据税法的规定，企业在生产经营活动中，除应缴纳增值税外，还应根据经济业务承担消费税、城市维护建设税、资源税、教育费附加、土地使用税、车船税、印花税等各项流转税，并且需要根据国家税务部门规定的税基和税率计算和缴纳。税金及附加是企业经营过程中必须承担的税负责任，可以直接抵扣企业当期收益。

> **小贴士**
>
> **流转税税种以及税基**
>
> 消费税是针对特定消费品以及消费行为征收一种流转税。一般在生产环节征收，采用从价定率、从量定额、从价从量复合计征方式。
>
> 城市维护建设税根据缴纳增值税、消费税的单位和个人根据缴纳的增值税和消费税之和按照不同税率（7%、5%、1%）计算和缴纳。
>
> 教育费附加根据缴纳增值税和消费税的单位和个人按照实际缴纳的增值税和消费税金额之和及征收比率（3%）计算和缴纳。
>
> 地方教育附加根据缴纳增值税和消费税的单位和个人按照实际缴纳的增值税和消费税金额之和及征收比率（2%）计算和缴纳。
>
> 土地使用税是国家向各类使用国有土地的单位和个人根据实际占用面积计算征收的一种税。
>
> 车船使用税是对中国境内依法登记的车辆、船舶按照特定标准征收的一种税。
>
> 印花税是对在中国境内书立应税凭证、进行证券交易的单位和个人征收的一种税。

3. 营业外收入与营业外支出的确认和计量

营业外收入是指企业除日常经营活动取得的收入外，因偶然或意外事件产生的收入。营业外收入主要包括：接受捐赠收入、罚没收入等，应根据取得的时间与金额将其确认为相应会计期间的营业外收入，计入当期损益。

营业外支出是指企业除日常经营活动发生的支出外，因偶然或意外事件产生的支出。营业外支出主要包括：捐赠支出、罚没支出、意外损失、资产盘亏等，应根据实际发生时间与金额将其确认为相应会计期间的营业外支出，计入当期损益。

> **【小提示】**
>
> 企业日常经营活动中的主营业务收入与主营业务支出之间一定存在因果对应关系，即取得收入一定会发生相应的成本，付出一定的支出就应取得相应的收入，会计确认收入的同时应当确认成本，形成匹配关系。然而，营业外收入与营业外支出之间不存在因果关系，分别反映因偶然或意外事项形成的收入或支出，分别计入当期损益。

（三）其他业务会计核算应设置的会计账户

1. 营业税金及附加账户

营业税金及附加账户属于损益类账户，该账户主要核算各项流转税的计算以及缴纳情况。借方登记本期应当承担的各种税金及附加费用，贷方登记期末结转金额，期末结转后无余额。可根据税种设置明细分类账户。营业税金及附加账户结构如图4-33所示。

借方	营业税金及附加		贷方
（1）增加额	×××	（1）减少额	×××
（2）增加额	×××	（2）减少额	×××
本期发生额合计	×××	本期发生额合计	×××

图4-33 营业税金及附加账户结构

2. 营业外收入账户

营业外收入账户属于损益类账户，该账户主要核算企业取得的偶然或意外收入。借方登记期末结转金额，贷方登记本期增加金额。期末结转后无余额。可根据营业外收入来源设置明细分类账户。营业外收入账户结构如图4-34所示。

借方	营业外收入		贷方
（1）减少额	×××	（1）增加额	×××
（2）减少额	×××	（2）增加额	×××
本期发生额合计	×××	本期发生额合计	×××

图4-34 营业外收入账户结构

3. 营业外支出账户

营业外支出账户属于损益类账户，该账户主要核算企业发生的偶然或意外支出。借方登记本期增加金额，贷方登记期末结转金额。期末结转后无余额。可根据营业外成本种类设置明细分类账户。营业外支出账户结构如图4-35所示。

借方	营业外支出		贷方
（1）增加额	×××	（1）减少额	×××
（2）增加额	×××	（2）减少额	×××
本期发生额合计	×××	本期发生额合计	×××

图 4-35 营业外支出账户结构

（四）其他业务会计核算案例

2022年6月，至诚公司发生了下列其他业务。

【例 4-35】 6月10日，公司收到校友无偿捐赠货币资金800 000元，用于后续公司防疫物资生产，款项已经收存银行。相关会计处理如下：

借：银行存款　　　　　　　　　　　　　　　　800 000
　　贷：营业外收入——接受捐赠　　　　　　　　　　　800 000

【例 4-36】 6月12日，公司向当地人民医院捐赠200 000元用于加强医院防控疫情能力，款项已经通过银行支付。相关会计处理如下：

借：营业外支出——捐赠支出　　　　　　　　　　200 000
　　贷：银行存款　　　　　　　　　　　　　　　　200 000

【例 4-37】 6月30日，公司根据本期发生的增值税进项税额和销项税额计算和缴纳本期增值税。应交增值税计算以及会计处理如下：

根据上述业务，2022年1—6月应交增值税=销项税额−进项税额
=（156 00+14 300+23 400+132 000）−（60 840+72 800+2 600）
= 49 060（元）。

借：应交税费——增值税　　　　　　　　　　　　49 060
　　贷：银行存款　　　　　　　　　　　　　　　　49 060

【例 4-38】 6月30日，公司根据缴纳增值税金额结算并缴纳城市维护建设税与教育费附加。城市维护建设税与教育费附加计算以及会计处理如下：

城市维护建设税=49 060×7%=3 434.2（元）。
教育费附加=49 060×3%=1 471.8（元）。
地方教育费附加=49 060×2%=981.2（元）。

借：税金及附加　　　　　　　　　　　　　　　　5 887.2
　　贷：应交税费——城市维护建设税　　　　　　　　3 434.2
　　　　　　　　——教育费附加　　　　　　　　　　1 471.8
　　　　　　　　——地方教育费附加　　　　　　　　　981.2
借：应交税费——城市维护建设税　　　　　　　　3 434.2
　　　　　　——教育费附加　　　　　　　　　　　1 471.8
　　　　　　——地方教育费附加　　　　　　　　　　981.2
　　贷：银行存款　　　　　　　　　　　　　　　　5 887.2

【例4-39】6月30日，公司结算并发放管理部门人员薪酬150 000元。相关会计处理如下：

借：管理费用——职工薪酬　　　　　　　　　　　150 000
　　　贷：应付职工薪酬　　　　　　　　　　　　　　　150 000
借：应付职工薪酬　　　　　　　　　　　　　　　150 000
　　　贷：银行存款　　　　　　　　　　　　　　　　　150 000

八、利润与利润分配业务核算

（一）利润与利润分配业务的含义

利润是企业将一定会计期间实现的各项收入与各项费用相抵后形成的经营成果。当各项收入大于各项费用时其结果为盈利，当各项费用大于各项收入时其结果为亏损。

利润分配是企业根据相关规定以及公司章程对当年可供分配利润指定其特定用途和将其分配给投资者的活动。

（二）利润与利润分配业务会计核算的主要内容

1. 计算利润总额

企业应当将所有收入类账户归集的收入总额和所有费用类账户归集的费用总额全部结转至利润计算账户进而计算，以确认本年利润。

营业利润=营业收入-营业成本-营业税及附加-管理费用-财务费用-销售费用-资产减值损失+(-)投资净损益-(+)公允价值变动损益-(+)资产处置收益+其他收益

利润总额=营业利润+营业外收入-营业外支出

净利润=利润总额-所得税费用

2. 计算当期所得税费用

企业根据利润总额以及适用所得税税率计算当期应当承担的所得税费用。

所得税费用=利润总额×适用所得税税率

根据相关法律规定，一般企业所得税税率为25%。

3. 进行利润分配

企业根据相关法规对可供分配的利润按照利润分配顺序进行分配。

第一，按照《公司法》规定比例（10%）提取法定盈余公积。

第二，根据公司章程提取任意盈余公积。

第三，向投资者分配利润。

（三）利润与利润分配业务会计核算应设置的会计账户

1. 所得税费用账户

所得税费用账户属于损益类账户，该账户主要核算企业所得税费用的承担与结转情况。借方登记本期所得税费用的增加额，贷方登记本期所得税费用的减少额，期末结转后无余额。所得税费用账户结构如图 4-36 所示。

借方		所得税费用	贷方	
（1）增加额	×××		（1）减少额	×××
（2）增加额	×××		（2）减少额	×××
本期发生额合计	×××		本期发生额合计	×××

图 4-36 所得税费用账户结构

2. 本年利润账户

本年利润账户属于所有者权益类账户，该账户主要核算企业实现的利润或发生的亏损情况。借方登记从各类费用账户转入费用总额，即增加额；贷方登记从各类收入账户转入收入总额，即减少额。结账前余额为收入与费用配比后形成的利润或亏损，期末将实现的利润或亏损转入"利润分配"账户，期末结转后无余额。本年利润账户结构如图 4-37 所示。

借方		本年利润	贷方	
（1）转入各类费用	×××		（1）转入各类收入	×××
（2）转入各类费用	×××		（2）转入各类收入	×××
本期发生额合计	×××		本期发生额合计	×××

图 4-37 本年利润账户结构

3. 利润分配账户

利润分配账户属于所有者权益类账户，该账户主要核算企业利润分配或亏损弥补情况。借方登记转入的未弥补亏损或分配的利润总额，即增加额；贷方登记转入的利润或弥补的亏损，即减少额。期末余额一般在借方，反映期末未分配利润，可根据利润分配方式设置明细分类账户。利润分配账户结构如图 4-38 所示。

借方		利润分配	贷方	
期初余额	×××			
（1）各种途径分配利润	×××		（1）转入本年利润	×××
（2）各种途径分配利润	×××		（2）转入本年利润	×××
本期发生额合计	×××		本期发生额合计	×××
期末余额	×××			

图 4-38 利润分配账户结构

4. 盈余公积账户

盈余公积账户属于所有者权益类账户，该账户主要核算企业盈余公积增减变化以及变化结果。借方登记减少额，贷方登记提取的法定盈余公积和任意盈余公积，即增加额。

期末余额一般在借方，反映期末结余额，可根据用途设置明细分类账户。盈余公积账户结构如图4-39所示。

借方	盈余公积	贷方
	期初余额	×××
（1）减少额　　×××	（1）增加额	×××
（2）减少额　　×××	（2）增加额	×××
本期发生额合计　×××	本期发生额合计	×××
	期末余额	×××

图4-39　盈余公积账户结构

5. 应付利润账户

应付利润账户属于负债类账户，该账户主要核算应付利润增减变化及变化结果。借方登记减少额，贷方登记增加额。余额在贷方，反映结余额，可根据债权主体设置明细分类账户。应付利润账户结构如图4-40所示。

借方	应付利润	贷方
	期初余额	×××
（1）减少额　　×××	（1）增加额	×××
（2）减少额　　×××	（2）增加额	×××
本期发生额合计　×××	本期发生额合计	×××
	期末余额	×××

图4-40　应付利润账户结构

（四）利润与利润分配业务会计核算案例

2022年12月，至诚公司发生下列利润与利润分配业务。

【例4-40】12月31日，公司结转收入与费用类账户，计算本年利润。本年利润计算以及会计处理如下：

借：主营业务收入——手执电子测温仪　　　　　410 000
　　　　　　　　——门禁式电子测温仪　　　　440 000
　　投资收益　　　　　　　　　　　　　　　　300 000
　　公允价值变动损益　　　　　　　　　　　　 68 000
　　营业外收入　　　　　　　　　　　　　　　800 000
　　贷：本年利润　　　　　　　　　　　　　2 018 000
借：本年利润　　　　　　　　　　　　　　1 268 834.2
　　贷：销售费用——广告费　　　　　　　　　 10 000
　　　　　　　——职工薪酬　　　　　　　　　 50 000
　　　　主营业务成本——手执电子测温仪　　　230 775
　　　　　　　　——门禁式电子测温仪　　　　415 372
　　　　营业外支出　　　　　　　　　　　　　200 000

税金及附加	5 887.2
财务费用	200 000
管理费用——差旅费	6 800
——职工薪酬	150 000

本年利润总额=2 018 000-1 268 834.2=749 165.8（元）。

【例 4-41】 12 月 31 日，公司结算并缴纳所得税。所得税费用计算以及会计处理如下：

所得税费用=749 165.8×25%=187 291.45（元）。

  借：所得税费用   187 291.45
    贷：应交税费——应交所得税   187 291.45
  借：应交税费——应交所得税   187 291.45
    贷：银行存款   187 291.45

本年净利润=749 165.8-187 291.45=561 874.35（元）。

【例 4-42】 12 月 31 日，公司按照 10%和 5%的比例分别提取法定盈余公积和任意盈余公积。提取盈余公积的计算以及会计处理如下：

提取法定盈余公积=561 874.35×10%=56 187.44（元）。

提取任意盈余公积=561 874.35×5%=28 093.72（元）。

  借：利润分配——提取盈余公积   84 281.16
    贷：盈余公积——法定盈余公积   56 187.44
       ——任意盈余公积   28 093.72

【例 4-43】 12 月 31 日，公司董事会通过当年利润分配方案，决定将当年净利润中的 20%以现金方式分配给投资者。给投资者分配利润计算以及会计处理如下：

给投资者分配利润=561 874.35×20%=112 374.87（元）。

  借：利润分配——给投资者分配   112 374.87
    贷：应付利润   112 374.87
  借：应付利润   112 374.87
    贷：银行存款   112 374.87

第三节　借贷记账法下账户按照用途与结构分类

一、会计账户用途与结构的含义

  会计账户用途是指设置和运用账户的目的，即预期通过会计账户记录提供怎样的会计核算指标。

  会计账户结构是指如何在会计账户中记录经济业务，以实现会计账户的用途，即账户借方和贷方分别记录怎样的增减内容，期末账户是否会产生余额，如果产生余额，余额应当在账户的借方还是贷方，余额有怎样的经济含义等。

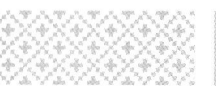

二、会计账户按照用途与结构分类

会计账户如何按照用途与结构分类取决于记账方法,即不同的记账方法,其分类也不相同。在借贷记账法下,账户按其用途和结构的不同,可分为盘存账户、结算账户、所有者投资账户、集合分配账户、跨期摊提账户、成本计算账户、收入计算账户、费用计算账户、财务成果计算账户、调整账户、计价对比账户11类账户。

(一)盘存账户

1. 盘存账户的含义

盘存账户是用来反映和监督各项财产物资和货币资金的增减变动及其结存情况的账户。

在借贷记账法下,制造业主要盘存账户包括:库存现金、银行存款、原材料、库存商品、低值易耗品、固定资产等账户。当生产成本、材料采购账户有期初余额、期末余额时,分别表示在产品、在途材料的成本,于是也具有盘存账户的性质。

2. 盘存账户的结构

盘存账户的借方登记增加金额,贷方登记减少金额,期末余额在借方,反映期末各项财产物资和货币资金的实际结存数。盘存账户结构如图4-41所示。

借方	盘存账户	贷方
期初余额:记录货币资产和实物资产期初结余金额		
本期发生额:本期货币资产和实物资产增加金额		本期发生额:本期货币资产和实物资产减少金额
本期发生额合计		本期发生额合计
期末余额:记录货币资产和实物资产期末结余金额		

图4-41 盘存账户结构

3. 盘存账户的特点

盘存账户的特点表现为:第一,盘存账户可以通过财产清查的方法,确定其实存数,并通过实存数与账存数进行核对,以查明实存财产物资和货币资金在管理上及使用上存在的问题,并究其原因,加以管理。第二,盘存类账户,除现金、银行存款、交易性金融资产等账户外,其他记录实物资产的账户,诸如原材料、库存商品、低值易耗品、固定资产等,都可以根据不同种类设置明细分类账户,并且能够在明细分类账户中采用价值和实物数量两种指标。

例如,根据【例4-19】和【例4-28】的资料,"库存商品"总账下设置了手执电子测温仪和门禁式电子测温仪二个明细分类账,采用数量和金额两种不同的计量单位,分别反映期末结存商品的数量和金额。"库存商品——手执电子测温仪"期末结存数量为2 500台,金额为230 775元。本期生产门禁式电子测温仪1 000台,本期已经全部对外销售,所以该明细分类账期末余额为0。

(二)结算账户

1. 结算账户的含义

结算账户是用来记录企业同其他单位或个人之间发生债权、债务结算情况的账户。

按照结算账户的性质不同,结算账户可以分为债权结算账户、债务结算账户以及债权债务结算账户三类。

债权结算账户亦称资产结算账户,是专门用来记录企业同其他单位或个人之间的债权(应收、暂付)结算的账户。

债务结算账户亦称负债结算账户,是专门用来记录企业同其他单位或个人之间债务(应付、暂收)结算的账户。

债权债务结算账户亦称资产负债结算账户或往来账户,是专门用来记录企业同其他单位或个人之间的往来结算业务的账户。

2. 结算账户的结构

(1)债权结算账户。

债权结算账户的借方登记债权的增加额,贷方登记债权的减少额,期末余额通常在借方,反映期末尚未收回的债权实有额。

制造业主要债权结算账户包括:应收账款、应收票据、预付账款、其他应收款等账户。债权结算账户结构如图 4-42 所示。

借方	债权结算账户	贷方
期初余额:期初尚未收回的应收款项及未结算的预付款		
本期发生额:本期应收款项的增加额及预付款项增加额		本期发生额:本期应收款项的减少额及预付款项减少额
期末余额:期末尚未收回的应收款项及未结算的预付款		本期发生额合计

图 4-42 债权结算账户结构

例如,根据【例 4-21】中的资料得知,企业与当地教育部门之间存在债权结算关系,由于销售行为,企业应当向当地教育部门收取 124 300 元。

(2)债务结算账户。

债务结算账户的贷方登记债务的增加额,借方登记债务的减少额,期末余额通常在贷方,反映期末尚未偿还债务额。

制造业主要债权结算账户包括:短期借款、应付账款、应付票据、预收账款、应付工资、应付福利费、应交税费、应付利润、其他应付款、其他应交款、长期借款、应付债券等账户。债务结算账户结构如图 4-43 所示。

借方	债务结算账户	贷方
		期初余额:期初尚未偿付的应付款项及未结算的预收款
		本期发生额:本期应付款项的增加额及预收款项减少额
本期发生额:本期应付款项的减少额及预收款项增加额		
		期末余额:期末尚未偿付回的应付款项及未结算的预收款

图 4-43 债务结算账户结构

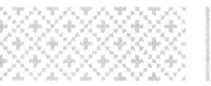

（3）债权债务结算账户。

债权债务结算账户是指用来核算企业与其他单位或个人之间的往来结算业务的账户。

企业在实际经营活动中，常常与其他单位或个人发生往来业务，在与同一单位或个人发生往来业务的过程中，企业有时充当债权人的角色，有时又充当债务人的角色。于是，为了便于集中反映企业与同一单位或个人发生的债权、债务的往来结算情况，就有必要设置和运用既属于债权结算，又属于债务结算的往来账户，即双重性质账户。

制造业主要债权债务结算账户包括：往来账户、其他往来账户。如果通过应收账款账户同时核算企业预收账款，则应收账款属于债权债务结算账户，应付账款账户同时核算企业预付账款，则应付账款属于债权债务结算账户。此类账户的期初余额或期末余额可能出现在借方也可能出现在贷方，具体借贷方向取决于本期发生债权与债务的金额比较，如果本期发生应收债权额大于应付债务额，则该账户的期末余额在借方，反映本期净债权的金额，如果本期发生应收债权额小于应付债务额，则该账户的期末余额在贷方，记录本期净债务的金额。债权债务结算账户结构如图4-44所示。

借方	债权债务结算账户	贷方
期初余额：期初债权大于债务的差额		期初余额：期初债务大于债权的差额
本期发生额：本期债权增加额、本期债务减少额		本期发生额：本期债务增加额、本期债权减少额
期末余额：期末债权大于债务的差额		期末余额：期末债务大于债权的差额

图4-44 债权债务结算账户结构

【例4-44】A公司是B公司的主要原材料供应商，双方之间经常发生债权债务结算业务，为了方便起见，A公司通过应付账款账户同时反映债权与债务结算业务。假设在某一会计期间，双方发生下列往来业务：

（1）A公司从B公司采购一批原材料，价款总额为100 000元，材料已经验收入库。相关款项尚未支付。

（2）A公司从B公司采购一批原材料，价款总额为240 000元，材料已经验收入库。相关款项尚未支付。

（3）A公司通过银行向B公司预付货款350 000元，用于采购原材料，材料尚未交付。

上述业务在会计账户中的记录如图4-45所示。

借方	应付账款	贷方
（3）350 000		（1）100 000
		（2）240 000
期末余额：10 000		

图4-45 会计账户记录

此时，该账户余额在借方，实际反映本期A公司对B公司的债权为10 000元，账户性质应为债权结算账户。

如果（1）A公司从B公司采购一批原材料，价款总额为600 000元，材料已经验收入库。相关款项尚未支付。

（2）A公司从B公司采购一批原材料，价款总额为240 000元，材料已经验收入库。相关款项尚未支付。

（3）A公司通过银行向B公司预付货款350 000元，用于采购原材料，材料尚未交付。

上述业务在会计账户中的记录如图4-46所示。

此时，该账户余额在贷方，实际反映本期A公司对B公司的债务为490 000元，应为债务结算账户。

借方	应付账款	贷方
（3）350 000	（1）600 000	
	（2）240 000	
	期末余额：490 000	

图4-46　会计账户记录

3. 结算账户的特点

（1）债权结算账户。

债权结算账户的特点表现为：以债务人的单位或个人名称设置明细分类账户，且只进行金额核算，提供价值指标。

（2）债务结算账户。

债务结算账户的特点表现为：以债权人的单位或个人名称设置明细分类账户，进行明细分类核算，提供金额指标。

（3）债权债务结算账户。

债权债务结算账户的特点表现为：第一，以与企业发生往来的某一单位或个人的名称设置明细分类账户，进行明细分类核算，提供金额指标；第二，无论期末余额在借方还是贷方，并不表示债权或债务的实存额，而只表示期末债权、债务增加变动后的差额；第三，该账户所属明细账户的借方余额之和与贷方余额之和的差额，应当与总账账户的余额相等；第四，月末不能根据总账账户余额的方向，而应根据明细分类账户余额的方向判断余额的性质，从而填制资产负债表，以真实地反映债权债务的实际情况。

【专家提醒】

企业不能够对所有债权、债务结算关系都采用双重性质账户进行核算，只有在与同一单位或个人经常性出现相互往来时方可使用。

（三）所有者投资账户

1. 所有者投资账户的含义

所有者投资账户是主要用来核算企业所有者投资的增减变动及其结存情况的账户。制造业主要所有者投资账户包括：实收资本、资本公积、盈余公积等账户。

2. 所有者投资账户的结构

所有者投资账户的借方登记所有者投资的减少额，贷方登记所有者投资的增加额，期末余额在贷方，反映期末所有者投资的实有额。所有者投资账户结构如图 4-47 所示。

借方	所有者投资账户	贷方
	期初余额：期初资本和公积金的实有额	
本期发生额：本期资本和公积金的减少额	本期发生额：本期资本和公积金的增加额	
	期末余额：期末资本和公积金的实有额	

图 4-47　所有者投资账户结构

3. 所有者投资账户的特点

所有者投资账户的特点表现为，按照投资人设置明细分类账户进行明细分类核算，只记录金额，提供价值指标。

（四）集合分配账户

1. 集合分配账户的含义

集合分配账户是用来归集和分配生产经营过程中某个阶段所发生的各种间接生产费用的账户。

制造业集合分配账户是制造费用账户。

2. 集合分配账户的结构

集合分配账户的借方登记各种间接生产费用的发生额，贷方登记月末按一定标准分配计入各个成本计算对象的分配额，月末一般无余额。集合分配账户结构如图 4-48 所示。

借方	集合分配账户	贷方
本期发生额：生产车间各种间接生产费用的增加额		本期发生额：分配计入各管成本计算对象的转出金额

图 4-48　集合分配账户结构

3. 集合分配账户的特点

集合分配账户的特点表现为，生产部门发生的各项间接生产费用期末需要全部分配到各有关成本核算对象，分配后该账户没有期末余额。

例如，根据【例 4-18】中的资料，至诚公司本月生产部门发生的制造费用为 152 300 元，按照不同产品消耗材料的比例全部分配至手执电子测温仪和门禁式电子测温仪的生产成本中，期末结转后制造费用账户无余额。

（五）跨期摊配账户

1. 跨期摊配账户的含义

跨期摊配账户是用来核算应有几个会计期间共同负担的费用，并将这些费用在各个会计期间进行分摊的账户。

制造业跨期摊配账户是长期待摊费用账户。

2. 跨期摊配账户的结构

跨期摊配账户的借方登记实际支出的长期待摊费用，贷方登记分摊到各个会计期间的长期待摊费用，期末余额在借方，反映已经支付但是需要未来会计期间分摊的长期待摊费用。跨期摊配账户结构如图4-49所示。

借方	跨期摊配账户	贷方
期初余额：已支付尚未分摊的长期待摊费用		
本期发生额：本期增加的长期待摊费用金额		本期发生额：本期实际分摊的长期待摊费用金额
期末余额：已支付但尚未摊销的长期待摊费用金额		

图4-49 跨期摊配账户结构

3. 跨期摊配账户的特点

跨期摊配账户的特点表现为，以摊销费用的项目名称设置明细分类账户，进行明细分类核算，且只记录金额，提供价值指标。

例如，企业在筹备建设期间发生各项开办费用，该费用与企业长期生产经营有关，应当在企业正式投产后的若干年内陆续分摊，因此，该费用采用跨期摊配账户进行核算。

（六）成本计算账户

1. 成本计算账户的含义

成本计算账户是用来核算生产经营过程发生的、能够计入生产成本的生产费用，并且据以确定各个成本计算对象实际成本的账户。

借贷记账法下制造业成本计算账户是物资采购、生产成本账户。

2. 成本计算账户的结构

成本计算账户的借方登记应计入成本的全部费用，包括直接计入各个成本核算对象的费用和分配转入各个成本核算对象的费用；贷方登记结转的已完成采购过程或生产过程的成本核算对象的实际成本；期末若有余额应在借方，反映尚未完成某一过程的成本核算对象的实际成本，如在途材料、在产品，若无余额，表示材料采购或生产过程各成本计算对象的实际成本已全部结转出去。成本计算账户结构如图4-50所示。

借方	成本计算账户	贷方
期初余额：期初尚未完成某个经营阶段的成本核算对象的实际成本		
本期发生额：归集经营过程某个阶段发生的全部费用额		本期发生额：结转已完成某个经营阶段的成本计算对象的实际成本
期末余额：尚未完成该阶段的成本核算对象的实际成本		

图4-50 成本计算账户结构

例如，在【例4-19】中，至诚公司通过生产成本账户完成了手执电子测温仪和门禁式电子测温仪的生产费用归集和分配,并确定了手执电子测温仪和门禁式电子测温仪的生产成本总额以及单位成本。

3. 成本计算账户的特点

成本计算账户的特点主要表现为:第一,按照各成本计算对象设置明细分类账户,进行明细分类核算;第二,该账户同时采用金额和数量核算,即该账户可以提供价值指标,同时也可以提供数量指标。

(七)收入计算账户

1. 收入计算账户的含义

收入计算账户是用来核算企业在一定会计期间所取得的全部收入的确认及结转情况的账户。

制造业收入计算账户主要包括主营业务收入、其他业务收入、投资收益、营业外收入等账户。

2. 收入计算账户的结构

收入计算账户的借方登记本期收入的减少额及期末结转本年利润账户的金额,贷方登记本期收入的增加额,期末结转后无余额。收入计算账户结构如图4-51所示。

借方	收入计算账户	贷方
本期发生额:结转入"本年利润"各项收入		本期发生额:本期确认的各项收入

图4-51 收入计算账户结构

3. 收入计算账户的特点

收入计算账户只提供价值指标,不提供数量指标。期末结转后无余额,具有过渡性质。

(八)费用计算账户

1. 费用计算账户的含义

费用计算账户是用来反映企业在一定会计期间内所发生的、应由当期收入补偿的各种费用的账户。

制造业费用计算账户主要包括主营业务成本、营业费用、营业税金及附加、管理费用、财务费用、营业外支出、所得税费用等账户。

2. 费用计算账户的结构

费用计算账户的借方登记各种费用支出的增加额,贷方登记费用支出的减少额及期末转入本年利润账户的费用支出额,结转后期末无余额。费用计算账户结构如图4-52所示。

借方	费用计算账户	贷方
本期发生额：结转入本年利润各项费用		本期发生额：本期确认的各项费用

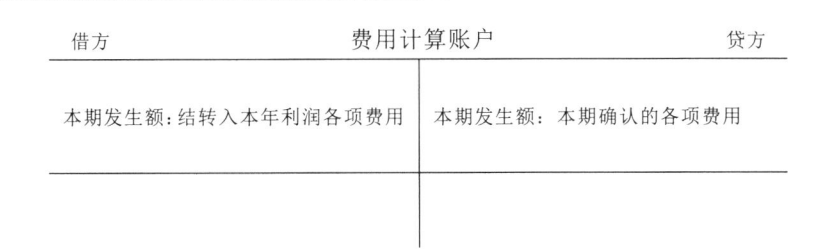

图 4-52　费用计算账户结构

3. 费用计算账户的特点

费用计算账户只提供价值指标，不提供数量指标。期末结转后无余额，具有过渡性质。

（九）财务成果计算账户

1. 财务成果计算账户的含义

财务成果计算账户是用来核算企业在一定时期内全部生产经营活动最终成果的账户。制造业购物成果计算账户主要包括本年利润账户。

2. 财务成果计算账户的结构

财务成果计算账户的借方登记期末从各费用类账户结转入本期发生的费用额，贷方登记期末从各收入类账户结转入本期发生的收入金额，当本期贷方发生额合计大于借方发生额合计时，则表示一定时期内收入大于费用的差额，即本期实现的净利润金额；当本期借方发生额合计大于贷方发生额合计时，则表示一定时期内收入小于费用的差额，即本期实现的净亏损金额。年末，需将本年利润账户实现的净利润或发生的亏损，从相反的方向结转至未分配利润账户，结转后无余额。然而，在年度内，财务成果账户为累计性账户，无论是何月，账面记录的净利润或净亏损均表示为截至本月累计发生额。故年度内各月，财务成果计算账户或有贷方余额，或有借方余额。财务成果计算账户结构如图 4-53 所示。

借方	财务成果计算账户	贷方
本期发生额：转入本期的各项费用金额 发生的净亏损金额 结转实现的净利润金额		本期发生额：转入本期的各项收入金额 实现的净利润金额 结转发生的净亏损金额

图 4-53　财务成果计算账户结构

3. 财务成果计算账户的特点

财务成果计算账户的特点表现为：第一，体现会计核算的配比原则，将一定时期发生的收入，与形成这些收入的耗费在空间上、时间上通过该账户实行配比，反映经营结果；第二，任何一个报告期末的余额，均为累计发生额；第三，只需提供价值指标；第四，年末结转其累计余额后，账户无余额。

（十）调整账户

1. 调整账户的含义

调整账户是用来调整被调整账户（资产或所有者权益账户）的余额、以求得被调整账户（资产或所有者权益账户）的实际余额而设置的账户。

> **小贴士**
>
> 调整账户设置的理由
>
> 在会计核算中，出于经营管理的需要，往往对于某一会计要素，需设置两个账户，用两种数字从两个不同的方面进行记录。其中用一个账户设置原始数字，反映原始状况；而用另一个账户反映对原始数字的调整数字，反映调整状况。将原始数字同调整数字相加或相减，可求得被调整后的实际余额。

调整账户按其调整方式不同，可分为备抵调整账户、附加调整账户和备抵附加调整账户三类。同时，调整账户设置的出发点就是调整被调整账户，以获得更加完整的会计信息。因此，调整账户与被调整账户所反映的经济业务性质是相同的，那么，按照账户的经济性质划分，调整账户与被调整账户属于同一类账户。

2. 调整账户的结构

（1）备抵调整账户。

备抵调整账户主要作用是通过抵减进而确认被调整账户实际金额。

备抵调整账户与被调整账户的关系可用公式表示为：

$$被调整账户实际余额=被调整账户余额-备抵账户余额$$

由此可见，备抵账户与其被调整账户的结构为反向关系，即当被调整账户的余额为借方（或贷方）时，则备抵账户的余额为贷方（或借方）。

资产备抵账户是用来抵减某一资产账户余额，以求得该资产账户实际余额的账户。例如，累计折旧账户是固定资产账户的备抵调整账户。

固定资产作为企业的主要劳动资料，随着生产经营过程的使用，其价值不断减少。然而，从管理的角度出发，企业拥有的固定资产价值表明企业规模的大小及未来创造价值的资源多少，所以，这要求会计能够提供固定资产原始价值的指标，同时，还要求会计提供因固定资产使用而折损了的价值以及固定资产在一定时点的净值。由此，会计准则规定，首先，设置固定资产账户，始终记录固定资产原始价值的增减变化过程以及变化结果；其次，设置累计折旧账户，专门记录固定资产因使用而损耗的价值，即将提取的折旧额，月末将固定资产账户的借方余额（现有固定资产原值）减去累计折旧账户的贷方余额（现有固定资产已累计提取的折旧额），则为现有固定的净值或折余价值。

【例 4-45】根据【例 4-6】与【例 4-16】，至诚公司购入固定资产的原始价值为 480 000 元，由于生产经营活动的使用，其价值发生折损。通过固定资产折旧的计算方式，确定当期应计提固定资产折旧额为 8 000 元。

根据资料，固定资产与累计折旧账户记录情况如图 4-54 所示。

借方	固定资产（被调整账户）	贷方
期初余额：480 000		
期末余额：480 000		

借方	累计折旧（备抵调整账户）	贷方
		本期发生额：8 000
		期末余额：8 000

图 4-54 固定资产与累计折旧账户记录情况

2022 年 12 月 31 日，固定资产账面净值=480 000-8 000=472 000（元）

由此可知，通过调整与被调整账户的作用，获得固定资产的三种不同作用的价值指标。

（2）附加调整账户。

附加调整账户是用来增加被调整账户的余额、以求得被调整账户实际余额的账户。附加调整账户对被调整账户的调整方式，可用下列计算公式表示：

被调整账户实际余额=被调整账户余额+附加调整账户余额

由此可见，备抵调整账户与其被调整账户的结构为同向关系，即调整账户与被调整账户的余额方向相同。

（3）备抵附加调整账户。

备抵附加调整账户是指既用来抵减，又用来附加被调整账户的余额、以求得被调整账户实际余额的账户。它兼有备抵账户与附加账户的双重功能，属于双重性质的账户。

然而，备抵附加调整账户不能对被调整账户同时起两种作用，只能起附加作用或者抵减作用。备抵附加调整账户究竟在某一时期执行哪种功能、发挥何种作用，取决于该账户的余额与被调整账户的余额是在同一方向还是反方向。当其余额与被调整账户余额方向相同时，起附加调整作用；而当其余额与被调整账户余额方向相反时，起备抵调整作用。

例如，工业企业对材料的日常核算采用计划成本计价时，所设置的材料成本差异账户就属于备抵附加调整账户。

3. 调整账户的特点

调整账户的特点表现为：第一，调整账户与被调整账户反映的经济内容相同，而用途及结构则不同；第二，被调整账户记录会计要素的原始数额，而调整账户却记录同一会计要素的调整数额，因此，调整账户不能脱离被调整账户而独立存在；第三，调整账户对被调整账户的调整方式是附加还是备抵，主要取决于被调整账户与调整账户的余额是在同一方向还是相反方向，若在同一方，则是附加调整方式，若在相反方，则是备抵调整方式；第四，调整账户对被调整账户的调整，只涉及金额调整，不涉及数量调整。

（十一）计价对比账户

1. 计价对比账户的含义

计价对比账户是对某一要素的记录按照两种不同的计价标准进行计价、对比，确定

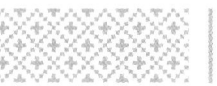

其业务成果的账户。

借贷记账法下制造业计价对比账户主要包括:"材料采购"账户。

2. 计价对比账户的结构

计价对比账户的借方以一种计价标准记录某项会计交易或事项,贷方以另一种计价标准记录某项会计交易或事项,结转前余额为借方和贷方对比的结果,可据以确定业务成果,期末结转后无余额。计价对比账户结构如图 4-55 所示。

借方	计价对比账户	贷方
本期发生额:业务的第一种计价金额		本期发生额:业务的第二种计价金额
结转前余额:第一种计价大于第二种计价的差额		结转前余额:第二种计价大于第一种计价的差额

图 4-55 计价对比账户结构

例如,企业按计划成本对材料进行日常核算,通常设置材料采购账户,借方为采购材料时发生的实际成本,贷方为企业制定的计划成本。如果出现借方余额,表示材料实际成本大于计划成本,差额即超支额;如果出现贷方余额,表示材料实际成本小于计划成本,差额即节约额。企业通过这样的方式发现材料的实际成本与计划成本的差异,并且进一步分析差异形成的原因,再根据具体原因加强材料成本管理,以实现企业控制成本、增加利润的目标。

在借贷记账法下,会计账户按照用途和结构分类归纳如表 4-3 所示。

表 4-3 会计账户按照用途和结构分类一览表

会计账户类型	主要包括的会计账户名称
盘存账户	库存现金,银行存款,材料采购,原材料,包装物,低值易耗品,生产成本,库存商品,在建工程,固定资产
结算账户	应收票据,应收账款,预付账款,其他应收款,短期借款,长期借款,预收账款,应付债券,长期应付款,应付票据,应付账款,预收账款,其他应付款,应付职工薪酬,应交税费,应付股利,应付利息
所有者投资账户	实收资本,资本公积,盈余公积
集合分配账户	制造费用
跨期摊配账户	长期待摊费用
成本计算账户	材料采购,生产成本,在建工程
收入计算账户	主营业务收入,其他业务收入,投资收益,营业外收入
费用计算账户	主营业务成本,其他业务成本,税金及附加,销售费用,管理费用,财务费用,营业外支出,所得税费用
财务成果计算账户	本年利润
调整账户	累计折旧,坏账准备,材料成本差异,产品成本差异
计价对比账户	材料采购,本年利润,固定资产清理,待处理财产损溢

第四章
复式记账原理与应用

【关键词】

记账方法（Accounting Method）
记账结构（Accounting Structure）
记账规则（Accounting Rule）
会计账户（Account）
会计分录（Accounting Entry）
核算（Accounting）
试算平衡（Trial Balance）

【思维导图】

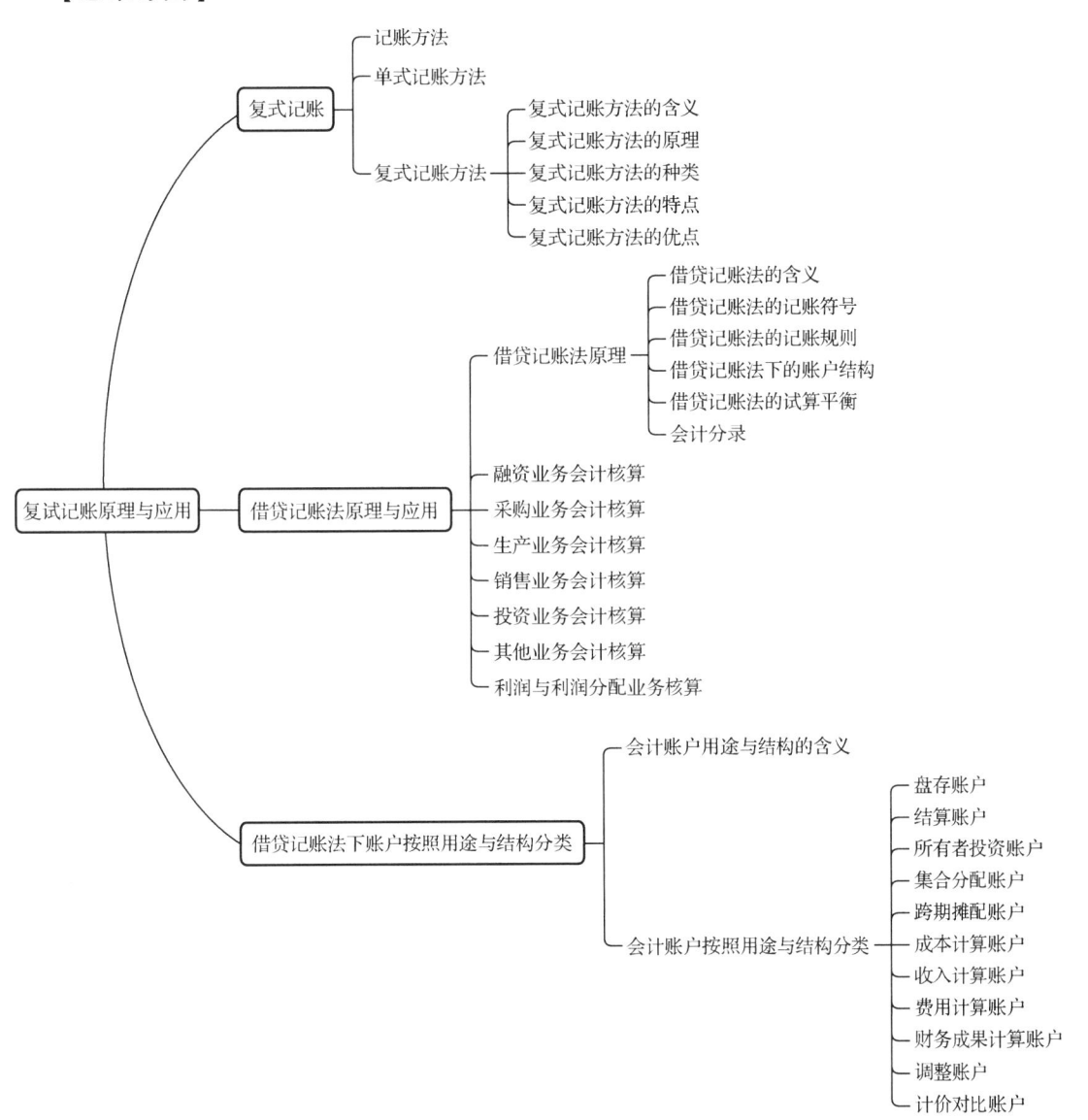

- 复试记账原理与应用
  - 复式记账
    - 记账方法
    - 单式记账方法
    - 复式记账方法
      - 复式记账方法的含义
      - 复式记账方法的原理
      - 复式记账方法的种类
      - 复式记账方法的特点
      - 复式记账方法的优点
  - 借贷记账法原理与应用
    - 借贷记账法原理
      - 借贷记账法的含义
      - 借贷记账法的记账符号
      - 借贷记账法的记账规则
      - 借贷记账法下的账户结构
      - 借贷记账法的试算平衡
      - 会计分录
    - 融资业务会计核算
    - 采购业务会计核算
    - 生产业务会计核算
    - 销售业务会计核算
    - 投资业务会计核算
    - 其他业务会计核算
    - 利润与利润分配业务核算
  - 借贷记账法下账户按照用途与结构分类
    - 会计账户用途与结构的含义
    - 会计账户按照用途与结构分类
      - 盘存账户
      - 结算账户
      - 所有者投资账户
      - 集合分配账户
      - 跨期摊配账户
      - 成本计算账户
      - 收入计算账户
      - 费用计算账户
      - 财务成果计算账户
      - 调整账户
      - 计价对比账户

【实操实训】

假设，2022年1月1日，至诚公司各会计账户期初余额如下表所示。

单位：元

资产	期初余额	负债及所有者权益	期初余额
库存现金	12 000	短期借款	1 000 000
银行存款	800 000	长期借款	2 000 000
库存商品	700 000	应付账款	357 000
长期股权投资	540 000	实收资本	700 000
固定资产	1 345 000	资本公积	140 000
无形资产	900 000	盈余公积	100 000
资产合计	4 297 000	负债及所有者权益合计	4 297 000

要求：根据本章案例编制相关会计分录、计算各会计账户的本期发生额及期末余额。

第五章 会计凭证

↘ 知识目标

通过对本章的学习，学生应了解会计凭证的含义、作用与种类；熟悉原始凭证与记账凭证填制与审核的基本原则，以及会计凭证传递的意义和作用。

↘ 技能目标

通过对本章的学习，学生应掌握原始凭证与记账凭证填制与审核的方法；掌握会计凭证的传递与保管等相关内容。

↘ 课程思政

"十四五"时期是会计工作实现高质量发展的关键时期，要以习近平新时代中国特色社会主义思想为指导，立足新发展阶段，完整、准确、全面贯彻新发展理念，构建新发展格局，推动高质量发展，紧紧围绕服务经济社会发展大局和财政管理工作全局，积极支持加快数字化发展、建设数字中国，提升会计信息化水平，推动会计数字化转型，构建形成国家会计信息化发展体系，充分发挥会计信息在服务宏观经济管理、政府监管、会计行业管理、单位内部治理中的重要支撑作用。

具体来说，要统筹规划、制定和实施覆盖会计信息系统输入、处理和输出等环节的会计数据标准，为会计数字化转型奠定基础。其中，在输入环节，要求加快制定、试点和推广电子凭证会计数据标准，统筹解决电子票据接收、入账和归档全流程的自动化、无纸化问题。到"十四五"时期末，实现电子凭证会计数据标准对主要电子票据类型的有效覆盖。

会计小故事

李明出差时,借差旅费 5 000 元,开出现金支票支付。记账时本应贷记"银行存款"科目,却误记成"库存现金"科目,并已登记入账。实习生小张迅速发现这一错误,打算销毁凭证并重新填制,这一举动被老王及时制止。老王解释道,记账凭证应连续编号,出现错误时不可毁损错误凭证,可以采用红字更正法进行更正,红字更正法能够正确反映账簿中发生额与科目的对应关系。老王先用红字填制一张与原错误分录相同的记账凭证,然后用蓝字填制了正确的记账凭证,并注明"订正×年×月×号凭证",成功解决了这一问题。

第一节 会计凭证的含义、作用与种类

一、会计凭证的含义

会计凭证是登记账簿、进行会计监督的重要依据,是记录经济业务事项的发生和完成情况、明确经济责任并作为记账依据的书面证明。

正确填制和认真审核会计凭证是会计核算不可缺少的基础工作,也是会计核算的一种专门方法。会计主体经办任何一项经济业务,都必须办理相关的凭证手续。执行和完成该项经济业务的有关人员应填制或取得会计凭证,详细说明该项经济业务的内容,并在会计凭证上签名盖章,明确经济责任。

二、会计凭证的作用

任何一个企业对所发生的每一项经济业务事项,都必须按照规定的程序和要求,由经办人员填制或取得会计凭证。取得和审核会计凭证是会计核算工作的开始,也是对经济业务事项进行日常监督的重要环节。做好会计凭证的填制、取得和审核工作,对提高会计核算质量和管理水平具有十分重要的意义。

(一)反映经济业务

会计凭证的填制和审核,可以如实地反映各项经济业务的具体情况。企业在生产经营活动中,对于发生的每一项经济业务,都要由经办人员按照规定的程序和要求,及时填制相应的会计凭证,写明经济业务的内容及发生或完成的时间,确认应计入的账户名称、方向和金额,使各种经济业务的发生或完成情况通过会计凭证的记录真实地反映出来。

(二)提供记账依据

要全面、系统地反应经济活动情况,还必须在账户中对经济业务进一步归类和系统化记录。经济业务发生后,应及时填制或取得会计凭证,并经过严格审核,可以及时为

登记会计账簿提供真实可靠的依据，以保证会计记录的真实性和正确性。

（三）实行会计监督

通过填制和审核会计凭证，人们可以检查企业的各项经济业务是否符合国家有关方针、政策、法律和制度等的规定以及企业经营目标、计划和预算等的要求，监督经济活动的真实性、合法性、合理性，并可及时发现经营管理中存在的问题，有效发挥会计的监督作用，揭露和防止违法乱纪行为，保证经济活动健康运行。

（四）明确经济责任

会计凭证详细记录了各项经济业务发生或完成的时间、内容、涉及的有关单位名称等，并有经办人员、主管人员及有关单位或部门的签章，从而明确了经办人员以及其他有关人员的责任，促使其严格按照有关法律法规和制度的规定办事，同时也有利于在今后发现问题时查明责任归属。

会计凭证只有经过审核无误后才可据以记账，因此在实际工作中，填制和审核会计凭证对于完成会计任务、加强会计在经济管理中的作用具有重要意义。

三、会计凭证的种类

会计凭证形式多样，按其用途和填制程序的不同，可分为原始凭证和记账凭证。

（一）原始凭证

原始凭证是在经济业务发生时取得或填制的、载明经济业务具体内容和完成情况的书面证明。它是进行会计核算的原始资料和主要依据，能够正确、及时、完整地反映经济业务的本来面貌，以便据以进行会计处理，并检查会计业务的真实性、合法性和合理性。

（二）记账凭证

记账凭证是会计人员根据审核无误的原始凭证或原始凭证汇总表编制的、用来确定会计分录、作为记账直接依据的会计凭证。在实际会计工作中，会计人员要依据经审核的原始凭证编制会计分录，列示应借记和应贷记的账户及其金额，而记账凭证就是专门用来编制会计分录的凭单。

会计凭证还可以按照使用介质的不同，分为纸质会计凭证和电子会计凭证。随着国家相关部门大力推进会计凭证电子化入账、报销和归档等工作，尤其是电子发票与财政支付、单位财务核算系统的衔接，会计凭证电子化将是一种趋势。不论是纸质会计凭证还是电子会计凭证，其功能和作用是一样的，只是载体不同。

原始凭证和记账凭证存在着密切的联系，但在会计核算工作中有着明确的分工，其格式、内容、作用、填制和审核等方面具有各自的特点，下面将分别加以介绍。

第二节 原始凭证的种类、要素、填制与审核

一、原始凭证的种类

原始凭证是证明经济业务已发生、已完成的原始资料，其在作用、形状、格式、来源渠道等方面各不相同。根据不同的管理目的，可以对原始凭证进行不同的分类。

（一）按取得来源不同分类

原始凭证按其取得来源不同，分为外来原始凭证和自制原始凭证两种。

1. 外来原始凭证

外来原始凭证是指在经济业务发生时，从外单位取得的原始凭证。例如，购买货物时由销货方开具的增值税专用发票、付款时由收款单位开具的收据、出差人员出差回来报销时提供的航空运输电子客运行程单、火车票。增值税专用发票如图 5-1 所示。

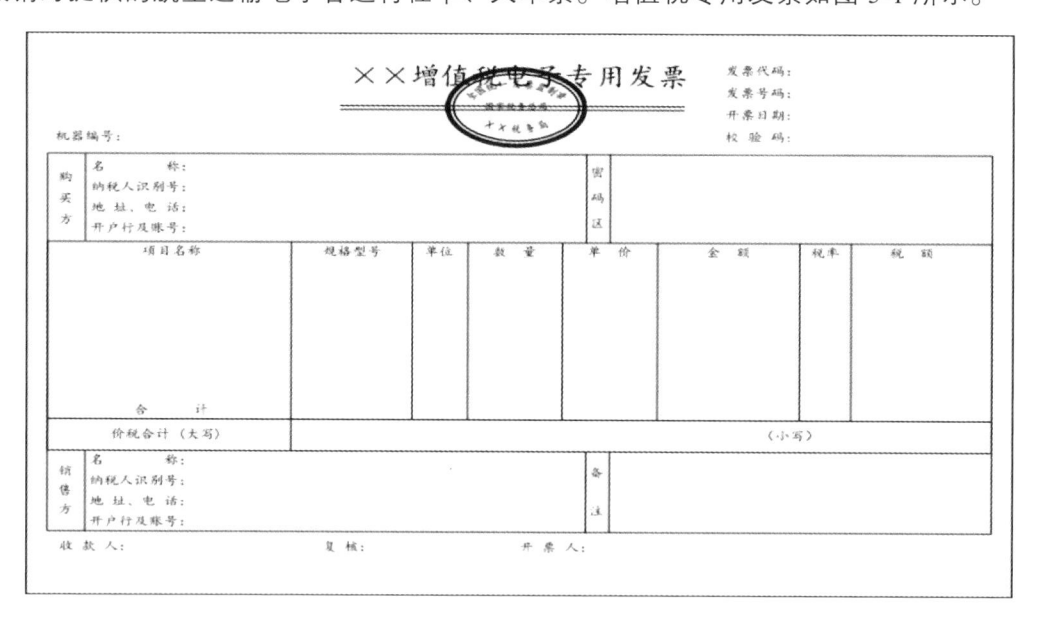

图 5-1 增值税专用发票

航空运输电子客运行程单如图 5-2 所示。

2. 自制原始凭证

自制原始凭证是指在经济业务发生或完成时，由本单位内部经办业务的部门和人员自行填制的、供本单位内部使用的原始凭证。例如，本单位内部自制的收料单、领料单、产品入库单、产品出库单、折旧计算表、差旅费报销单。收料单如图 5-3 所示。

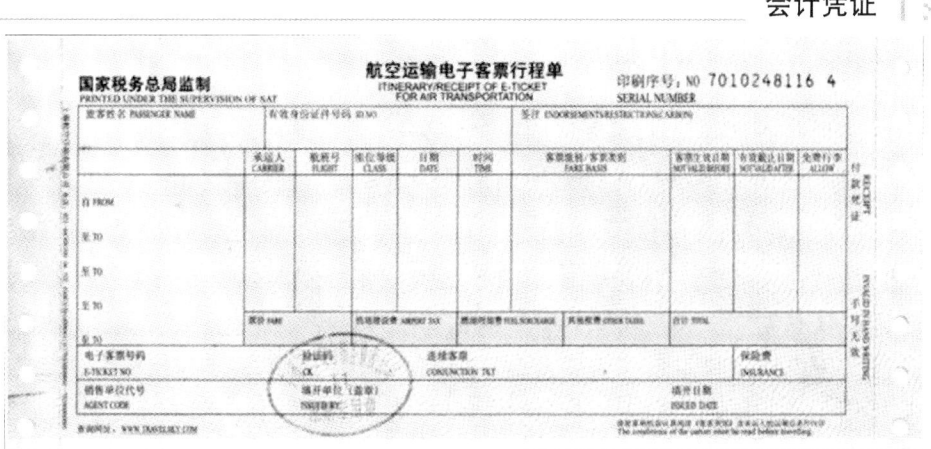

图 5-2 航空运输电子客运行程单

供货单位					凭证编号	
发票号码			20××年×月×日		仓库名称	
材料编号	材料规格及名称	计量单位	数量		价格	
			应收	实收	单价	金额
备注:					合计	

仓库负责人:　　　　　记账:　　　　　仓库保管:　　　　　收料:

图 5-3 收料单

差旅费报销单如图 5-4 所示。

差 旅 费 报 销 单

部门 _____

出差人						出差事由					
出 发			到 达			交通工具	交通费		出差补贴		其他项目
月	日	时	地点	月	日	时	地点		单据张数	金额	天数	金额	项目	单据张数	金额
													住宿费		
													市内车费		
													邮电费		
													办公用品费		
													不买卧铺补贴		
													其 他		
合 计									—						
报销总额	人民币(大写)						预借旅费				补还金额				
											退还金额				

主管　　　　　审核　　　　　出纳　　　　　领款人

图 5-4 差旅费报销单

（二）按填制手续和内容不同分类

原始凭证按其填制手续和内容不同，可以分为一次原始凭证、累计原始凭证和汇总原始凭证三种。这些主要是针对自制原始凭证而言的。

1. 一次原始凭证

一次原始凭证是指对一项或若干项同类经济业务于发生或完成时一次填制完成的原始凭证，即一次填制完成并一次使用有效的凭证。外来原始凭证通常都是一次原始凭证，自制原始凭证中大部分也是一次原始凭证。例如，本单位的收料单、领料单、产品入库单等。一次原始凭证使用方便灵活，但数量较多，对于业务量多的企业来说日常工作量较大。

2. 累计原始凭证

累计原始凭证也称多次有效凭证，是指连续记载一定时期内不断重复发生的同类经济业务、填制手续是在一张凭证中多次进行才能完成的凭证。其特点是，在一张凭证内可以连续登记相同性质的经济业务，随时结出累计数及结余数，期末按照实际发生数记账。例如，限额领料单。累计原始凭证适用于一些经常重复发生的经济业务，能够有效减少凭证数量，简化填制手续，同时也可以随时计算累计发生数，以便同计划或定额数量进行比较，反映计划或定额数量的执行情况，有利于加强管理。限额领料单如图 5-5 所示。

限额领料单

领料单位：　　　　　　　　　　　　　　　　　　　　　计划产量：
用途：　　　　　　　　　　　　　　　　　　　　　　　单位消耗定额：

材料类别	材料编号	材料名称	规格	计量单位	单价	领料限额	全月实领	
							数量	金额

日期	请　领			实　发			限额结余	退库	
	数量	领料单位负责人盖章	领料人盖章	数量	发料人盖章	领料人		数量	金额

仓库负责人：　　　　　　　　　　　　　　　　　　　　生产计划部门负责人：

图 5-5　限额领料单

3. 汇总原始凭证

汇总原始凭证又称原始凭证汇总表，是根据若干张同类经济业务的原始凭证定期按照一定标准加以汇总而填制的原始凭证。其作用主要是简化会计核算的记账凭证编制工作，将一定时期内反映同类业务的若干张原始凭证加以汇总，编制一张汇总原始凭证，用以集中反映某项经济业务发生的总括情况。常用的汇总原始凭证有发料凭证汇总表、工资结算汇总表等。发料凭证汇总表如图 5-6 所示。

发料凭证汇总表

20××年×月×日　　　　　　　　　　　　　　　　　　　　　　　　　　　单位：元

用途（借方账户）	应贷账户：原材料			发出材料合计
	A 材料	B 材料	C 材料	
生产成本				
制造费用				
管理费用				
合　　计				

制表人：　　　　　　　　　　核对人：　　　　　　　　　　财务主管：

图 5-6　发料凭证汇总表

二、原始凭证的要素

在会计核算工作中，由于各项经济业务的内容以及经济管理的要求不同，各种原始凭证所记录的经济业务内容也是多种多样的，每一种原始凭证的名称、格式和具体内容也不完全一致。无论哪一种原始凭证，都必须客观、真实地记录和反映经济业务的发生、完成情况，都必须明确有关单位、部门及人员的经济责任。因此，各种原始凭证都必须具备以下六个方面的基本内容：

（1）原始凭证的名称。
（2）接受凭证单位的名称。
（3）填制凭证的日期及编号。
（4）经济业务的内容。
（5）经济业务所涉及的品名、数量、单价、金额等。
（6）填制单位、填制人员、经手人或验收人的签字或盖章。

此外，为了满足宏观经济管理、强化监督的需求，各有关主管部门应当为同类经济业务设计统一的原始凭证记账格式。例如，由中国人民银行设计统一的银行汇票、本票、支票，由交通部门设计统一的客运、货运单据，由税务部门设计统一的发货票、收款收据等。这样，既加强了有关职能部门对企事业单位经济活动的管理，又便于统一格式。

三、原始凭证的填制

（一）原始凭证的填制方法

外来原始凭证应在企业与外单位发生经济业务时，由外单位的相关人员填制完成。自制原始凭证的填制有三种形式：一是根据实际发生或完成的经济业务，由经办人员直接填制，如入库单、领料单等；二是根据已经入账的有关经济业务，由会计人员利用账簿资料加以归类、整理并填制，如月末编制的制造费用分配表、利润分配表等；三是根据若干张反映同类经济业务的原始凭证定期汇总填制，如各种汇总原始凭证等。

（二）原始凭证的填制要求

原始凭证是经济业务发生时取得或填制的书面证明，是会计核算的重要依据而且具有法律效力。为了正确、及时、清晰地反映各项经济业务活动的真实情况，明确经济责任，发挥原始凭证的作用，在填制原始凭证时，必须符合以下基本要求。

1. 客观真实

填制原始凭证时必须实事求是地填写经济业务，原始凭证上填制的日期、业务内容、数量、金额等必须与实际情况完全符合，确保凭证内容真实可靠。从外单位取得的原始凭证，必须有填制单位的公章或财务专用章；从个人处取得的原始凭证，必须有填制人员的签名或盖章。自制原始凭证必须有经办部门责任人或其指定人员的签名或盖章。对外开出的原始凭证，必须加盖本单位的公章或财务专用章。

2. 手续完备

原始凭证的填制手续必须符合规定。原始凭证的大写与小写金额必须相符；购买实物的原始凭证必须有实物的验收证明；支付款项的原始凭证必须有收款方的收款证明；一式几联的原始凭证，应当注明各联的用途，只能以一联作为报销凭证。一式几联的发票和收据，必须用双面复写纸（发票和收据本身具备复写纸功能的除外）套写，并连续编号。原始凭证作废时应当加盖"作废"戳记，连同存根一起保存，不得撕毁；销货退回时，除填制退货发票外，必须取得对方的收款收据或开户行的汇款凭证，不得以退货发票代替收据；各种借出款项的收据，必须附在记账凭证上，收回借款时，应另开收据或退回收据副本，不得退回原借款收据。经上级有关部门批准的经济业务，应当将批准文件作为原始凭证附件。如果批准文件需要单独归档的，应当在凭证上注明批准机关名称、日期和文件字号。

3. 书写规范

原始凭证上的文字，要按规定书写，字迹要工整、清晰，易于辨认。阿拉伯数字应当一个一个地写，不得连笔写。阿拉伯金额数字前面应当书写货币币种符号或者货币名称简写和币种符号。币种符号与阿拉伯金额数字之间不得留有空白。凡阿拉伯数字前写有币种符号的，数字后面不再写货币单位。

原始凭证记载的各项内容均不得随意涂改、挖补或刮擦，原始凭证有错误的应当由出具单位重开或者更正，更正处应加盖出具单位印章。对于支票等重要的原始凭证若填写错误，一律不得在凭证上更正，应按规定的手续注销留存，另行填写。

4. 填制及时

每笔经济业务发生或完成后，经办业务的有关部门和人员必须及时填制原始凭证，做到不拖延、不积压，并要按规定的程序将其送交会计部门。

> **小贴士**
>
> 填制会计凭证,金额书写的基本要求如下。
> (1)所有以元为单位(其他货币种类为货币基本单位,下同)的阿拉伯数字,除表示单价等情况外,一律填写到角分;无角分的,角位和分位可写"００",或者符号"——";有角无分的,分位应当写"０",不得用符号"——"代替。
> (2)中文大写数字金额如零、壹、贰、叁、肆、伍、陆、柒、捌、玖、拾、佰、仟、万、亿等,一律用正楷或者行书体书写,不得用０、一、二、三、四、五、六、七、八、九、十等简化字代替,不得任意自造简化字。
> (3)阿拉伯金额数字中间有"０"时,汉字大写金额要写"零"字;阿拉伯数字金额中间连续有几个"０"时,汉字大写金额中可以只写一个"零"字;阿拉伯金额数字元位是"０",或者数字中间连续有几个"０"、元位也是"０"但角位不是"０"时,汉字大写金额可以只写一个"零"字,也可以不写"零"字。

四、原始凭证的审核

填制原始凭证后,要及时将其送交会计部门,由会计主管或指定的人员进行审核。原始凭证的审核,必须坚持原则,依法办事。对于不真实、不合法的原始凭证,会计人员有权不予受理,并要向单位负责人报告,请求查明原因,追究有关当事人的责任;对于记载不准确、不完整的原始凭证应予以退回,并要求经办人按照国家统一的会计制度的规定更正、补充。原始凭证审核主要内容包括以下两个方面。

(一)审核原始凭证所反映的经济业务是否合法、合规、合理

审核时应以国家颁布的现行财经法规、财会制度,以及本单位制定的有关规则、预算和计划为依据,审核经济业务是否符合国家法律法规规定的情况,是否符合规定的审批权限,有无弄虚作假、违法乱纪、贪污舞弊的行为;审核经济活动的内容是否符合规定的开支标准,是否履行规定的手续,有无背离经济效益原则和内部控制制度的要求。

(二)审核原始凭证的填制是否符合规定的要求

审核原始凭证是否具备作为合法凭证所必需的基本内容,所有项目是否填写齐全,有关单位和人员是否已签字盖章;原始凭证中所列数字的计算是否正确,大、小写金额是否相符,数字和文字是否清晰、规范,有无任意涂改、伪造等行为。通过审核,可以确保原始凭证的填写记录真实,内容完整,手续完备,书写清楚、规范,填写及时。

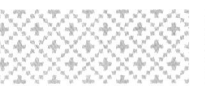

第三节 记账凭证的种类、要素、填制与审核

一、记账凭证的种类

记账凭证按其用途、填列会计科目的数目、是否经过汇总等，有相应的分类。

（一）按用途不同分类

记账凭证按用途不同，可以分为专用记账凭证和通用记账凭证。

1. 专用记账凭证

专用记账凭证是专门用来记录某一类经济业务的记账凭证。这种记账凭证按其反映的经济业务不同，又可分为收款凭证、付款凭证和转账凭证。在实际工作中，为了识别、防止差错，提高工作效率，通常用不同颜色的纸张印刷各种专用记账凭证。

（1）收款凭证。

收款凭证是专门用于登记现金和银行存款增加业务的记账凭证。收款凭证又可分为现金收款凭证和银行存款收款凭证。收款凭证如图5-7所示。在实际工作中，收款凭证一般用红色纸张印刷。

图5-7 收款凭证

（2）付款凭证。

付款凭证是专门用于登记现金和银行存款减少业务的记账凭证。付款凭证又可分为现金付款凭证和银行存款付款凭证。付款凭证如图5-8所示。在实际工作中，付款凭证一般用蓝色或黑色纸张印刷。

付 款 凭 证

贷方科目：　　　　　　　　年　月　日　　　　字第　号

摘　要	借方总账科目	明细科目	√	金　额 亿千百十万千百十元角分
合　计				

财务主管　　　　记账　　　　出纳　　　　审核　　　　制单

图 5-8　付款凭证

（3）转账凭证。

转账凭证是专门用于登记现金和银行存款收付业务以外的转账业务的记账凭证，如向仓库领料、产成品交库、分配费用等。转账凭证如图 5-9 所示。在实际工作中，转账凭证一般用绿色纸张印刷。

转 账 凭 证

年　月　日　　　　转字第　号

摘　要	会计科目	明细科目	√	借方金额 千百十万千百十元角分	√	贷方金额 千百十万千百十元角分
合　计						

财务主管　　　　记账　　　　出纳　　　　审核　　　　制单

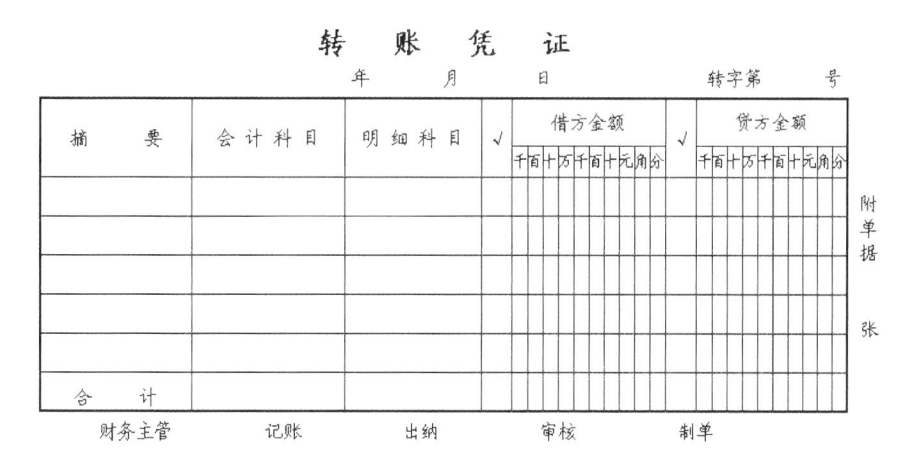

图 5-9　转账凭证

2. 通用记账凭证

通用记账凭证是指用来反映所有经济业务的记账凭证。采用通用记账凭证的单位，不区分收款业务、付款业务和转账业务，即无论是什么经济业务都统一使用同一种格式的记账凭证。通用记账凭证的一般格式与转账凭证相同。记账凭证如图 5-10 所示。

（二）按是否经过汇总分类

记账凭证按是否经过汇总，可分为汇总记账凭证和非汇总记账凭证。

1. 汇总记账凭证

汇总记账凭证是根据非汇总记账凭证按一定的方法汇总填制的记账凭证。汇总记账凭证按其汇总的方法不同可分为分类汇总记账凭证和全部汇总记账凭证。分类汇总记账

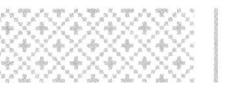

凭证主要是对收款凭证、付款凭证和转账凭证分别进行汇总，形成汇总收款凭证、汇总付款凭证和汇总转账凭证；全部汇总记账凭证是根据一定期间的记账凭证全部汇总填制的，形成科目汇总表。

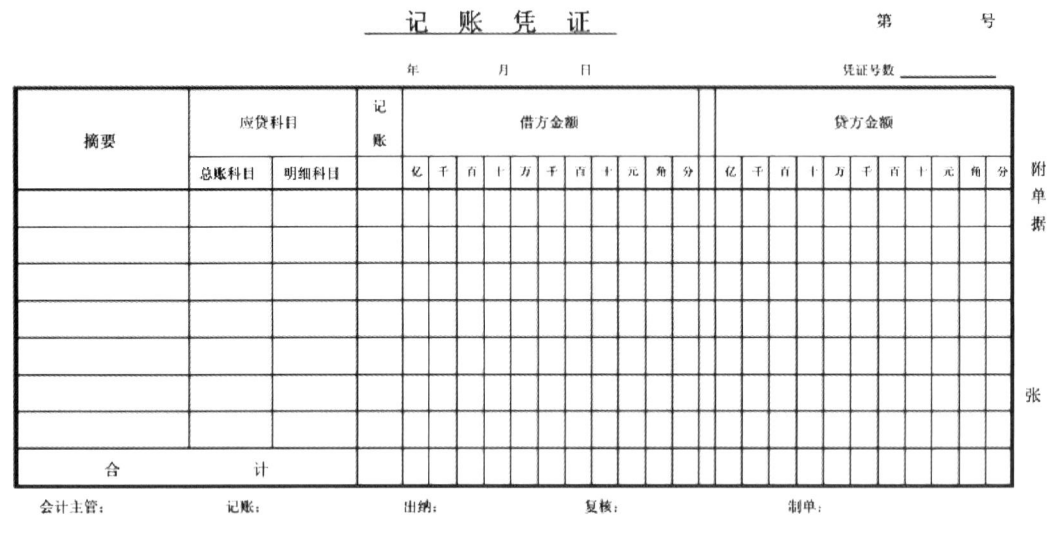

图 5-10　通用记账凭证

2. 非汇总记账凭证

非汇总记账凭证又称单一记账凭证，是指只反映某一笔经济业务会计分录没有经过汇总的记账凭证。收款凭证、付款凭证和转账凭证以及通用记账凭证都是非汇总记账凭证。

（三）按填制方式不同分类

记账凭证按填制方式不同分类，可分为单式记账凭证和复式记账凭证。

1. 单式记账凭证

单式记账凭证是将某项经济业务所涉及的每个会计科目分别填制形成的记账凭证。每张凭证只填列一个会计科目，其对应科目只作参考，不据以记账。填列借方科目的被称为借项记账凭证，填列贷方科目的被称为贷项记账凭证。单式记账凭证有利于凭证按账户进行汇总，特别有利于编制科目汇总表。然而，一张凭证不能反映每一项经济业务的全貌，填制记账凭证的工作量也较大。借项记账凭证如图 5-11 所示。

借项记账凭证

对应科目：银行存款　　　　　　2022 年 4 月 30 日　　　　　　编号 1 $\frac{1}{2}$

摘要	一级科目	二级或明细科目	金额（元）	记账	附件1张
以银行存款支付职工薪酬	应付职工薪酬		190 000	√	
合计			190 000		

会计主管：　　　记账：　　　出纳：　　　审核：　　　填制：

图 5-11　借项记账凭证

贷项记账凭证如图 5-12 所示。

贷项记账凭证

对应科目：应付职工薪酬　　　　　　2022 年 4 月 30 日　　　　　　编号 1 $\frac{2}{2}$

摘要	一级科目	二级或明细科目	金额（元）	记账	附件1张
以银行存款支付职工薪酬	银行存款	工商银行	190 000	√	
合计			190 000		

会计主管：　　　　记账：　　　　出纳：　　　　审核：　　　　填制：

图 5-12　贷项记账凭证

2. 复式记账凭证

复式记账凭证是在一张凭证上完整地列出每笔会计分录所涉及的全部科目。上述专用记账凭证和通用记账凭证均为复式记账凭证。复式记账凭证的优点是对应关系清楚，能完整地反映一笔经济业务的全貌，而且可以减少记账凭证的数量，其缺点是不便于分工记账和科目汇总。

二、记账凭证的要素

记账凭证虽然种类不一、编制依据各异，但各种记账凭证的主要作用在于对原始凭证归类整理，运用账户和复式记账方法，编制会计分录，为登记账簿提供直接依据。记账凭证的基本要素包括以下内容。

（1）记账凭证的名称。

（2）填制凭证的日期和凭证的编号。

（3）经济业务的内容摘要。

（4）记账符号、账户（包括一级账户、二级账户或明细账户）名称和金额。

（5）所附原始凭证的张数。

（6）填制单位的名称及有关人员的签章。

三、记账凭证的填制

（一）记账凭证的填制要求

记账凭证的填制是指由会计人员按照记账凭证的基本要素和规定的方法，将各项内容填写齐全，以便登记账簿。记账凭证的填制应注意以下要求。

1. 必须以审核无误的原始凭证为依据

记账凭证必须附经审核确认为真实、完整和合法的原始凭证为依据，附件齐全。除结账和更正错误的记账凭证可以不附原始凭证外，其他记账凭证必须附原始凭证。如果一张原始凭证涉及几张记账凭证，可以把原始凭证附在一张主要的记账凭证后面，并在其他记账凭证上注明附该原始凭证的记账凭证的编号或者附原始凭证复印件，即应在未附原始凭证的记账凭证上注明"原始凭证×张，附于第×号凭证之后"，以便日后查阅。

2. 准确运用科目编制会计分录

在填制记账凭证时，应根据经济业务的具体内容，按照会计制度统一规定的会计科目填写，不得任意简化或改动，应填写会计科目的全称，不得只写科目编号，不写科目名称；同时，二级科目和明细科目也要填列齐全。应借、应贷的记账方向和账户对应关系必须清楚。编制复合会计分录，应是一借多贷或一贷多借，一般不编多借多贷的会计分录。然而，对于一些特殊经济业务，只有编制多借多贷的会计分录才能说明来龙去脉时，应按照多借多贷填写一张记账凭证，而不能拆为几个简单分录或者一借多贷或一贷多借的会计分录。

3. 记账凭证编号要连续

在填制记账凭证时，应当对记账凭证进行连续编号。采用通用记账凭证，可按全部经济业务发生的先后顺序编号，每月从第1号编起；采用专用记账凭证，可按凭证类别分类编号，每月从收字第1号、付字第1号和转字第1号编起。若一笔经济业务需要填制两张以上记账凭证的，可以采用分数编号法编号。例如，某笔经济业务需编制三张转账凭证，凭证的顺序号为58时，这三张凭证的编号分别为：转字第 $58\frac{1}{3}$ 号、转字第 $58\frac{2}{3}$ 号和转字第 $58\frac{3}{3}$ 号。

4. 摘要简明签名盖章完备

记账凭证的摘要应简明扼要，概括出经济业务的主要内容，以便于查阅会计凭证和登记账簿。在记账凭证填制完成后，一般应由填制人员、会计主管人员、记账人员分别签名盖章，以示其经济责任，并使会计人员互相制约、互相监督，防止错误和舞弊行为的发生。对于收款凭证和付款凭证，还应由出纳员签名盖章，以证明款项已经收讫或付讫。实行会计电算化的单位，对于机制记账凭证，在审核无误后，上述人员也要加盖印章或签名。

> 【小提示】
>
> **记账凭证填制的其他要求**
>
> 记账凭证可以根据每一张原始凭证填制，或根据若干张同类原始凭证汇总填制，也可以根据原始凭证汇总表填制。然而，不得将不同内容和类别的原始凭证汇总填制在一张记账凭证上。
>
> 在记账凭证上填制完经济业务事项后，如果有空行，应当自金额栏最后一笔金额数字下的空行处至合计数上的空行处划线注销。
>
> 如果在填制记账凭证时发生错误，应当重新填制。

（二）记账凭证的填制方法

记账凭证按其用途可以分为专用记账凭证和通用记账凭证两种。专用记账凭证分收款凭证、付款凭证和转账凭证三种格式；通用记账凭证则统一采用一种格式，其格式和填制方法与专用凭证中的转账凭证相似。

1. 收款凭证的填制方法

收款凭证是根据现金和银行存款收入业务编制的记账凭证。这类业务的借方科目涉及库存现金和银行存款，可以分为库存现金收款凭证和银行存款收款凭证，两种凭证分别以"现收字"和"银收字"依次编号。收款凭证的借方科目名称填入凭证的左上端，凭证的各栏依次填写摘要、贷方一级科目和明细科目名称、金额等。下面以第四章中的业务为例，说明收款凭证的填制方法。

根据【例 4-2】中的业务，这是一笔收款业务，借方科目为银行存款。根据发生的日期为第一笔收款业务。收款凭证的具体填制如图 5-13 所示。

收款凭证

银收字第 1 号

借方账户：银行存款　　　　　　　　2022 年 1 月 1 日　　　　　　　　附件　　张

摘要	贷方科目		金额
	一级科目	明细科目	
接受当地投资公司投资	实收资本	法人资本	10 000 000
合计			¥10 000 000

财务主管：　　　　记账：　　　　出纳：　　　　复核：　　　　制单：×××

图 5-13　收款凭证

2. 付款凭证的填制方法

付款凭证是根据现金和银行存款付出业务编制的记账凭证。这类业务的贷方科目涉及库存现金和银行存款，可分为库存现金付款凭证和银行存款付款凭证，两种凭证分别以"现付字"和"银付字"依次编号。付款凭证的贷方科目名称填入凭证的左上端，凭证的各栏依次填写摘要、借方一级科目和明细科目名称、金额等。下面以第四章中的业务为例，说明收款凭证的填制方法。

根据【例 4-5】中的业务，这是一笔付款业务，贷方科目为银行存款。业务发生的日期为 2022 年 12 月 31 日。付款凭证的具体填制如图 5-14 所示。

付款凭证

银付字××号

贷方账户：银行存款　　　　　　　　2022 年 12 月 31 日　　　　　　　　附件　　张

摘要	借方科目		金额
	一级科目	明细科目	
支付本年长期借款利息	财务费用	利息支出	200 000
合计			¥200 000

财务主管：　　　　记账：　　　　出纳：　　　　复核：　　　　制单：×××

图 5-14　付款凭证

> 【小提示】
>
> **提现业务与存现业务的记账凭证选择实务做法**
>
> 对于从银行存款中提取现金或将现金存入银行这两种特殊的经济业务，为了避免重复记账，一般规定只编制付款凭证，不编制收款凭证，即从银行提取现金时只编制银行存款付款凭证，将现金存入银行时只编制库存现金付款凭证。

3．转账凭证的填制方法

转账凭证是根据除货币资金的收付款业务外的转账业务编制的记账凭证。这类业务内容复杂、范围广泛，不涉及货币资金收付，应根据会计分录填写应借、应贷的科目名称及金额，所有的借方科目和贷方科目都写在表格内，并按"转字"依次编号。

有些转账凭证根据账簿记录填制，如将收入类账户、费用类账户的月末余额转入本年利润账户，将本年利润账户的年末余额转入利润分配账户等。根据账簿记录填制的记账凭证一般不附原始凭证。下面以第四章中的业务为例，说明转账凭证的填制方法。

根据【例 4-13】中的业务，这笔业务既不涉及库存现金账户，也不涉及银行存款账户，应填制转账凭证。转账凭证的具体填制如图 5-15 所示。

转账凭证

2022 年 4 月 1 日

转字××号
附件　　张

摘要	总账科目	明细科目	借方金额	贷方金额
领用材料	生产成本	手执电子测温仪	302 800	
		门禁式电子测温仪	281 800	
	原材料	主要材料		563 600
		辅助材料		21 000
合计			¥584 600	¥584 600

财务主管：　　　　　记账：　　　　　复核：　　　　　制单：×××

图 5-15　转账凭证

在实务中，为了防止混淆、便于区分，一般收款凭证、付款凭证和转账凭证采用不同颜色的纸张印制。出纳员对于已经收讫的收款凭证和已经付款的付款凭证及其所附的各种原始凭证，都要加盖"收讫"和"付讫"的戳记，以免重收重付。

4．通用记账凭证的填制方法

通用记账凭证的格式类似转账凭证，凭证的要素内容与转账凭证基本相同，但反映的内容不再受经济业务类别的限制，只需要在记账凭证上直接进行会计分录的编制，并相应填写其他内容即可。关于记账凭证的填制方法，可参照转账凭证的填制方法。

四、记账凭证的审核

记账凭证是登记账簿的直接依据。为了保证账簿记录的正确性，保证账簿记录真实、准确,除填制人员应当认真负责、加强自审外,会计部门还需建立相互复核及专人审核制度,记账前必须由专人对已编制的记账凭证进行认真、严格的审核。审核的内容主要有以下三个方面:一是附件是否齐全。记账凭证是否附原始凭证;记账凭证的内容与所附原始凭证的内容是否相符;金额是否一致。二是会计分录是否正确。凭证中会计科目的使用是否正确,二级科目或明细科目是否齐全;账户对应关系是否清晰;金额计算是否准确无误。三是项目填写是否完整。记账凭证上的日期、摘要及其他项目是否填写清楚、完整;编号是否连续,有无漏编或重编;有关人员的签章是否齐全等。

第四节　会计凭证的传递与保管

一、会计凭证的传递

会计凭证的传递是指凭证从取得或填制时起,经过审核、记账、装订到归档保管时止,在单位内部各有关部门和人员之间按规定的时间、路线办理业务手续和进行处理的过程。

正确、合理地组织会计凭证的传递,对于及时处理和登记经济业务,协调单位内部各部门、各环节的工作,加强经营管理的岗位责任制,实行会计监督具有重要作用。会计凭证的传递主要包括凭证的传递路线、传递时间和传递手续三个方面的内容。

各单位应根据经济业务的特点、机构设置、人员分工情况,以及经营管理上的需要,明确规定会计凭证的联次及流程。既要使会计凭证经过必要的环节进行审核和处理,又要避免会计凭证在不必要的环节停留,从而保证会计凭证沿着最简洁、最合理的路线传递。

会计凭证的传递时间是指各种凭证在各经办部门、环节所停留的最长时间。它应根据各部门和有关人员在正常情况下办理经济业务所需时间来合理确定。要防止拖延处理和积压凭证,保证会计工作的正常秩序,提高工作效率。会计凭证的传递和处理,都应在报告期内完成。

会计凭证的传递手续是指在凭证传递过程中的衔接手续,应该做到既完备严密,又简便易行。凭证的收发、交接都应按一定的手续制度办理,以保证会计凭证的安全和完整。

二、会计凭证的保管

会计凭证是各项经济活动的历史记录,是最重要的经济档案。为了便于随时查阅利用,各种会计凭证在办理好各项业务手续,并据以记账后,应由会计部门加以整理、归类,并送交档案部门妥善保管。

(一)会计凭证的整理归类

在会计凭证登记完毕后,会计部门应定期(一般为每月)把记账凭证连同所附原始凭证或者原始凭证汇总表，按记账凭证的编号顺序进行整理，将其折叠整齐，加上封面、封底，按期装订成册，并加具封面，注明单位名称、年度、月份和起讫日期、凭证种类、起讫号码，由装订人员在装订线封签外签名或者盖章，以防散失和任意拆装。

对于那些数量过多或各种随时需要查阅的原始凭证，可以单独装订保管，在封面上注明记账凭证的日期、编号、种类，同时在记账凭证上注明"附件另订"。各种经济合同和重要的涉外文件等凭证，应另编目录，单独登记保管，并在有关记账凭证和原始凭证上注明。

（二）会计凭证的造册归档

每年的会计凭证都应由会计部门按照归档的要求，整理立卷或装订成册。当年的会计凭证可暂由会计部门保管1年，期满后，原则上应由会计部门编造清册移交本单位档案部门保管。档案部门接收的会计凭证，原则上要保持原卷册的封装，个别需要拆封重新整理的，应由会计部门和经办人员共同拆封整理，以明确责任。会计凭证必须做到妥善保管、存放有序、查找方便，并要严防毁损、丢失和泄密。

（三）会计凭证的借阅

会计凭证原则上不得借出，如果有特殊需要，应报请批准，但不得拆散原卷册，并应限期归还。需要查阅已入档的会计凭证，必须办理借阅手续。其他单位因特殊原因需要使用原始凭证时，经本单位负责人批准，可以复制。向其他单位提供的原始凭证复印件，应在专设的登记簿上登记，并由提供人员和收取人员共同签名或盖章。

小贴士

原始凭证丢失处理规定

从外单位取得的原始凭证如有遗失，应当取得原开出单位盖有公章的证明，并注明原来凭证的号码、金额和内容等，由经办单位会计机构负责人、会计主管人员和单位领导人批准后，才能代作原始凭证。如果确实无法取得证明的，如火车票、轮船票、飞机票等凭证，由当事人写出详细情况，由经办单位会计机构负责人、会计主管人员和单位领导人批准后，代作原始凭证。

（四）会计凭证的销毁

企业会计凭证的保管期限为30年，任何人都不得在保管期未满时随意销毁会计凭证。按规定销毁会计凭证时，必须开列清单，报经批准后，由档案部门和会计部门共同派员监销，销毁后在销毁清册上签名或盖章，并将监销情况报告本单位负责人。

【关键词】

原始凭证（Source Document）

记账凭证（Accounting Document）

收款凭证（Receipt Voucher）

付款凭证（Paying Voucher）
转账凭证（Transfer Voucher）

【思维导图】

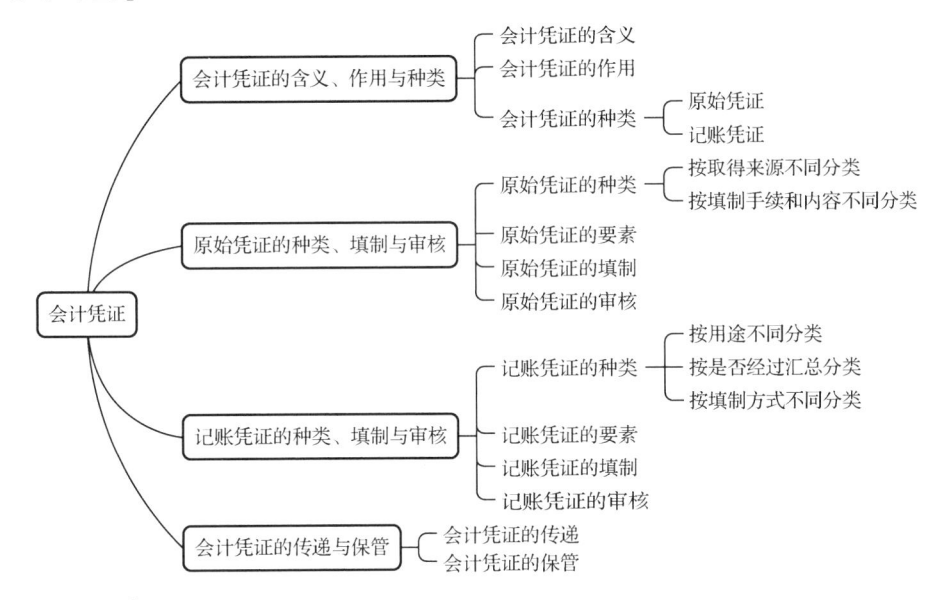

```
会计凭证
├── 会计凭证的含义、作用与种类
│   ├── 会计凭证的含义
│   ├── 会计凭证的作用
│   └── 会计凭证的种类
│       ├── 原始凭证
│       └── 记账凭证
├── 原始凭证的种类、填制与审核
│   ├── 原始凭证的种类
│   │   ├── 按取得来源不同分类
│   │   └── 按填制手续和内容不同分类
│   ├── 原始凭证的要素
│   ├── 原始凭证的填制
│   └── 原始凭证的审核
├── 记账凭证的种类、填制与审核
│   ├── 记账凭证的种类
│   │   ├── 按用途不同分类
│   │   ├── 按是否经过汇总分类
│   │   └── 按填制方式不同分类
│   ├── 记账凭证的要素
│   ├── 记账凭证的填制
│   └── 记账凭证的审核
└── 会计凭证的传递与保管
    ├── 会计凭证的传递
    └── 会计凭证的保管
```

【实操实训】

资料：甲公司于20××年1月发生了以下经济业务。

（1）1月2日，从乙公司购入甲材料60 000元，增值税税率为13%，货款以银行存款支付。

（2）1月5日，接受投资者以银行存款投资300 000元。

（3）1月10日，生产部门领用甲材料25 000元，车间管理部门领用甲材料5 000元，管理部门领用甲材料3 000元。

（4）1月15日，李晶出差借差旅费5 000元，用现金支付。

（5）1月17日，销售甲产品一批，计30 000元，增值税税率为13%，款项存入银行。

（6）1月19日，从银行提取现金7 000元。

（7）1月21日，收到丙公司归还前欠货款30 000元，存入银行。

（8）1月31日，以银行存款支付车间电费5 460元、水费520元，管理部门电费2 160元、水费110元。

要求：

（1）根据以上经济业务，确定应填制记账凭证的种类。

（2）根据以上经济业务，填制记账凭证。

第六章
会计账簿

↘ 知识目标
通过对本章的学习,学生应明确会计账簿的概念、种类、设置和登记账簿的作用、规则;了解账簿的基本内容。

↘ 技能目标
通过对本章的学习,学生应熟练掌握设置账簿、登记账簿、期末结账和错账更正的方法。

↘ 课程思政
为谁培养人、培养什么人、怎样培养人始终是教育的根本问题。要坚持党的领导,坚持马克思主义的指导地位,坚持为党和人民事业服务,落实立德树人根本任务,传承红色基因,扎根中国大地办大学,走出一条建设中国特色、世界一流大学的新路。广大青年要做社会主义核心价值观的坚定信仰者、积极传播者、模范践行者,向英雄学习、向前辈学习、向榜样学习,争做堪当民族复兴重任的时代新人,在实现中华民族伟大复兴的时代洪流中踔厉奋发、勇毅前进。

登记账簿是填制记账凭证与编制财务会计报表的中间环节,也是会计从日常核算到对外披露会计信息过程中的重要环节。在教学环节中,教师不仅需要传授专业知识,更需要立德树人,培养诚实守信的时代新人。

第六章 会计账簿

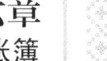

▶ 会计小故事

父母为你支付的压岁钱应当计入什么账户？

当你收到父母为你支付的压岁钱时，借方一定是库存现金，那贷方应登记到哪个账户呢？

有人认为，应当计入应付账款，这是债务，将来需要归还父母。

有人认为，应当计入应收账款，这是之前父母欠你的，理当收回。

有人认为，应当计入资本公积——其他资本公积。

有人认为，应当计入营业外收入，这是父母偶然为你支付的费用。

有人认为，应当计入股本或实收资本，这是父母对他的投资。

你认为，压岁钱它应当计入哪个账户呢？

第一节 会计账簿的含义与分类

一、会计账簿的含义

会计账簿简称账簿，是按照会计科目开设并由具有一定格式的账页所组成、以会计凭证为依据序时和分类的记录各类交易或事项、为编制会计报表进行会计数据加工和存储的簿籍。

会计账簿是会计核算方法中的核心环节，是联系会计凭证与财务会计报告的纽带，是会计凭证作用的延伸，也是财务会计报告编制的基础。

> **小贴士**
>
> **会计账户与会计账簿的联系与区别**
>
> 会计账户与会计账簿都是根据会计科目开设的、专门核算某一类会计交易或者事项的工具，其名称与核算内容是相同的。
>
> 会计账户是一个具有特定格式的账页。会计账簿是一系列具有特定格式账页组成的簿籍。
>
> 因此，会计账户是会计账簿的实质内容，会计账簿是会计账户的外在形式。

二、会计账簿的作用

（一）会计账簿是记录和存储会计信息的载体

企业通过设置和登记会计账簿，首先可以完整记录企业经营活动中发生的所有交易或者事项，对企业资金运动的各个阶段、不同环节进行全面、系统、无一遗漏的记录，形成系统、完整的会计核算资料。企业会计可以利用这些记录正确地计算生产经营过程

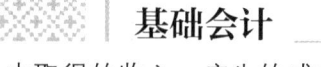

中取得的收入、产生的成本、发生的费用以及形成的经营成果，为财务成果的分配提供依据。其次，会计账簿能够长久存储会计信息，是会计档案中的重要内容。

（二）会计账簿是检查和核对会计信息的依据

企业通过设置和登记会计账簿可以利用其提供的资料进行会计信息检查与核对。就账实核对而言，首先，对于企业拥有的、具有实物形态的资产，核对会计账簿记录与实物资产保存情况，从而有利于保证各项财产物资和资金的安全完整和合理使用；其次，对于企业在经营过程中发生的各项债权债务，核对会计账簿记录与对方记录，确保债权债务金额准确，以便安全收回债权，及时偿付债务；最后，对于企业银行存款收付业务，核对会计账簿记录与银行给企业提供的对账单，确保企业银行存款记录准确无误。就账账核对而言，通过总分类账户与明细分类账户核对，保证总分类账户提供的总括信息与明细分类账户提供的明细信息相符。就账证核对而言，通过会计账簿与记账凭证核对，确保会计账簿中所记录的会计信息客观和真实。

（三）会计账簿是编制和输出会计信息的基础

企业通过设置和登记会计账簿获得日常会计核算资料，为会计期末编制财务会计报表提供基础数据和信息。在会计核算中，财务会计报告中的大部分信息来自会计账簿，所以，会计账簿记录是否及时、详尽，各项数据是否真实、可靠，都直接影响财务会计报告的质量。

（四）会计账簿是开展会计分析的基础

企业通过设置和登记会计账簿，形成了企业在经营活动中各项成本、费用、收入和财务成果的总括以及详细的会计信息。在此基础上，企业管理部门可以采用适当的会计分析方法，结合有关资料，分析企业经营管理中存在的问题，及时总结经验，以便修正管理中的偏差，不断提高经营管理水平和经营绩效。

【小提示】

会计凭证与会计账簿都是记录企业发生的会计交易或者事项，但是，记账凭证必须按照会计交易或者事项发生的时间顺序进行登记，并且每一笔会计交易或者事项都必须填制记账凭证，即每一张记账凭证中只能反映一笔会计交易或者事项，不能连续、系统地反映某一类会计交易或者事项的变化过程以及结果，所以，记账凭证只能提供点状会计信息，相对比较分散、零星。会计账簿要求按照不同类型的会计交易或者事项进行分类、连续、系统的记录，即会计账簿可以反映某一类会计交易或者事项的变化过程以及结果，所以，会计账簿可以提供线状会计信息，成为编制财务会计报告的基础。

三、会计账簿的类型

为满足各项会计交易或者事项记录的要求，会计账簿的形式多种多样。不同的账簿所登记的内容、方法各不相同，企业应当根据国家统一的会计制度的规定和会计交易或事项的需要设置会计账簿。

按照不同的分类标准，会计账簿可以分为不同的类型。通常按照会计账簿的用途、会计账簿的外表形式进行分类。

（一）按照用途分类

会计账簿按照用途，可以分为序时账簿、分类账簿和备查账簿三种。

1. 序时账簿

序时账簿也称日记账，是按照经济业务发生的时间先后顺序，逐日逐笔登记的账簿。

序时账簿按照所记录内容，可分为普通日记账和特种日记账。

（1）普通日记账，也称分录账、分录簿、分录日记账，是按照企业每日发生的经济业务的时间顺序、逐日逐笔进行登记的账簿。

普通日记账是以每一张记账凭证为记账依据的，相当于将每一笔会计分录都记录到账簿中，因此，普通日记账可以视同记账凭证的再次记录，其日常登记工作量繁重。

（2）特种日记账是对企业某一类经济业务按照时间顺序逐日逐笔进行登记的账簿。

企业通常设置现金日记账、银行存款日记账。现金日记账是对企业发生的现金增减变化按照时间顺序逐日逐笔进行登记的账簿。银行存款日记账是对企业发生的银行存款增减变化按照时间顺序逐日逐笔进行登记的账簿。现金日记账的账页格式如图 6-1 所示。

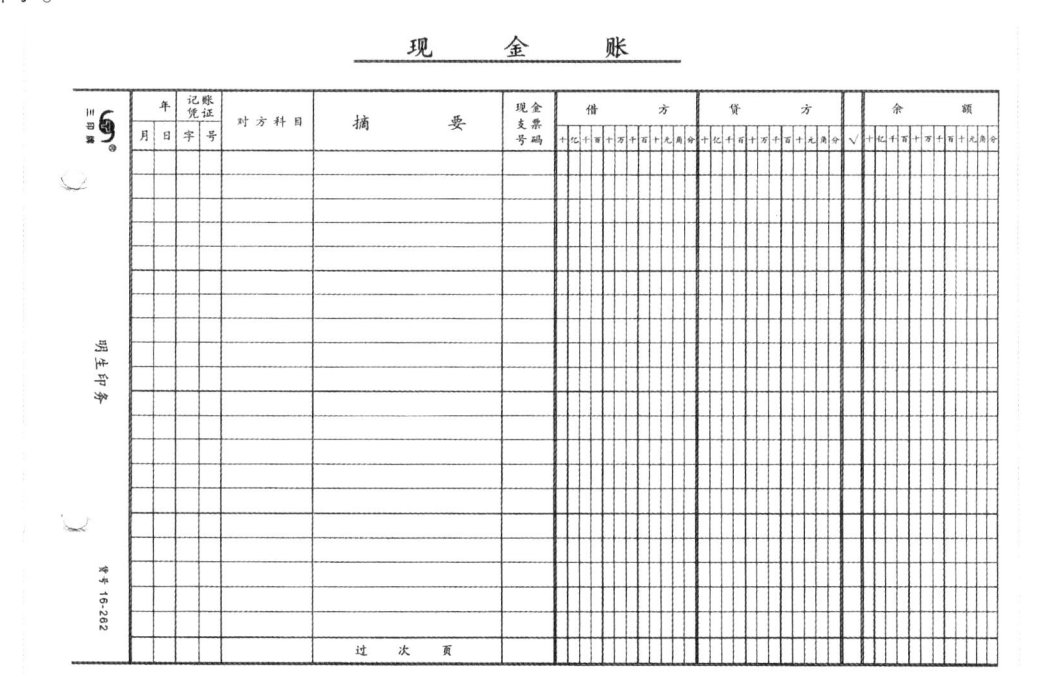

图 6-1 现金日记账的账页格式

银行存款日记账的账页格式如图 6-2 所示。

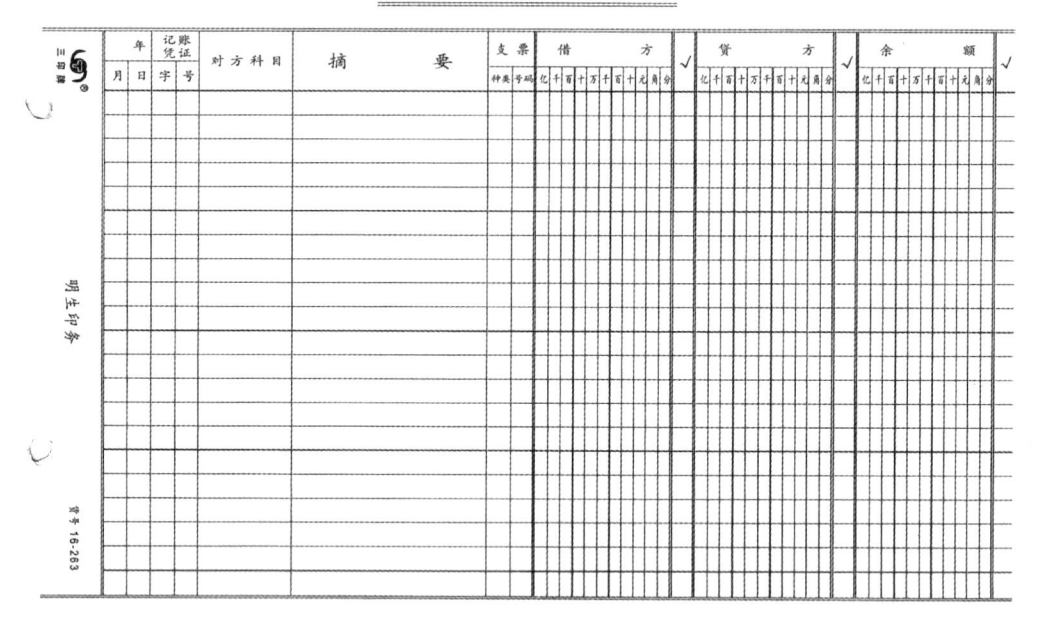

图 6-2　银行存款日记账的账页格式

2. 分类账簿

分类账簿是根据会计科目设置的、对全部经济业务进行分类登记的账簿。

分类账簿按其提供核算指标的详细程度不同，又分为总分类账簿和明细分类账簿。

（1）总分类账簿，也称总分类账，简称总账，是根据总分类科目开设的，用来对某一类经济业务进行总分类核算、提供总括核算资料的分类账簿。总分类账簿的账页格式如图 6-3 所示。

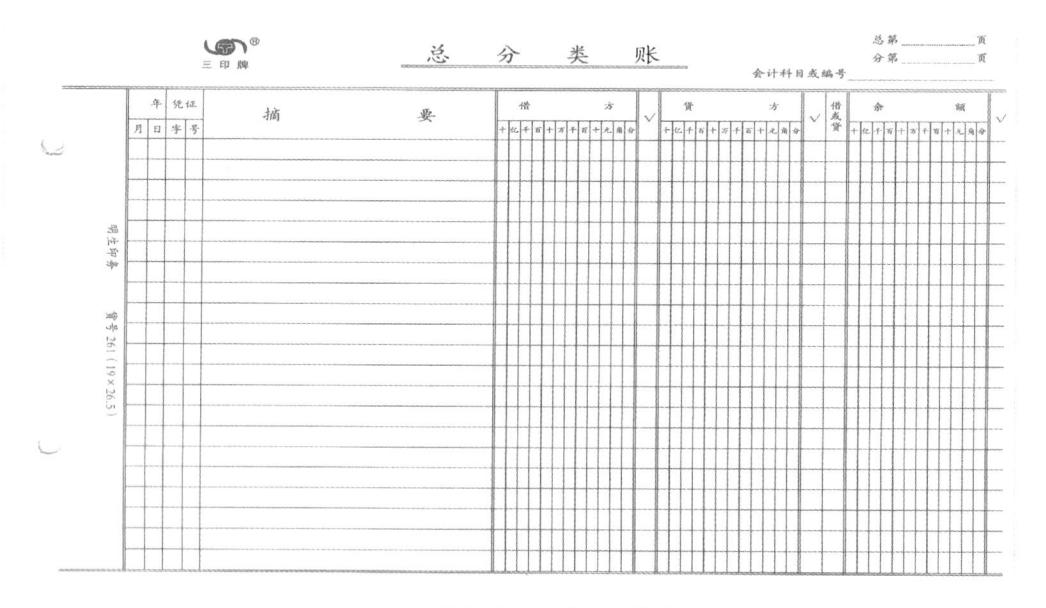

图 6-3　总分类账簿的账页格式

（2）明细分类账簿，也称明细分类账，简称明细账，是根据明细分类科目开设的，用来登记某一类经济业务、进行明细分类核算、提供明细核算资料的分类账簿。

明细分类账按照其账页格式不同分为进入金额三栏式明细分类账簿、数量金额式三栏式明细分类账簿和多栏式明细分类账簿。

金额三栏式明细分类账簿是设有借方、贷方和余额三个基本栏目的账页所组成的账簿，主要提供价值指标，不能提供实物量指标或劳动量指标。它一般用于只需提供价值指标的账户，例如，银行存款、应收账款、应付账款等。

数量金额三栏式明细分类账簿在借方、贷方以及余额栏目内，再设置数量、单价和金额栏目，主要提供数量指标以及价值指标。它一般用于需要提供数量以及价值指标的账户，例如，原材料、库存商品、固定资产明细账等。

多栏式明细分类账簿在借方或贷方根据具体用途分设若干专栏的账页组成的账簿，主要提供价值指标以及不同来源收入或不同用途费用的账户明细分类核算。它一般用于收入或费用类账户，例如，主营业务收入、管理费用、销售费用等。

金额三栏式分类明细账簿的账页格式如图6-4所示。

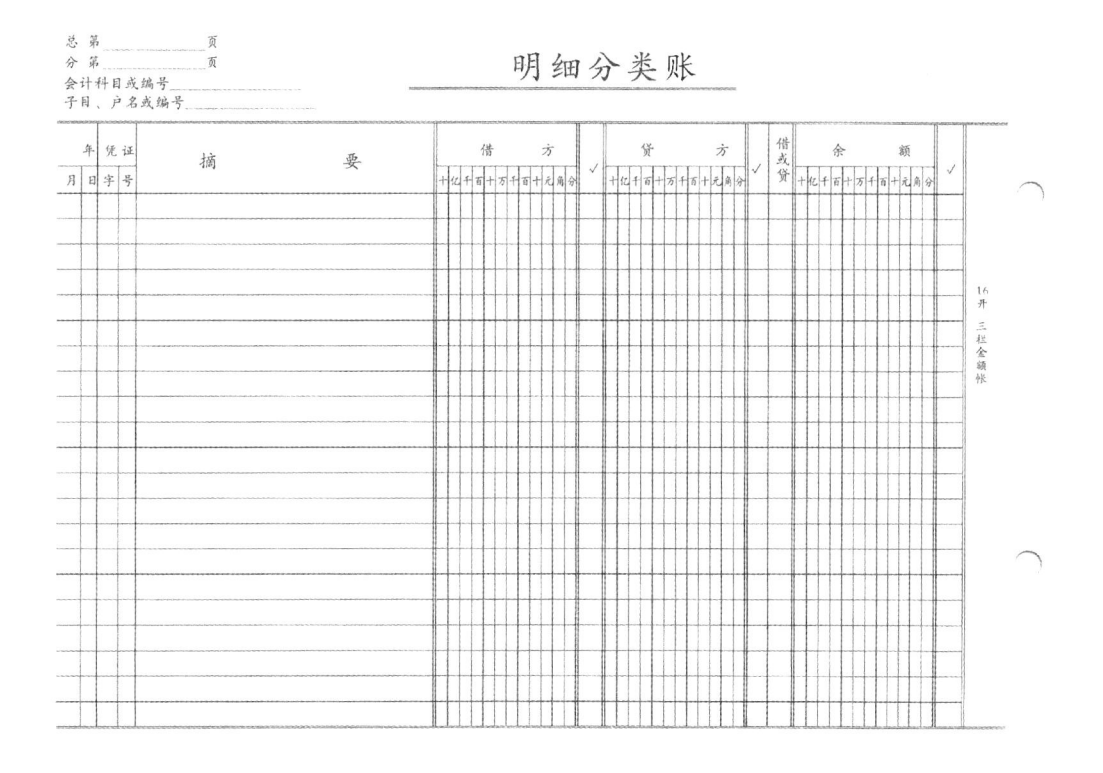

图6-4 金额三栏式明细分类账簿的账页格式

数量金额三栏式明细分类账簿的账页格式如图6-5所示。

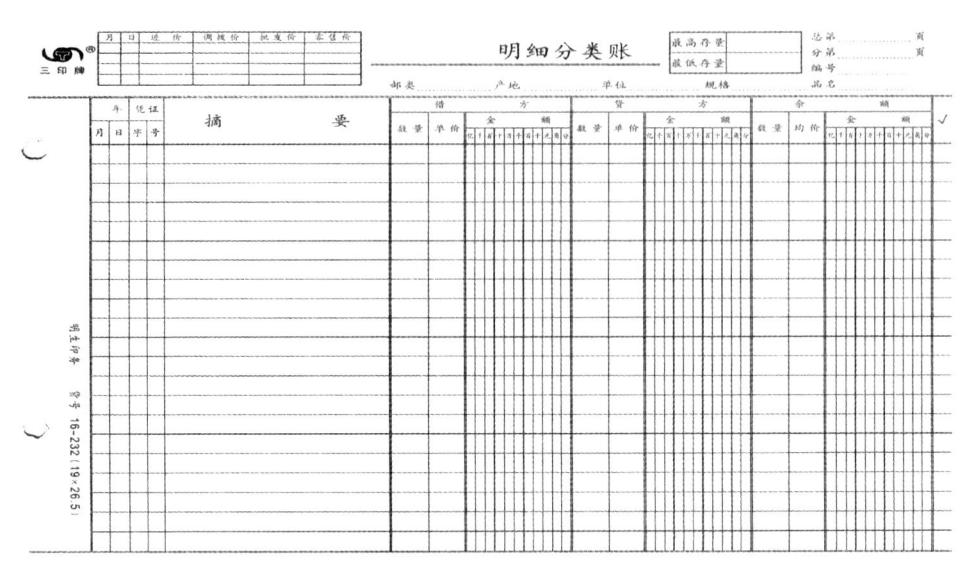

图 6-5 数量金额三栏式明细分类账簿的账页格式

多栏式明细分类账簿的账页格式如图 6-6 所示。

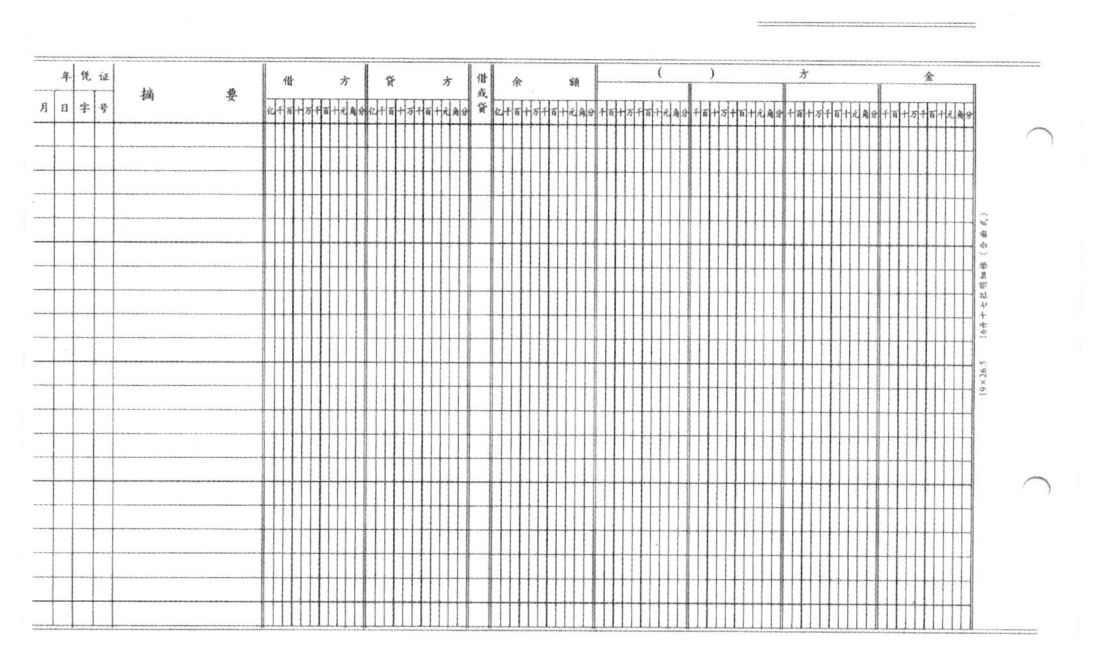

图 6-6 多栏式明细分类账簿的账页格式

【小提示】

当一个总分类账下设一个明细分类账时，总账与明细账的登记信息一致；如果一个总分类账下设两个或两个以上明细分类账时，所属明细分类账所登记的金额之和与总账金额相等。总账与明细账的登记应当遵守平行登记的原则。

3. 备查账簿

备查账簿又称辅助登记账簿或补充登记账簿，是指对某些在序时账簿和分类账簿中未能记录或记录不全的经济业务进行补充登记的账簿。

备查账簿只做备查记录使用，与其他账簿之间不存在依存和勾稽关系。企业可根据自身会计核算需要设置，没有固定格式等要求。例如，企业固定资产使用情况备查登记簿、短期租入资产使用情况登记簿、应收票据备查登记簿等。

（二）按照外表形式分类

会计账簿按外表形式不同，可分为订本式账簿、活页式账簿和卡片式账簿三种。

1. 订本式账簿

订本式账簿简称订本账，是在启用前将编有页码顺序的一定数量的账页装订成册的账簿。

订本式账簿的账页固定，既可避免账页散失，又可防止账页被抽换，能够保证账簿的完整性和安全性。然而，当订本式账簿的账页总数和账簿中各账页预留账页数同实际需要量不一致时，会造成账页不足，影响账户的连续记录，或账页过多造成浪费；此外，订本式账簿在同一时间内只能由一人登记，不便于记账人员分工记账。

订本式账簿一般适用于重要的和具有统驭性的总分类账、现金日记账和银行存款日记账。

2. 活页式账簿

活页式账簿简称活页账，是将一定数量的账页置于活页夹内、可根据记账内容的变化随时增加或减少部分账页的账簿。

活页式账簿可根据会计核算的实际需要增加或减少账页，不会浪费账页，使用灵活，便于分工记账、分类计算和汇总。然而，活页式账簿的账页容易散失和被抽换，在使用时必须将空白账页连续编号，并在账页上加盖相关责任人员图章，以防止产生弊端。会计年度终了，应将活页账装订成册。

3. 卡片式账簿

卡片式账簿简称卡片账，是将账户所需格式印在硬卡上、存放于专设的卡片箱中、可以根据会计核算的需要随时增减账页的账簿。

卡片式账簿与活页式账簿相似，在会计实践中，所有卡片应连续编号并加盖有关人员的图章，卡片箱由专人负责保管，以保证安全。卡片账一般适用于固定资产的明细核算。

> **小贴士**
>
> **不同账簿种类在会计实践中的运用情况**
>
> 在一般情况下，总分类账簿的账页格式是金额三栏式，外表形式是订本式账簿；现金日记账或银行存款日记账的账页格式是金额三栏式，外表形式是订本式账簿；明细分类账的账页格式是金额三栏式、数量金额三栏式、多栏式，外表形式是活页式账或卡片式账簿，也可以是订本式账簿。

第二节　会计账簿的设置与登记

一、会计账簿的设置原则

企业在会计实务中，应当按照国家会计制度的规范，结合企业会计业务的需要设置必要的账簿，既不可繁杂重复，也不可过于简化以至于无法满足会计核算的需要。设置会计账簿一般应遵循以下原则。

（一）保证会计账簿的合法性

《中华人民共和国会计法》（以下简称《会计法》）第三条规定，各单位必须依法设置会计帐簿，并保证其真实、完整。因此，企业从事各项经营活动，必须按照《会计法》的要求设置会计账簿，不得以各种名目不设、少设会计账簿或设置明暗两套会计账簿。

（二）保证会计账簿的系统性

设置会计账簿时应当做到，所设置的会计账簿之间的勾稽关系明确，通过会计账簿的设置和记录能够全面、连续、系统地核算和监督企业各项会计交易或者事项，为企业经营管理和编制财务会计报表提供真实、可靠、完整、系统的会计核算资料。

（三）保证账簿格式的简明性

设置会计账簿时应当做到，账簿内的账页格式应该从该账簿所要核算的经济业务的内容和需要提供的会计信息出发，力求简明实用，避免烦琐复杂，以提高会计的工作效率。

（四）遵循成本效益原则

设置会计账簿时应当做到，会计账簿体系完整，数量够用，在保证满足会计核算和监督经济业务的前提下，尽量考虑人力、物力的节约，减少账簿数量，避免重复记账。

二、会计账簿的基本内容

在会计工作中，各种不同会计账簿的具体作用不同，其格式也不相同，但是所有会计账簿应具备以下基本内容。

（一）会计账簿封面

会计账簿封面主要表明账簿名称，例如，总分类账、明细分类账、现金日记账、银行存款日记账等。

第六章 会计账簿

(二) 会计账簿扉页

会计账簿扉页主要列明科目索引、账簿启用和经管人员一览表。其中，账簿启用和经管人员一览表具体包括单位名称、账簿名称、账簿页数、启用日期；单位领导和会计负责人签章；经管人员职别、姓名、签章；经管或接管日期、移交日期等。会计账簿扉页如图 6-7 所示。

图 6-7 会计账簿扉页

(三) 会计账簿账页

会计账簿账页的基本结构包括账户名称、记录会计交易或者事项的日期、据以记账的记账凭证编号、会计交易或者事项摘要、增加金额、减少金额和余额等。

会计账簿账页是账簿的主要组成部分，用来具体记录经济业务，其格式因记录的经济业务内容不同而有所不同，但一般都应包括以下内容。

1. 账户名称

会计账簿是根据会计账户设置的，即会计账簿名称与会计账户名称相同，根据不同级次的会计账户设置不同级次的会计账簿。例如，根据"固定资产"总账账户设置"固定资产"总分类账簿，根据"固定资产——设备"明细账户设置"固定资产——设备"二级明细分类账簿。

2. 登记账簿日期栏

会计账簿需要根据经济业务发生的时间顺序进行登记，所以账页中设置了根据记账凭证登记会计账簿的时间。值得注意的是，会计账簿登记的时间与经济业务实际发生的时间不一定完全一致。例如，企业当月从 1 日起，陆续进行商品销售，但是企业采用加权平均单价法计量发出存货成本，因此，月末计算出该存货加权平均单价后才可以确认当月销售商品成本，月末一次性结转本月销售商品成本，编制相应的会计凭证，登记相应的会计账簿。此时，将本期内若干笔相同性质业务汇总编制凭证，登记账簿，所以登记账簿的时间与经济业务发生的时间不一致，但是不影响会计核算的及时性。

3. 会计凭证的种类和号数栏

会计账簿根据审核无误后的会计凭证登记，为了便于会计账簿与记账凭证核对、确保会计账簿记录准确，要求在会计账簿中明确所依据的会计凭证的种类和编号。例如，根据 2022 年 4 月 1 日现金收款第 1 号凭证，在现金日记账中登记增加 2 000 元，可在现金日记账会计凭证种类和号数栏中填写：现收第 1 号。

4. 经济业务摘要栏

会计账簿在记录经济业务时，需要在摘要栏中简明扼要地说明所记录的经济业务的内容，便于核查会计账簿使用是否正确。例如，企业以支付银行存款的方式购买原材料，在会计账簿的摘要栏中可以表示为采购材料。

5. 金额栏

会计账簿在记录经济业务时，应当根据经济业务发生的具体情况，在账页的借方或者贷方记录其增减变化，以提供相关的价值指标。无论是哪一种格式的账页，都设置有金额栏，必须记录经济业务的价值变动情况。

6. 总页次和分户页次

会计账簿中的每一个账页应当连续编号，从该类账簿的第一本第一页开始至本页的页数为总页次，从本账簿的第一页至本页的页数为分户页次，以此保证会计账簿账页的完整性，避免会计账簿中的账页被销毁、抽取等，进而保证会计记录的完整性。例如，企业银行存款日记账自企业成立之日起总共使用了 2 本，每本账簿有 50 页，目前正在使用的银行存款日记账是第 2 本中的第 10 页，则会计账页的总页次是 60 页，分户页次是 10 页。

三、会计账簿的启用规则

会计账簿记录是会计数据采集和整理的重要过程，是连接会计凭证与财务会计报告的中间环节。只有会计账簿记录准确无误，才能保证会计核算工作的质量，进而保证会计信息质量。因此，会计账簿必须按照一定的规则启用账簿。

（一）正确填写会计账簿封面

企业启用新的会计账簿，应当在账簿封面上写明企业名称和账簿名称。

（二）正确填写会计账簿扉页

企业启用新的会计账簿，应当填写账簿扉页上的账簿启用和经管人员一览表，包括启用日期、账簿起止页数（活页式账簿一般在装订成册后填写）、记账人员和会计机构负责人、会计主管人员姓名等，并加盖名章和单位公章。当记账人员或者会计机构负责人、会计主管人员调动工作时，要注明交接日期、接办人员和监交人员姓名，并由交接双方签名或者盖章，以明确有关人员的责任，加强有关人员的责任感，维护会计账簿记录的严肃性。

（三）正确填写账户索引表

企业启用新的会计账簿时，账簿第一页应设置账户索引，包括账户名称、各账户页数等，便于会计人员查阅会计账簿。会计账户索引表如图6-8所示。

账 户 目 录

顺序	编号	名称	页号	顺序	编号	名称	页号	顺序	编号	名称	页号	顺序	编号	名称	页号
1				26				51				76			
2				27				52				77			
3				28				53				78			
4				29				54				79			
5				30				55				80			
6				31				56				81			
7				32				57				82			
8				33				58				83			
9				34				59				84			
10				35				60				85			
11				36				61				86			
12				37				62				87			
13				38				63				88			
14				39				64				89			
15				40				65				90			
16				41				66				91			
17				42				67				92			
18				43				68				93			
19				44				69				94			
20				45				70				95			
21				46				71				96			
22				47				72				97			
23				48				73				98			
24				49				74				99			
25				50				75				100			

图6-8 会计账户索引表

（四）正确编制会计账簿页码

《会计法》第十五条规定，会计账簿应当按照连续编号的页码顺序登记。会计账簿记录发生错误或者隔页、缺号、跳行的，应当按照国家统一的会计制度规定的方法更正，并由会计人员和会计机构负责人（会计主管人员）在更正处盖章。因此，企业启用新订本式账簿时，应按顺序编定页数，不得跳页、缺号。企业启用新活页式账簿时，应按账户顺序编号，定期装订成册，年度终了再按实际使用的账页顺序编定页数和建立科目索引。

四、会计账簿的登记规则

（一）会计账簿的登记依据

《会计法》第十五条规定：会计帐簿登记，必须以经过审核的会计凭证为依据，并符合有关法律、行政法规和国家统一的会计制度的规定。因此，经过审核的会计凭证是登记会计账簿的法定依据。

按照会计核算的程序，为了保证会计账簿记录的真实、准确，企业实际发生经济业务时应当取得或填制原始凭证，根据审核无误的原始凭证再编制记账凭证，然后根据审核无误的记账凭证登记会计账簿，记账凭证不仅需要做到内容真实，同时需要做到格式规范、流程标准。例如，会计凭证应当包括记账人员、审核人员等签名或盖章，以明晰责任，未经会计人员审核的会计凭证，不能作为会计账簿的登记依据。

（二）会计账簿的登记时间

会计账簿的登记时间没有具体统一的规定，企业在确定会计账簿的登记时间时，一般可遵循下列原则：第一，总分类账按照企业所采用的会计核算形式及时登账；第二，各种明细分类账，可根据记账凭证逐日逐笔登记，或者根据原始凭证汇总表编制的记账凭证定期汇总登记。例如，固定资产、债权、债务等明细分类账应逐日逐笔登记；库存商品、原材料收发以及收入、费用明细账可以逐笔登记，也可以定期汇总登记；现金日记账和银行存款日记账，应当根据办理完毕的收付款记账凭证，随时逐日逐笔、顺序地进行登记，做到日清月结。

（三）会计账簿的登记要求

登记会计账簿的具体要求包括。

1. 会计账簿记录正确

登记会计账簿时，应当将会计凭证日期、编号、业务内容摘要、金额和其他有关资料逐项计入会计账簿内，同时记账人员要在记账凭证上签名或者盖章，并注明已经登记入账的符号（如打"√"），防止漏记、重记和错记情况的发生。

2. 会计账簿页码连续

各种会计账簿需要按照账页顺序连续登记，不得跳行、隔页。如果发生跳行、隔页，应在空行、空页处用红线对角注销，或者注明"此行空白""此页空白"字样，并由会计人员和会计机构负责人（会计主管人员）盖章。

3. 会计账簿整洁清晰

为了使账簿记录保持清晰、持久，便于长期检查使用和防止涂改，登记账簿时，要用蓝黑墨水或者碳素墨水书写，不得用圆珠笔（银行的复写账除外）或者铅笔书写。红色墨水只能用于会计制度规定的下列四种情况。

（1）采用红字冲账的记账凭证，冲销错误记录；
（2）在不设借贷等栏的多栏式账页中，登记减少数；
（3）在金额三栏式账户中，未标明余额方向的，在余额栏内登记负数金额；
（4）根据国家统一会计制度的规定可以用红字登记的其他会计记录。

会计账簿记录要保持清晰、整洁，会计账簿中书写的文字和数字要端正、清楚，规范，一般应占会计账簿格距的二分之一，以便留有改错的空间。

4. 及时结出余额

在会计账簿的登记过程中，凡需结出余额的账户，应当定期结出余额。

现金日记账和银行存款日记账必须每天结出余额。结出余额后，应在"借"或"贷"栏内写明"借"或"贷"的字样。没有余额的账户，应在该栏内写"平"字并在余额栏"元"位上用"θ"表示。

5. 会计账页结转处理

在会计账簿的登记过程中，每页账页登记完毕结转下页时，应当结出本页合计数和余额，写在本页最后一行和下页第一行有关栏内，并在摘要栏注明"过次页"和"承前页"字样，以保证账簿记录的连续性。也可以将本页合计数及金额只写在下页第一行有关栏内，并在摘要栏内注明"承上页"字样。

对需要结计本月发生额的账户，结计过次页的本页合计数应当为自本月初起至本页末日的发生额合计数；对需要结计本年累计发生额的账户，结计过次页的本页合计数应当为自年初起至本页末日的累计数；对既不需要结计本月发生额也不需要结计本年累计发生额的账户，可以只将每页末的余额结转次页。

6. 会计账簿不得涂改

会计账簿记录过程中如果发生错误，不准涂改、挖补、刮擦或者用药水消除字迹等手段更正错误，不准重抄，必须按照规定的办法进行更正。

7. 会计账簿电子化要求

《会计法》第十五条规定：使用电子计算机进行会计核算的，其会计帐簿的登记、更正，应当符合国家统一的会计制度的规定。

会计账簿登记实行电子化的企业，用计算机打印的会计账簿必须连续编号，经审核无误后装订成册，并由记账人员和会计机构负责人（会计主管人员）签字或者盖章，以防止账页散失和被抽换，保证会计资料的完整性。

五、日记账的设置与登记

（一）普通日记账的设置与登记

（1）两栏式普通日记账的设置与登记。

两栏式普通日记账是指只设有借方和贷方两个金额栏目的日记账。

两栏式普通日记账一般适用企业规模较小、经济业务不多且比较简单的企业，通过日记账可以集中、序时地记录全部经济业务，满足企业管理及提供会计信息的需要，但是不适用于经济业务繁多、管理要求严格的企业。

（2）多栏式普通日记账的设置与登记。

在企业在经营过程中，有许多经济业务经常重复发生，如库存现金、银行存款、管理费用、库存商品等。如果在日记账中设置一些专栏，把同类业务在专栏里汇总，然后一次过入分类账，就可以大大减少这类业务逐笔过账的工作量，于是产生了多栏式普通日记账。多栏式普通日记账会在日记账中分设专栏，把经常重复的经济业务分栏登记，将汇总后的发生额一次过入分类账。

（二）特种日记账的设置与登记

特种日记账是专门用来登记某一类经济业务的日记账。它可以汇总登记同一类经济业务，然后根据汇总数过入总分类账，从而减少过账工作量，便于会计人员分工记账，以提高工作效率。常见的特种日记账有现金日记账、银行存款日记账、销货日记账、购货日记账等。

在我国，大多数企业只设置现金日记账和银行存款日记账，用于序时核算现金和银行存款的收入、付出和结存情况，以加强对货币资金的管理。现金日记账与银行存款日记账都采用的是订本式账簿。

1. 金额三栏式日记账的设置和登记

金额三栏式日记账账页的格式通常为收入、支出、结余三栏或者借方、贷方、余额三栏。

（1）现金日记账的设置和登记。

现金日记账是出纳员根据审核无误的现金收款凭证、现金付款凭证和银行付款凭证（记录从银行提现的业务），按经济业务发生的先后顺序，逐日逐笔进行登记的账簿。

企业通常设置现金日记账，用以记录库存现金的增减变化过程以及变化结果。现金日记账应当按照《现金管理暂行条例》以及实施细则中对库存现金收支的管理规定，提供库存现金每天的收入、支出以及余额的信息，还需要检查企业库存现金收支活动的合规性。

现金日记账账页的主要内容包括：日期栏、凭证栏、摘要栏、对方科目栏、收入栏、支出栏、结余栏。

现金日记账的主要内容具体登记方法如下。

日期栏：指记账凭证日期，应与现金实际收付日期一致。

凭证栏：指登记入账的收付凭证的种类和编号，例如，"现收""银付""现付"。

【专家提醒】

企业从银行账户中提取现金的，应填制银行存款付款凭证，不填制现金收款凭证，避免同一业务的会计重复记录。因此，在现金日记账登记过程中，可能出现依据银行存款付款凭证登记账簿的情形。

摘要栏：简要说明登记入账的经济业务的内容。

对方科目栏：指现金收入的来源科目或支出的用途科目，例如，王一借差旅费，对应科目为"其他应收款"。

收入栏、支出栏：指现金实际收付的金额。每日终了，应分别计算现金收入和现金支出的合计数，并结出余额，同时将余额与库存现金核对，做到日清日结。如果账款不符，应查明原因，并记录备案，月终同样要计算本月现金收入、支出等。

第六章 会计账簿

【例 6-1】 假设企业现金账户期初余额为 3 000 元,本月发生下列现金增减业务,根据相关会计凭证登记现金日记账,账簿登记的具体情况如表 6-1 所示。

(1)企业将本月收到的 2 000 元现金存入开户银行。

(2)企业从银行提取现金 18 000 元准备发放临时雇员工资。

(3)企业向临时雇员发放 18 000 元工资。

(4)企业从银行提取现金 5 000 元。

(5)企业业务人员以现金方式暂借差旅费 2 000 元。

表 6-1　现金日记账

第　页

2022 年		凭证		摘要	借方(元)	贷方(元)	借或贷	余额(元)
月	日	种类	编号					
4	1			月初余额			借	3 000
	5	现付	401#	现金送存银行		2 000	借	5 000
	6	银付	402#	提现备发工资	18 000		借	26 000
	6	现付	402#	发放工资		18 000	借	8 000
	7	现付	403#	暂付款		2 000	借	6 000
	30			本月合计	18 000	22 000	借	6 000

(2)银行存款日记账的设置和登记。

银行存款日记账是由出纳员根据审核无误的银行存款收款凭证、银行存款付款凭证和现金付款凭证(记录将现金存入银行的业务),按经济业务发生的先后顺序,逐日逐笔进行登记的账簿。

银行存款日记账账页格式与现金日记账基本相同,有些企业根据需要增加结算凭证种类以及编号栏目,以便与业务发生时取得或者使用的结算凭证核对,保证银行存款日记账登记的正确性。银行存款日记账登记时应当按照《支付结算办法》的规定,提供企业每日银行存款增减金额、余额以及支付结算活动的合规性。银行存款日记账必须做到日清月结,便于企业随时掌握银行存款账户金额的变化情况,防止开出空头支票,同时也便于与银行提供的对账单进行一一核对。

【专家提醒】

企业将取得的现金存入银行业务,应填制现金付款凭证,不填制银行存款收款凭证,避免同一业务会计重复记录。因此,在银行存款日记账登记过程中,可能出现依据现金付款凭证登记账簿的情形。

【例 6-2】 沿用【例 6-1】中的业务,假设银行存款账户期初余额为 250 000 元,根据相关会计凭证登记银行存款日记账,账簿登记的具体情况如表 6-2 所示。

表 6-2 银行存款日记账

第　　页

2022年		凭证		摘要	对方科目	借方（元）	贷方（元）	余额（元）
月	日	种类	编号					
4	1			月初余额				250 000
	3	银收	401#	现金存入	库存现金	2 000		252 000
	4	银付	401#	提取现金			18 000	234 000
	30			本月合计		2 000	18 000	234 000

2. 多栏式日记账的设置和登记

当企业发生的涉及现金或银行存款增减业务比较大时，需要填制和审核的收、付款凭证较多，为归集重复发生的同类经济业务，方便汇总后一次过账或提供某些分析资料，在金额三栏式特种日记账的基础上产生了多栏式特种日记账。

多栏式特种日记账有两种设置方法：一种是分设多栏式现金日记账和多栏式银行存款日记账；另一种是分设多栏式现金收入日记账、多栏式现金支出日记账、多栏式银行存款收入日记账和多栏式银行存款支出日记账。

多栏式特种日记账登记方法为：

（1）由出纳员根据审核后的收付款凭证，逐日逐笔登记现金和银行存款的收入日记账和支出日记账，每日应将支出日记账中的当日支出合计数，转计入收入日记账中的当日支出合计栏，以结算当日账面结余额。会计人员应对多栏式现金日记账和多栏式银行存款日记账的记录加强检查、监督，并于月末根据多栏式现金日记账和多栏式银行存款日记账各专栏的合计数，分别登记相关总分类账。

（2）另外设置现金和银行存款出纳登记簿，由出纳员根据审核后的收付款凭证，逐日逐笔登记，以便逐笔掌握库存现金收付情况和同银行核对的收付款项，然后将收付款凭证交由会计人员逐日汇总登记多栏式现金日记账和多栏式银行存款日记账，并于月末根据日记账登记相关总分类账。出纳登记簿与多栏式现金日记账、多栏式银行存款日记账要相互核对。

采用第一种做法可以简化核算工作，第二种做法可以加强内部控制和监督，各单位可根据需要选用一种处理方法。

六、分类账的设置与登记

分类账按其提供核算指标的详细程度可分为总分类账和明细分类账。

（一）总分类账的设置和登记

总分类账是按照总分类账户分类登记全部经济业务、提供总括会计信息的账簿。总分类账能够全面、总括地反映经济活动情况，并为编制财务会计报表提供资料。因此，任何企业都要根据行业特点以及管理要求，在《企业会计准则应用指南》的规范下设置总分类账，构建总分类账簿体系并且为设置明细分类账簿提供依据。

总分类账必须采用订本式账簿，账页格式一般有金额三栏式和多栏式两种。

1. 金额三栏式总分类账的设置

总分类账也称三栏式总账，因为其最常用的格式就是金额三栏式，账页中设有借方、贷方和余额三个金额栏。在会计实务中，有单位根据自身会计核算的需要，分别在借方栏和贷方栏设有对方科目栏，以便直接从总分类账户中了解经济业务的来龙去脉。

2. 多栏式总分类账的设置

多栏式总分类账把序时账簿和总分类账结合在一起，成为一种联合账簿，通常被称为日记总账。它具有序时账簿和总分类账的双重作用，因而可以减少登记账簿的工作量、提高工作效率，还能较全面地反映资金运动的情况，便于分析经济活动情况。对于经济业务较少的单位，可使用多栏式总分类账簿。

3. 总分类账的登记

总分类账的具体登记方法取决于所采用的会计账务处理程序，通常包括逐日逐笔登记方法和汇总登记方法。

例如，企业采用记账凭证账务处理程序时，总分类账可以直接根据各种记账凭证逐笔进行登记；企业采用科目汇总表账务处理程序时，总分类账可以根据科目汇总表定期进行登记。

总分类账的具体登记方法为：

（1）凭证字号栏，采用记账凭证账务处理程序时，填写登记总分类账所依据的记账凭证种类和编号；采用科目汇总表账务处理程序时，填写登记总分类账所依据的科目汇总表编号。

（2）摘要栏，填写经济业务的简要介绍。采用记账凭证账务处理程序时，可与记账凭证中的摘要内容一致；采用科目汇总表账务处理程序时，可填写此次登记总分类账包括的时间区间，如"×日至×日发生额"等。

不论用哪种方法登记总分类账，每月都应将当月完成的业务全部登记入账，月末结出总分类账中各账户的本期发生额和期末余额，与明细分类账余额核对相符后，作为编制财务会计报表的主要依据。

【例6-3】沿用【例4-21】中企业因销售形成应收账款124 300元、【例4-25】中企业收回应收账款124 300元，账簿登记的具体情况如表6-3所示。

表6-3 应收账款 总分类账

第 页

2022年		凭证		摘要	借方（元）	贷方（元）	借或贷	余额（元）	核对
月	日	种类	编号						
5	1			期初余额			借	0	
	10	转		销售商品	124 300		借	124 300	
	20	银收		收回欠货款		124 300	借	0	
	31			本期发生额及余额	124 300	124 300	借	0	

（二）明细分类账的设置与登记

明细分类账也称明细账，是根据某一总分类账所属的二级账户或明细账户开设的，用于分类、连续地登记经济业务详细指标的账簿。各企业应根据自身生产经营特点以及管理要求的具体情况设置必要的明细分类账。明细分类账的账页格式一般有金额三栏式、数量金额三栏式和多栏式三种，可选用活页式账簿或卡片式账簿。

1. 金额三栏式明细分类账的设置与登记

金额三栏式明细分类账设有借方、贷方和余额三个栏目，登记相关业务的增减变化过程以及结果，一般采用逐日逐笔登记的方法。

金额三栏式明细分类账主要适用于只需要提供价值指标的账簿。例如，应收账款、应付账款、短期借款、长期借款等债权债务结算类账簿的明细分类账以及实收资本、资本公积、盈余公积等资本类账簿的明细分类账。

金额三栏式明细分类账的登记方法与金额三栏式总分类账的登记方法基本相同。

【例 6-4】沿用【例 4-21】中企业因销售形成应收账款——教育部门 124 300 元、【例 4-25】中企业收回应收账款——教育部门 124 300 元，账簿登记的具体情况如表 6-4 所示。

表 6-4 应收账款——教育部门 明细分类账

第 页

2022 年		凭证		摘要	借方（元）	贷方（元）	借或贷	余额（元）	核对
月	日	种类	编号						
5	1			期初余额			借	0	
	10	转		销售商品	124 300		借	124 300	
	20	银收		收回欠货款		124 300	借	0	
	31			本期发生额及余额	124 300	124 300	借	0	

2. 数量金额三栏式明细分类账的设置与登记

数量金额三栏式明细分类账的账页设有收入、发出和结存三栏，同时在每一栏下再设置数量、单价和金额三小栏。

数量金额三栏式明细分类账适用于既要进行金额核算又要进行实物数量核算账簿的明细分类账，例如，库存商品、原材料等账户。

数量金额三栏式明细分类账的登记方法为：

（1）收入栏，序时登记增加的数量、单价以及金额。

（2）支出栏，序时登记减少的数量、单价以及金额。以库存商品明细分类账为例，如果发出商品采用月末加权平均单价法计量发出存货成本，则库存商品实际出库时只登记数量，不登记单价和金额，月末计算当月库存商品加权平均单价，统一确定当月发出存货成本登记在支出栏下的数量、单价和金额。

（3）余额栏，登记根据当月收入与支出情况结出的数量、单价和金额。

【例 6-5】 沿用【例 4-19】中的资料，企业完工手执电子测温仪 5 000 台，总成本为 461 528 元，单位生产成本为 92.31 元，门禁式电子测温仪 1 000 台，总成本为 415 372 元，单位成本为 415.37 元。库存商品——手执电子测温仪的明细分类账登记情况如表 6-5 所示。

表 6-5　库存商品——手执电子测温仪　明细分类账

编号：　　类别：　　规格：　　单位：　　存放地点：　　计划单价：

2022年		凭证		摘要	借方			贷方			借或贷	余额			核对
月	日	种类	号数		数量（台）	单价（元/台）	金额（元）	数量（台）	单价（元/台）	金额（元）		数量（台）	单价（元/台）	金额（元）	
4	30			完工入库	5 000	92.31	461 528				借	5 000	92.31	461 528	
5	31			本月销售				2 500	92.31	230 775	借	2 500	92.31	230 753	

库存商品——门禁式电子测温仪的明细分类账登记情况如表 6-6 所示。

表 6-6　库存商品——门禁式电子测温仪　明细分类账

编号：　　类别：　　规格：　　单位：　　存放地点：　　计划单价：

2022年		凭证		摘要	借方			贷方			借或贷	余额			核对
月	日	种类	号数		数量（台）	单价（元/台）	金额（元）	数量（台）	单价（元/台）	金额（元）		数量（台）	单价（元/台）	金额（元）	
4	30			完工入库	1 000	415.37	415 372				借	1 000	415.37	415 372	
5	31			本月销售				1 000	415.37	415 372	借				

3．多栏式明细分类账的设置与登记

多栏式明细分类账将属于同一个总分类账的各个明细账分类账合并在一页账页内进行登记，即该账页的借方或者贷方金额栏内按有关明细分类账户或明细项目设若干专栏，用以集中反映某一总分类账户所属明细分类账户的增减变化情况。

多栏式明细分类账便于企业会计人员按照账户的内部结构分析资金运动情况。

多栏式明细分类账一般适用于主营业务收入、管理费用、财务费用、本年利润等账户的明细分类账簿。

多栏式明细分类账按登记的经济业务不同，其账页格式可分为借方多栏式、贷方多栏式和借方贷方多栏式三种。

借方多栏式明细分类账是指在账页设置借方、贷方、余额三栏，并在借方栏按照明细分类账户或项目分设若干专栏，或者单独开设借方金额分析栏，分别记录增减发生额及余额的明细分类账簿。

基础会计

借方多栏式明细分类账适用于借方需要开设多个明细项目的账簿，例如，生产成本、制造费用、管理费用、财务费用、营业费用等明细分类账簿。

借方多栏式明细分类账由会计人员根据审核无误的记账凭证或原始凭证逐笔登记，一般每个明细项目设置一个金额栏，登记该项目借方发生额，其贷方采用红字登记的方法登记该项目的减少金额或转出金额。

借方多栏式明细分类账平时登记借方发生额，月末结算或者结转至某一账户时才将借方发生额一次转出。

【例6-6】沿用【例4-14】【例4-15】【例4-16】中的资料，企业生产部门在生产过程中发生水电费94 300元、车间管理人员工资50 000元、固定资产折旧费8 000元，多栏式制造费用明细分类账的登记情况如表6-7所示。

表6-7　制造费用　明细分类账

2022年		凭证		摘要	合计	借方科目（元）						合计
月	日	种类	号数			材料	工资	办公费	折旧	水电费		合计
4	30			各项费用			50 000		8 000	94 300		152 300

贷方多栏式明细分类账是在账页中设有借方、贷方和余额三栏，并在贷方按照明细分类账户或项目分设若干专栏，或者单独开设贷方金额分析栏的账簿。

贷方多栏式明细分类账适用于一般只有贷方项目的发生额、借方只在月末发生一次且与贷方项目相同的账户的明细分类核算。例如，主营业务收入、营业外收入等明细分类账簿。

贷方多栏式明细分类账为每个明细分类账户或项目设置一个金额栏，登记该项目贷方发生额，其借方发生额则在该栏目内用红字记录，以表示对该项目金额的转出数。

借方贷方多栏式明细分类账是指在账页设置借方、贷方、余额三栏，并在借方和贷方栏设置若干明细分类账户或项目进行登记的明细分类账簿。

借方贷方多栏式明细分类账适用于借方和贷方均需设多个明细项目的账户。例如，本年利润、利润分配等明细分类账簿。

（三）总分类账与明细分类账的关系及平行登记

1. 总分类账与明细分类账的关系

总分类账与明细分类账既有联系又有区别。

总分类账与明细分类账的联系表现为：总分类账与明细分类账所反映的经济业务内容相同，登记账簿的依据相同。

总分类账与明细分类账的区别表现为：总分类账与明细分类账是统驭与从属的关系，总分类账能够统驭和控制明细分类账，明细分类账是总分类账的补充和说明，总分类账能够提供综合的、总括的会计信息，明细分类账能够提供详细的会计信息。因此，总分类账与明细分类账反映经济业务的详细程度不同、所提供的会计信息不同、在会计账簿体系中发挥的作用不同。

2. 总分类账与明细分类账的平行登记

由于总分类账与明细分类账之间存在密不可分的关系，所以总分类账与明细分类账必须采用平行登记的方法，以保证其记录的一致性。

平行登记是指经济业务发生后，根据会计凭证，一方面登记有关的总分类账，另一方面登记该总分类账所属的各有关明细分类账。

平行登记时应做到：

（1）总分类账与明细分类账登记的时间相同，即同时登记。每一笔经济业务发生后，根据同一会计凭证在总分类账中进行总括登记，同时在该总分类账所属明细分类账中进行明细登记。

（2）总分类账与明细分类账的登记依据相同。每一笔经济业务发生后，根据同一会计凭证中载明的信息登记总分类账和总分类账所属明细分类账。

（3）总分类账与明细分类账的登记方向相同，每一笔经济业务发生后根据同一会计凭证登记在总分类账和总分类账所属明细分类账的相同方向，如果总分类账簿应当计入借方，那么所属明细分类账簿也需要计入借方。

（4）总分类账与明细分类账的登记金额相等，即金额相等。每一笔经济业务发生后根据同一会计凭证登记在总分类账中的金额和总分类账所属明细分类账中的金额之和相等。

【例 6-7】假设甲公司 2022 年 3 月 1 日应收账款账户总账的借方余额及其应收 A 工厂、B 工厂明细分类账余额情况如表 6-7、表 6-8、表 6-9 所示。

3 月 10 日，甲公司向 A 工厂销售商品，货款 4 000 元尚未收到。3 月 29 日收到 A 工厂偿还货款 5 500 元，收到 B 工厂偿还货款 2 000 元，款项已存入银行。

根据甲公司的相关经济业务，编制如下会计分录：

借：应收账款——A 工厂　　　　　　　　　　　4 000
　　　贷：主营业务收入　　　　　　　　　　　　　4 000
借：银行存款　　　　　　　　　　　　　　　　7 500
　　　贷：应收账款——A 工厂　　　　　　　　　　5 500
　　　　　　　——B 工厂　　　　　　　　　　　2 000

根据相应会计处理登记应收账款总分类账，具体登记情况如表 6-8 所示。

表 6-8　应收账款总分类账

会计科目：应收账款

2022 年		凭证		摘要	借方（元）	贷方（元）	借或贷	余额（元）
月	日	种类	编号					
3	1			期初余额			借	9 500
	10	转字	5	销售商品	4 000		借	13 500
	29	银收	30	收回欠货款		7 500	借	6 000
	31			本期发生额及余额	4 000	7 500	借	6 000

根据相应会计处理登记应收账款——A 工厂明细分类账，具体登记情况如表 6-9 所示。

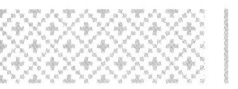

表 6-9　应收账款明细分类账（A 工厂）

会计科目：应收账款——A 工厂

2022年		凭证		摘要	借方（元）	贷方（元）	借或贷	余额（元）
月	日	种类	编号					
3	1			期初余额			借	3 500
	10	转	5	销售商品	4 000		借	7 500
	29	银收	30	收回欠货款		5 500	借	2 000
	31			本期发生额及余额	4 000	5 500	借	2 000

根据相应会计处理登记应收账款——B 工厂明细分类账，具体登记情况如表 6-10 所示。

表 6-10　应收账款明细分类账（B 工厂）

会计科目：应收账款——B 工厂

2022年		凭证		摘要	借方（元）	贷方（元）	借或贷	余额（元）
月	日	种类	编号					
3	1			期初余额			借	6 000
	29	银收	30	收回欠货款		2 000	借	4 000
	31			本期发生额及余额		2 000	借	4 000

第三节　会计账簿差错更正

一、会计账簿差错更正的含义

会计账簿差错是指会计账簿登记过程中所发生的各种差错，即由于会计账簿登记过程中出现了错误，导致会计账簿记录错误。

会计账簿差错更正是指对会计账簿中的差错采用适当方法进行修正处理的行为。

《会计法》第十五条规定：会计帐簿记录发生错误或者隔页、缺号、跳行的，应当按照国家统一的会计制度规定的方法更正，并由会计人员和会计机构负责人（会计主管人员）在更正处盖章。

会计人员在会计核查过程中发现会计账簿记录有错误，应当采用适当的方法分析差错形成的原因，进而选择适当的错账更正方法修正原会计账簿记录的错误，保证会计账簿记录的真实、准确。

【专家提醒】

会计账簿差错更正强调对会计账簿中的错误进行更正，即已经根据会计凭证完成登记账簿工作后才发现的会计账簿的错误，需要采用专门的方法进行更正。如果会计在填制会计凭证时出现错误，重新填制即可。

二、会计账簿差错查找的方法及类型

（一）会计账簿差错的形式

会计账簿登记过程中可能发生各种各样的差错，且差错形成原因也是多种多样的。

1. 重复登记或漏记业务

重复登记或漏记业务指对某一项或某几项经济业务重复登记，或者将某一项或某几项经济业务遗漏，并未能在会计账簿中及时登记。有时整个业务重复登记或均未能在会计账簿中登记，有时重复或漏记了贷方金额（借方金额）。

2. 账簿金额错误

账簿金额错误是指在会计账簿登记过程中将一项或几项金额的数字颠倒或者金额相邻数字错位；在会计账簿登记过程中将一项或几项金额的数字错写。

例如，企业通过银行存款支付购买材料价款为 145 890 元，但是在登记账簿时写成 145 980 元，造成会计账簿金额错误。

3. 账户名称错误

账户名称错误是指会计账簿登记过程中对经济业务分类错误导致会计账簿名称使用错误。

例如，企业结算短期借款利息 500 000 元，应计入财务费用账户，但是在登记账簿时计入管理费用账户，导致会计账簿登记错误。

4. 账户记账方向错误

账户记账方面错误是指在会计账簿登记过程中将账户的借贷方向记反等，导致试算平衡时发现借方发生额合计与贷方发生额合计不相等，出现会计账簿记录错误。

例如，企业实现销售商品收入 1 200 000 元，应当计入主营业务收入账户的贷方，但是在登记账簿的过程中误计入主营业务收入账户的借方。

（二）会计账簿差错的查找方法

1. 差数法

差数法是按照差数查找错账的方法。

例如，在会计账簿登记时，对某一笔经济业务只登记了会计分录的借方金额，漏记会计分录的贷方金额，导致试算平衡时出现借方金额大于贷方金额的情形，或者相反。会计人员可以按照借方金额和贷方金额的差数，逐一查找含有差数的会计凭证，进而补记会计账簿，更正错账。

【例 6-8】假设企业在计算当期应缴纳的税费时，做出如下会计分录：

借：应交税费——城市维护建设税　　　　　　　　　367.5
　　　　　　——个人所得税　　　　　　　　　　　 500
　　　　　　——教育费附加　　　　　　　　　　　 157.5
　　贷：银行存款　　　　　　　　　　　　　　　　　　　1 025

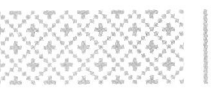

若会计人员在记账时漏记了城市维护建设税 367.5 元,那么在进行应交税费总账和明细分类账核对时,就会出现总账借方余额比明细分类账借方余额多 367.5 元的现象,或者在试算平衡时贷方发生额合计大于借方发生额合计 367.5 元。对于类似的差错,应由会计人员通过回忆相关金额的记账凭证进行查找。

2. 尾数法

尾数法是指对于发生的差错只查找末位数的方法。

如果会计账簿差错只发生在金额的尾数,那就直接查找有与之相同尾数的会计凭证,借此提高查错的效率。

例如,在总分类账与明细分类账核对过程中,发现总分类账金额比明细分类账金额之和大了 0.06 元,那么在查找过程中重点查看金额尾数为 0.06 元的会计凭证,检查是否已登记入账。

3. 除 2 法

除 2 法是指用差数除 2 查找错账的方法。

如果试算平衡时借方发生额合计与贷方发生额合计不相等,且差数为偶数时,可以将该差数除 2,根据得出的商,检查含有该商数的会计凭证,查找错账。

在登记会计账簿时,由于会计人员疏忽,错将借方金额登记到贷方或将贷方金额登记到借方,即发生记账方向错误,这必然会出现一方合计数增多,另一方合计数减少的情况,其差额恰是记错方向数字的 2 倍,是偶数。可用差错数除 2,得出的商数就是会计账簿登记中记账方向的反方向数字,再到账目中去寻找差错的数字就有了一定的目标。

【例 6-9】假设企业总务部门从出纳处领取备用金 500 元,会计处理为:

借:其他应收款——备用金　　　　　　　　　　　　　　500
　　贷:库存现金　　　　　　　　　　　　　　　　　　500

会计期末进行试算平衡时发现,借方发生额合计大于贷方发生额合计 1 000 元,使用除 2 法,得商数为 500 元,再查找含有 500 元的会计凭证,发现上述业务在会计账簿登记时记账方向,导致会计账簿差错的产生。

4. 除 9 法

除 9 法是指用对账差额除 9 来查找差错的一种方法,主要适用于数字错位和相邻数字颠倒所导致的会计账簿差错。具体包括以下三种情况。

(1) 将大数写成小数。

在会计账簿登记过程中,会计人员将金额的位数看错,把百位看成十位,千位看成百位数,把大数写成小数,错误金额是正确金额的 1/10,可以用除 9 法进行检查。

例如,记账凭证中记载,借记银行存款 800 000 元,贷记主营业务收入 800 000 元。在会计账簿登记过程中,借方金额登记正确,但是贷方金额却误记为 80 000 元。会计人员在试算平衡时发现,借方合计数大于贷方合计数 720 000 元,用 720 000 元除 9,商数为 80 000 元,该商数乘以 10,即应记的正确金额。

(2) 将小数写成大数。

在会计账簿登记过程中,会计人员将金额的位数看错,把十位看成百位,百位看成千位数，把小数写成大数，错误金额是正确金额的 10 倍。可以用除 9 法进行检查。

例如，记账凭证中记载，借记银行存款 800 000 元，贷记主营业务收入 800 000 元。在会计账簿登记过程中，借方金额登记正确，但是贷方金额却误记为 8 000 000 元。会计人员在试算平衡时发现，贷方合计数大于借方合计数 7 200 000 元，用 7 200 000 元除 9，商数为 800 000 元，该商数乘以 10，即错误金额。

（3）相邻数字颠倒。

在会计账簿登记过程中，会计人员将相邻的两位数或三位数的数字登记颠倒。

例如，记账凭证中记载，借记管理费用 369 000 元，贷记银行存款 369 000 元，登记会计账簿时将借方金额登记为 639 000 元，贷方金额正确。会计人员在试算平衡时发现，借方发生额合计数大于贷方发生额合计数 270 000 元。该差数除 9 等于 30 000，可以判断，出现颠倒的位数应该是十万位、万位且相邻数字差为 3。然后，会计人员可以根据这个结果寻找相应记账凭证、查找差错。

（三）会计账簿差错的类型

1. 记账凭证正确，会计账簿登记错误

记账凭证正确，会计账簿登记错误是指记账凭证上的会计分录要素完全正确，在会计账簿时登记，记账的账户名称以及记账方向正确，只是多记或少记金额而产生了差错。

例如，记账凭证中记载，借记银行存款 800 000 元，贷记主营业务收入 800 000 元。在会计账簿登记过程中，借方金额登记正确，但是贷方金额却误记为 8 000 000 元，就是会计账簿登记时贷方金额多记了 7 200 000 元。

2. 记账凭证错误导致会计账簿登记错误

记账凭证错误导致会计账簿登记错误是指记账凭证上的会计分录要素与经济业务实际发生情况不相符、会计账簿根据错误记账凭证登记而导致的错误。

例如，企业生产部门为组织和管理生产发生的各项费用错误计入管理费用中，并且根据错误的记账凭证登记了相关的会计账簿，导致会计账簿登记错误。

三、会计账簿错账更正的方法

（一）划线更正法

划线更正法是指将会计账簿中文字或数字记录错误之处用一条单红线划去、再在红线的上方用蓝字登记正确的文字或数字并由记账人员在更正处盖章以示负责的错账更正方法。

划线更正法适用于记账凭证正确、仅会计账簿登记时出现错误的情况。

例如，会计人员在登记会计账簿时，误将把 516.80 元记为 518.60 元，随即会计人员发现了错误，使用划线更正法更正会计账簿，应把"518.60"用红线划去，并在其上方用蓝字写上"516.80"。

> 【小提示】
> 在使用划线更正法时应当注意，用红线划去错误的文字或数字时，不能遮盖原来的文字或数字。用蓝字登记的正确的文字或数字，字迹必须清晰可见，以便将来查阅。

（二）红字更正法

红字更正法又称红字冲销法，是指由于记账凭证错误而使会计账簿记录发生错误、运用红字冲销原记账凭证、重新编制正确的记账凭证以更正会计账簿记录的一种方法。

红字更正法一般适用于以下两种情况。

1. 全部冲销法

如果发现会计账簿记录的错误是由于记账凭证所列应借、应贷会计科目错误而引起的，可以使用全部冲销法更正，即记账凭证中的会计分录出现错误，包括会计科目使用不当、借贷方向不正确，导致会计账簿登记全面错误，可以采用全部冲销法进行错账更正。

具体更正的方法是：编制红字冲销记账凭证，即先用红字填写一张与原错误记账凭证完全相同的记账凭证，在摘要栏中写明"冲销错账"以及错误凭证的号数和日期，并用红字登记入账，以冲销原来的错误记录；然后，再用蓝字填写一张正确的记账凭证，在摘要栏中写明"更正错账"以及冲账凭证的号数和日期，并据以登记有关账户。

【例 6-10】某企业生产部门领用原材料 20 000 元，直接用于产品生产，填制记账凭证如下并已经登记相关会计账簿。

　　借：制造费用　　　　　　　　　　　　　　　　20 000
　　　　贷：原材料　　　　　　　　　　　　　　　　　　20 000

会计人员在进行账证核对时发现，误将应计入生产成本的原材料计入制造费用，采用全部冲销法更正。先按原会计分录用红字编制一张记账凭证并登记入账，以冲销原错误记录。

　　借：制造费用　　　　　　　　　　　　　　　　20 000
　　　　贷：原材料　　　　　　　　　　　　　　　　　　20 000

然后用蓝字编制一张正确的记账凭证并登记入账。

　　借：生产成本　　　　　　　　　　　　　　　　20 000
　　　　贷：原材料　　　　　　　　　　　　　　　　　　20 000

2. 部分冲销法

如果发现账簿记录的错误是由于记账凭证所填金额大于应记金额引起的，而应借、应贷的会计科目无误，可采用部分冲销法进行更正。

具体更正的方法是：编制红字差额记账凭证，即按多记的金额用红字编制一张记账凭证，而应借、应贷会计科目与原记账凭证相同，在摘要栏写"冲销多记金额"以及原记账凭证的号数和日期，并据以登记入账，以冲销多记的金额。

【例6-11】沿用【例6-10】中的资料，某企业生产部门领用原材料20 000元，直接用于产品生产，填制记账凭证如下并已经登记相关会计账簿。

借：生产成本　　　　　　　　　　　　　　　　200 000
　　贷：原材料　　　　　　　　　　　　　　　　　　200 000

会计人员在进行账证核对时发现，误将20 000元登记为200 000元，采用部分冲销法更正。按多记金额用红字编制一张记账凭证，应借、应贷会计科目与原记账凭证相同，并登记入账，以更正原错误记录。

借：生产成本　　　　　　　　　　　　　　　　180 000
　　贷：原材料　　　　　　　　　　　　　　　　　　180 000

（三）补充登记法

补充登记法是在记账后发现记账凭证填写的会计账户名称、记账方向正确，但是所记金额小于应记金额时采用的错账更正方法。

如果发现账簿记录的错误是由于记账凭证所填金额小于应记金额引起，而应借、应贷的会计科目无误，应用补充登记法进行更正。

具体更正的方法是：按少记的金额用蓝字编制一张应借、应贷会计科目与原记账凭证相同的会计凭证，在摘要栏中写明"补充少记金额"以及原记账凭证的号数和日期，并据以登记入账，以补充登记少记的金额。

【例6-12】沿用【例6-11】中的资料，某企业生产部门领用原材料200 000元，直接用于产品生产，填制记账凭证如下并已经登记相关会计账簿。

借：生产成本　　　　　　　　　　　　　　　　20 000
　　贷：原材料　　　　　　　　　　　　　　　　　　20 000

会计人员在进行账证核对时发现，误将200 000元登记为20 000元，采用补充登记法更正。应将少记的金额用蓝字做如下会计分录，应借、应贷会计科目与原记账凭证相同，并登记入账，以更正原错误记录。

借：生产成本　　　　　　　　　　　　　　　　180 000
　　贷：原材料　　　　　　　　　　　　　　　　　　180 000

【关键词】

会计账簿（Accounting Books）

总分类账（Ledger Account, Control Account）

明细分类账（Subsidiary Account）

登账（Run Up an Account）

平行登记（Parallel Account）

错账（Errors of Accounts）

基础会计

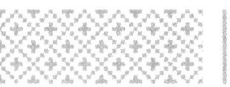

【思维导图】

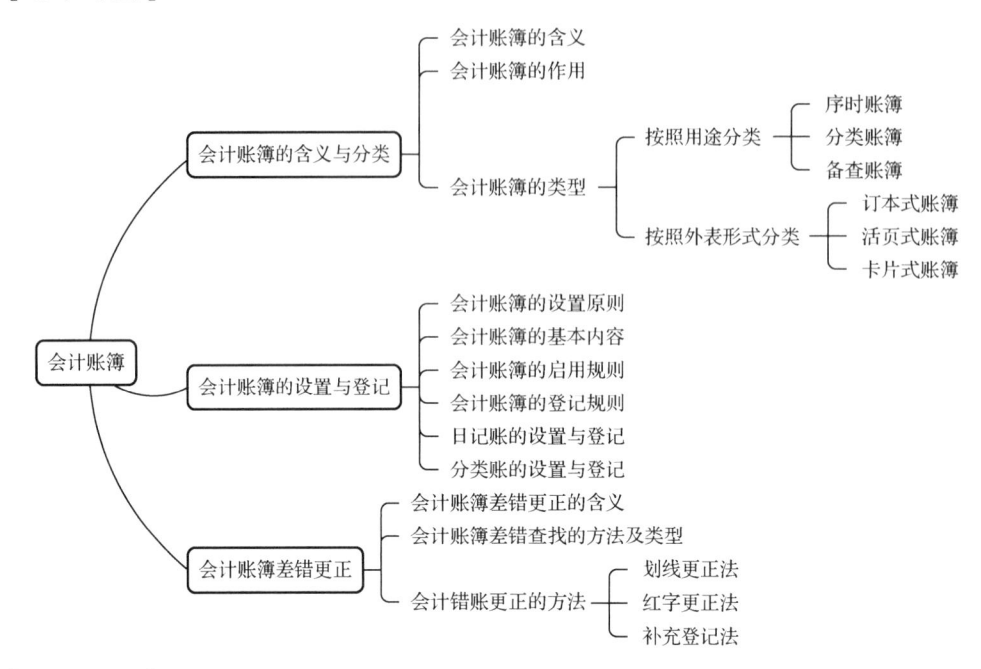

会计账簿
- 会计账簿的含义与分类
  - 会计账簿的含义
  - 会计账簿的作用
  - 会计账簿的类型
    - 按照用途分类
      - 序时账簿
      - 分类账簿
      - 备查账簿
    - 按照外表形式分类
      - 订本式账簿
      - 活页式账簿
      - 卡片式账簿
- 会计账簿的设置与登记
  - 会计账簿的设置原则
  - 会计账簿的基本内容
  - 会计账簿的启用规则
  - 会计账簿的登记规则
  - 日记账的设置与登记
  - 分类账的设置与登记
- 会计账簿差错更正
  - 会计账簿差错更正的含义
  - 会计账簿差错查找的方法及类型
  - 会计错账更正的方法
    - 划线更正法
    - 红字更正法
    - 补充登记法

【实操实训】

某大学5名在校学生自主创业,在校内开办一家奶茶店,由于处于创业初期和拥有在校大学生身份,取得了供应商以及生产商的支持和信任,被允许赊购原料,每月于月末结算一次。

2022年4月,奶茶店与供应商之间的往来情况如下。

(1)奶茶店与一家烘焙店协商,每天上午10点之前,烘焙店送价值为1 000元的各式甜点。

(2)4月5日,奶茶店从供应商处赊购抹茶粉、西米、植脂淡奶等奶茶原料100千克,共计7 800元。

(3)4月8日,奶茶店从供应商处赊购浓缩牛奶50千克,共计1 000元。

(4)4月20日,奶茶店从供应商处赊购水果奶茶粉、芝士奶茶粉各30千克,共计2 600元。

(5)4月30日,奶茶店通过银行存款向烘焙店和供应商支付当月货款。

根据上述业务情况,完成下列账簿登记。

应付账款总分类账

会计科目:应付账款

年		凭证		摘要	借方(元)	贷方(元)	借或贷	余额(元)
月	日	种类	编号					

续表

年		凭证		摘要	借方（元）	贷方（元）	借或贷	余额（元）
月	日	种类	编号					

应付账款明细分类账

会计科目：应付账款——烘焙店

年		凭证		摘要	借方（元）	贷方（元）	借或贷	余额（元）
月	日	种类	编号					

应付账款明细分类账

会计科目：应付账款——供应商

年		凭证		摘要	借方（元）	贷方（元）	借或贷	余额（元）
月	日	种类	编号					

应收账款总分类账

会计科目：应收账款——奶茶店

年		凭证		摘要	借方（元）	贷方（元）	借或贷	余额（元）
月	日	种类	编号					

第七章
成本核算

↘ 知识目标

通过对本章的学习,学生应了解成本核算的含义,掌握成本核算的方法,能够熟练用成本核算方法对成本核算内容进行正确的核算。

↘ 技能目标

通过对本章的学习,学生应熟练掌握资产取得成本、生产成本、筹资成本的具体核算方法。

↘ 课程思政

企业生产过程就是一个劳动耗费过程,即通过消耗物化劳动和活劳动创造价值,这些劳动耗费直接决定了各种成本水平,所以本着建设节约型社会的思想,企业应该树立成本控制思想,建立成本控制体系,不断降低成本提升经济效益。

↘ 会计小故事

一件产品的生产成本与其市场售价之间的关系十分密切,是根据产品的生产成本确定其销售价格,还是通过市场可接受的销售价格倒推产品生产成本呢?这两种方式都是存在的。在卖方市场的条件下,一般采用实际成本加成法确定销售价格;在买方市场的条件下,一般采用根据销售价格倒推生产成本,迫使企业必须在生产过程中严格控制成本支出,以保证产品销售后可以实现预期利润,这种方法就是日本丰田公司为了扩大在美国的销售而创立的目标成本法。

例如,某知名品牌授权国内企业生产某一款乐高玩具,根据市场调查显示,该款玩具消费者能够接受的销售价格为 699 元。企业需要支付的与品牌有关的费用包括：①品牌代理费用是销售价格的 20%，即 139.8 元；②品牌授权费用是销售价格的 2.5%，即 17.48 元。企业在生产过程中需要支付的费用包括：①乐高需要消耗的 ABS 原材料是销售价格的 17%，即 118.83 元；②生产中需要支付的人工成本是销售价格的 18%，即 125.82 元；③各种生产设备折旧费用是销售价格的 3%，即 20.97 元。企业在销售过程中需要支付的费用包括：①物流及营销成本是销售价格的 15%，即 104.85 元；②各种税费是销售价格的 5.6%，即 39.14 元；③需要支付的员工工资是销售价格的 5%，即 34.95 元。在这样的成本目标控制下，企业预期可实现的销售毛利为销售价格的 13.9%，即 97.16，一旦企业的生产或者销售过程中实际成本大于目标成本，则无法实现预期毛利润。因此，成本指标是企业管理中一个非常重要的，并且是永不过时的考核指标。

第一节　成本核算的含义及内容

一、成本的含义

成本是一个含义非常广泛的概念，在不同场景下具有不同的内涵。

经济学中的成本通常是指边际成本、机会成本和沉没成本；管理学中的成本一般是指差量成本、显性成本、延期变动成本、半固定成本等；税收征管中的成本一般是指税收立法成本、税收稽查成本等；人力资源管理中的成本一般是指空职成本、离职成本等；政府在制定各项政策时也会发生政府规制成本，由于其成本含义不同，所包括的核算内容也不相同，其核算方法也各不相同。

财务会计中的成本一般可以分为两类：一是能够计入资产价值的成本，即资本性支出、应当资本化处理的支出；二是作为费用确认的成本，即收益性支出、应当费用化处理的支出。

例如，企业为开展生产经营活动购置的用于生产加工设备的各项支出，由于生产加工设备能够在较长时间内为企业生产活动提供服务，根据会计核算基础判断，该项支出应当由若干个会计期间共同承担，不能直接计入支出当期或者某一会计期间损益，而应由整个收益期内不同的会计期间共同分摊，该项支出属于资本性支出，应当计入资产价值，即构成了固定资产的入账价值；企业为当期生产经营而消耗的水电发生的支出，由于其受益期仅限于当期，根据会计核算基础判断，该项支出应当由本期承担，与其他会计期间无关，该项支持属于收益性支出，应当计入当期损益。

本节所界定的成本是指财务管理中的成本。

生产经营中发生的、应当资本化处理的成本，最终形成企业各项资产的期末价值，同时也构成了资产负债表中相关项目的金额。该类成本与资产负债表项目之间的关系如图 7-1 所示。

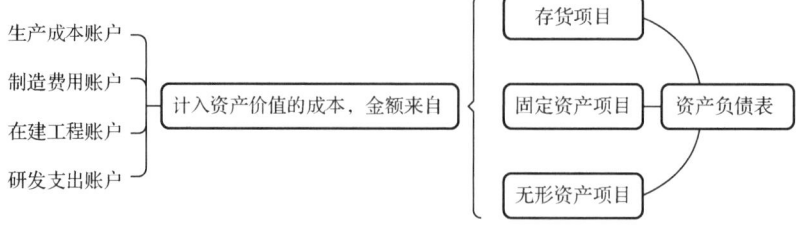

图 7-1 资本化处理的成本与资产负债表项目之间的关系

生产经营中发生的、应当费用化处理的成本，最终形成企业当期的各项费用，同时也构成了利润表中相关项目的金额。该类成本与利润表项目之间的关系如图 7-2 所示。

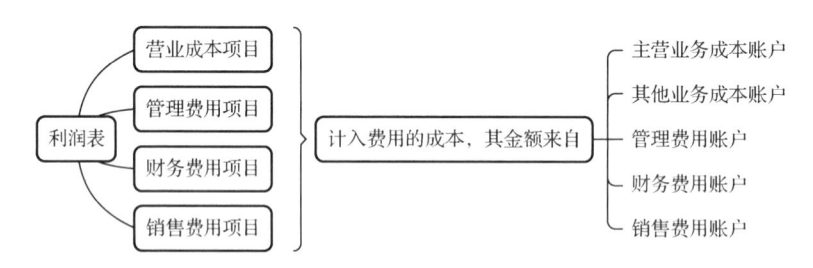

图 7-2 费用化处理的成本与利润表项目之间的关系

二、成本核算的含义

成本核算是指将实际发生的支出按照成本对象进行归集、计算，并且确定相关成本的会计方法。

例如，企业外购的存货应当根据外购过程中发生的各项支出计算存货成本，但是所支付的增值税进项税额不包括在其中。企业自行建造的固定资产应当根据建造过程中发生的各项建造及安装工程实际支出计算固定资产成本等。

三、成本核算的作用

（一）成本核算是真实反映企业财务状况的基础

成本核算是真实反映企业财务状况的基础，是衡量企业管理水平和各方面工作的重要方法。企业取得、消耗资产均涉及成本核算问题，如果能够准确计算取得资产的成本、消耗资产的成本、负债和所有者权益使用成本等，则能真实地反映资产总额、负债总额和所有者权益总额，即真实地反映企业财务状况，便于会计信息使用者根据企业财务状况对企业过去的经营管理水平以及未来发展前景、潜力进行客观、真实的评价。

（二）成本核算是计量经营耗费的重要工具

成本核算的主要作用就是准确计量企业在经营过程发生的各种消耗，进一步确定需要在销售过程进行价值补偿的标准。企业生产过程既是劳动耗费的过程也是新产品或服务价值形成的过程，只有对生产过程中发生的各项劳动耗费进行准确核算，才能够精确计算新产品或服务的价值，进而才能确定新产品或服务的销售价格，同时，通过成本核算确定的各项成本与当期实现的收入相配比，确定了企业的当期经营成果。如果成本核算不准确，不仅会导致新产品或服务的价值不准确，而且会直接影响经营成果计算的正确性。

（三）成本核算是衡量经济效益的重要因素

随着企业经济管理水平的不断提高，成本核算的方法也不断改进。企业通过成本核算，一是可以考核计划成本的完成情况，商品的销售价格取决于社会平均劳动时间，企业想要通过生产活动获得利润，就必须降低自身生产产品的个别劳动时间，即降低产品的生产成本，扩大产品销售价格与生产成本之间的获利空间，所以企业普遍重视成本核算，事前制定计划成本，事中根据计划成本进行成本控制，进而考核计划成本的完成情况；二是可以反映和监督企业各项费用的支出水平；三是可以为企业进行以后会计期间各项成本的预测和规划等提供必要的参考数据。

（四）成本核算是决定产品价格的基础

产品价格的确定主要依据产品的成本，若成本核算不准确，就会影响产品价格的准确性。若企业生产产品的成本过高，就会影响产品的竞争力。

四、成本核算的内容

成本核算是一种会计核算方法，其本质是一种会计计量活动，主要解决企业发生的不同性质支出的货币计量问题，对于资本化处理的成本和费用化处理的成本，按照不同形成的渠道分为资产成本核算、期间费用核算、生产成本核算和筹资成本核算，期间费用核算将在后续课程中讲解。

（一）资产成本核算

1. 资产取得成本核算

资产取得成本是指企业拥有或者所控制资产在投入使用之前发生的全部支出，即企业经营过程中发生的资本性支出。

资产取得成本主要包括外购材料、固定资产和其他资产的成本。

资产取得成本核算必须确定被计算对象的计量属性，按照不同资产性质对应不同的计量属性，进而完成资产取得成本核算，确定各项资产入账价值。

2. 资产耗费成本核算

企业生产经营过程就是各种资产的消耗过程，资产会以各种形式转化为某一会计期间的费用，也就是将资本性支出转化为某一会计期间的收益性支出，并且与当期取得的收入相配比，确认当期的经营成果。因此，资产耗费成本核算直接关系企业经营成果的确认。

（二）生产成本核算

企业生产产品的过程就是劳动过程，劳动过程必然耗费原材料、辅助材料等不同形式的物化劳动，同时也需要耗费劳动者的脑力和体力等活劳动。在生产过程中，为生产产品所发生的物化劳动和活劳动的耗费构成了产品的价值，所以产品生产成本核算是企业成本核算的一项重要内容。

（三）筹资成本核算

企业在生产经营过程中需要筹措资金，无论是从债权人还是投资者处取得的资金都需要付出代价，即筹资活动需要承担和支付筹资成本。例如，企业通过负债筹措资金需要承担和支付借款利息，通过投资者的投资筹措资金需要以利润分配或现金股利方式支付筹资成本。因此，负债和所有者权益也有成本核算的问题。

第二节 资产成本核算

资产成本核算主要包括资产取得成本核算和资产耗费成本核算。

一、资产取得成本核算

本节主要以材料取得成本核算、固定资产取得成本核算和无形资产取得成本核算为例介绍资产取得成本核算的基本方法。

（一）材料取得成本核算

企业获取材料的主要途径包括外购和自制两种，不同途径取得的材料，其成本核算内容不同。

1. 计量属性的选择

材料是指企业为生产产品取得的各种主要材料、辅助材料、零部件等。材料是企业准备在生产过程中消耗的资产，所以选用历史成本计量属性进行成本核算。

2. 成本核算对象的确定

材料成本核算应当以取得材料的种类作为成本核算对象。

例如，企业同时购入 A、B 两种不同种类的材料，那么在成本核算时应当以 A 材料和 B 材料作为成本核算对象进行成本核算，即根据不同成本核算对象归集购买时所发生的支出，进而确认 A 材料的成本与 B 材料的成本。

3. 成本核算的内容

按照历史成本计量属性要求，通过购买方式取得的材料，其历史成本应当包括买价以及在购买过程中发生的附带成本。

买价是材料的供应单位所开发票上填列的、不包括增值税额的价款。

附带成本是为取得材料时间上、空间上的转移而付出的代价，主要包括材料在运输途中发生的各项运杂费、定额内的途中损耗、入库前的挑选整理费等。外购材料实际成本用公式表示为：

$$外购材料实际成本=买价+附带成本$$

买价与其成本核算对象具有直接的对应关系，一般不需要进行分配等处理，可以作为直接费用计入材料取得成本中。

所发生的附带成本与成本核算对象之间既有可能是直接对应关系，也有可能是间接对应关系。该成本如果属于直接费用可以直接计入材料成本；如果属于间接费用，则需采用适当的方法分配计入材料取得成本。

在通常情况下，间接费用分配方法主要有：根据所采购材料的实物量单位为标准进行分配或根据所采购材料的价值量单位为标准进行分配。

4. 成本核算的会计处理

（1）材料成本核算时设置的会计账户。

在途物资账户属于资产类账户，主要核算采用实际成本进行材料等物资的日常核算、货款已付尚未验收入库的在途物资的采购成本。该账户的借方登记材料的采购成本，贷方登记验收入库材料的采购成本，期末余额在借方，反映货款已付尚未验收入库的在途物资的采购成本。

原材料账户属于资产类账户，主要核算各种材料等物资的实际成本。该账户借方登记购入并已验收入库的材料等物资的实际成本，贷方登记生产经营过程中消耗的材料等物资实际成本，期末余额在借方，登记库存材料等物资的实际成本。

（2）材料成本核算的具体会计处理。

企业根据与材料供应单位签订的采购合同条款以及对方开出的发票和银行付款凭证支付货款时，会计处理如下：

借：在途物资——××物资　　　　　　　　　　××××
　　应交税费——应交增值税（进项税额）　　××××
　　贷：银行存款　　　　　　　　　　　　　　××××

当材料验收入库时，会计处理如下：

借：原材料——××材料　　　　　　　　　　　××××
　　贷：在途物资——××物资　　　　　　　　××××

【例7-1】某公司为增值税一般纳税人，2022年6月为满足生产所需，采购A、B两种材料，增值税专门发票显示，A材料的买价为50 000元，增值税进项税额为6 500元，B材料的买价为30 000元，增值税进项税额为3 900元，支付A、B两种材料共同承担的运输费用1 200元，所有款项均已通过银行存款支付。

分析：采购过程中发生的运输费用需要A、B两种材料共同承担，可根据材料买价进行分配，然后计算A、B材料的实际成本。

每元采购成本应分摊的运输费用=1 200÷(50 000+30 000)=0.015（元）

A 材料应分摊的运输费用=50 000×0.015=750（元）
B 材料应分摊的运输费用=30 000×0.015=450（元）
A 材料实际成本=50 000+750=50 750（元）
B 材料实际成本=30 000+450=30 450（元）
企业支付买价和运输费用的会计处理如下：

借：在途物资——A 材料　　　　　　　　　　　50 000
　　　　　——B 材料　　　　　　　　　　　30 000
　　　　　——运杂费　　　　　　　　　　　 1 200
　　贷：银行存款　　　　　　　　　　　　　　81 200

材料验收入库会计处理如下：

借：原材料——A 材料　　　　　　　　　　　　50 750
　　　　——B 材料　　　　　　　　　　　　30 450
　　贷：在途物资——A 材料　　　　　　　　　　50 000
　　　　　　　——B 材料　　　　　　　　　　30 000
　　　　　　　——运杂费　　　　　　　　　　 1 200

（二）固定资产取得成本核算

1. 计量属性的选择

固定资产是企业经营活动中必备的重要资源，也是企业在经营活动中长期消耗的资产。根据会计准则的相关规定，应当选用历史成本计量属性进行成本核算。

2. 成本核算的对象

固定资产成本核算的对象是企业取得的各项具体固定资产。

3. 成本核算的内容

企业取得固定资产的主要途径包括购买或自行建造。不同的取得途径，其成本核算内容也不相同。

通过购买方式取得的固定资产，其历史成本应当包括买价以及在购买过程中发生的附带成本，即应当包括买价以及运输费、装卸费、包装费、保险费、安装费等附带成本，不包括单独核算的增值税进项税额。固定资产取得成本用公式表示为：

固定资产取得成本=买价+附带成本

通过自行建造方式取得的固定资产，其历史成本应当包括建造过程中发生的建筑以及安装成本。固定资产取得成本用公式表示为：

固定资产取得成本=建筑成本+安装成本

4. 成本核算的会计处理

（1）固定资产成本核算时设置的会计账户。

固定资产账户属于资产类账户，主要核算企业持有的固定资产原值。该账户借方登记增加的固定资产原值，贷方登记减少的固定资产原值，期末余额在借方，反映结存的固定资产原值。

（2）固定资产成本核算的具体会计处理。

企业通过购买方式取得固定资产时，根据增值税专用发票以及银行存款支付凭证支付款项时，会计处理如下：

借：固定资产——×××　　　　　　　　　　　××××
　　应交税费——应交增值税（进项税额）　　××××
　　贷：银行存款　　　　　　　　　　　　　××××

> **小贴士**
>
> **需要安装的固定资产的实际成本**
>
> 如果企业购入的固定资产需要通过安装才能够达到使用状态，那么安装过程中的成本也需要计入固定资产原值。在会计核算中，购入的尚未安装的固定资产先计入在建工程账户，然后再通过在建工程账户归集安装过程中发生的各项成本。安装工程完工后，确认固定资产全部成本，再将其从在建工程账户结转入固定资产账户。

企业通过自行建造方式取得固定资产时，根据归集的建筑和安装成本金额进行如下会计处理：

借：固定资产——×××　　　　　　　　　　　××××
　　贷：在建工程——建筑工程　　　　　　　 ××××
　　　　　　　　——安装工程　　　　　　　 ××××

【例 7-2】某公司为增值税的一般纳税人，根据生产经营的需要，于 2022 年 5 月购入一台不需要安装的生产设备，增值税专用发票中显示买价为 560 000 元，增值税进项税额为 72 800 元，另外支付设备运输及装卸等费用 30 000 元，设备价款、税款以及附带成本均以银行存款支付，会计处理如下：

借：固定资产　　　　　　　　　　　　　　　590 000
　　应交税费——应交增值税（进项税额）　　 72 800
　　贷：银行存款　　　　　　　　　　　　　662 800

（三）无形资产取得成本核算

1. 计量属性的选择

无形资产与固定资产相同，都是企业在经营活动中长期消耗的资产。因此，根据会计准则的规定，采用历史成本计量属性对其进行成本核算。

2. 成本核算的对象

无形资产成本核算的对象是企业取得的每一项具体无形资产。

3. 成本核算的内容

企业如果通过购买方式取得无形资产，其历史成本应当包括买价以及在购买过程中发生的附带成本；如果通过自行研发方式取得的无形资产，其历史成本是研发过程中发生的、按照《企业会计准则第 6 号——无形资产》规定允许资本化的金额。

企业通过购买方式取得无形资产时，其历史成本用公式表示为：

无形资产取得成本=买价+附带成本

4. 成本核算的会计处理

（1）无形资产成本核算时设置的会计账户。

无形资产账户是资产类账户，主要核算企业持有的无形资产成本。该账户借方登记外购或者自行研发的无形资产成本，贷方登记因处置等原因减少的无形资产成本，期末余额在借方反映企业无形资产成本。

研发费用账户属于成本类账户，主要核算企业进行研究与开发无形资产过程中发生的各项支出。该账户借方登记研究与开发无形资产过程中发生的各项支出，贷方登记满足资本化条件转入无形资产账户的成本以及不满足资本化条件转入管理费用账户的金额。期末没有余额。

（2）无形资产成本核算的具体会计处理。

企业通过外购方式取得无形资产时，根据增值税专用发票以及银行存款支付凭证支付款项时，会计处理如下：

借：无形资产——×××　　　　　　　　　　　　　××××
　　应交税费——应交增值税（进项税额）　　　　××××
　　贷：银行存款　　　　　　　　　　　　　　　　××××

企业通过自行研发方式取得无形资产时，按照《企业会计准则第6号——无形资产》规定允许资本化的金额转入无形资产账户，会计处理如下：

借：无形资产——×××　　　　　　　　　　　　　××××
　　贷：研发支出　　　　　　　　　　　　　　　　××××

【例7-3】某公司为增值税的一般纳税人，根据生产经营的需要，于2022年6月购入一项专利技术，增值税专用发票中显示买价为130 000元，增值税进项税额为16 900元，无形资产价款、税款均以银行存款支付，会计处理如下：

借：无形资产——专利权　　　　　　　　　　　　130 000
　　应交税费——应交增值税（进项税额）　　　　 16 900
　　贷：银行存款　　　　　　　　　　　　　　　146 900

【例7-4】某公司为满足生产所需，自行对某项技术进行研究开发，总计支付各项研发费用750 000元，2022年7月30日，其按照《企业会计准则第6号——无形资产》规定允许资本化的金额为450 000元，其余部分作为本期管理费用计入当期损益，会计处理如下：

借：无形资产——专有技术　　　　　　　　　　　450 000
　　管理费用　　　　　　　　　　　　　　　　　300 000
　　贷：研发支出　　　　　　　　　　　　　　　750 000

二、资产耗费成本核算

资产耗费成本主要是指企业在生产经营过程中为生产产品或者提供劳务所耗费的各

种资产成本。这里主要讨论存货耗费成本，即存货发出成本的核算问题。

存货发出成本与存货发出数量和单价有关，在通常情况下，存货发出成本=存货发出数量×该存货单价。因此，在核算存货发出成本时需要确定存货发出数量和单价，同时存货发出数量确定方法与存货盘存制度有关，存货单价确定方法与存货发出计价方法有关。

（一）存货盘存制度

存货盘存制度包括永续盘存制和实地盘存制。

1. 永续盘存制

永续盘存制，也称永续盘存法、账面盘存制，是根据账簿记录计算账面结存数量的方法。

在永续盘存制下，每笔存货的增减变化都需要在会计账簿中逐一记录，既需要登记增加存货的数量和金额，也需要登记存货减少的数量和金额，因此，可以随时通过结账确定存货账面结存数量和金额，用公式表达为：

期末账面结存数量=期初结存数量+本期增加数量-本期减少数量

期末账面结存金额=期初结存金额+本期增加金额-本期减少金额

在采用永续盘存制进行存货日常核算时，要按照存货的每一品种、规格设置明细账或明细卡，并且根据日常存货的增减变化情况在明细账或明细卡中登记存货收入、发出、结存的数量，有的还需要同时登记金额。

采用永续盘存制增加了存货日常核算的工作量，尤其是月末一次结转销售成本或耗用成本时，存货结存成本及销售或耗用成本的计算工作比较集中。同时，应当定期或不定期地进行实地盘点，通过实地盘点确定存货的实际结存数量，将账面结存数量与实际结存数量进行核对，以便核对账账面结存数量与实际结存数是否相符，如果发现账面结存数量与实际结存数不符，应当及时查明原因并做出相应会计处理，保持账面结存数量与实际结存数量一致。然而，永续盘存制可以随时反映存货增减变动的数量和金额，在一定程度上强化了存货管理和控制。

【例7-5】2022年7月，某公司甲材料的期初结存及购进和发出的资料如下：

（1）7月1日，结存200件，单价为100元，金额为20 000元。

（2）7月5日，发出100件。

（3）7月10日，购进300件，单价为100元，金额为30 000元。

（4）7月20日，购进200件，单价为100元，金额为20 000元。

（5）7月23日，发出500件。

（6）7月31日，通过盘点，该材料实际结存数量为100件。

分析：根据公司本期存货业务发生时取得的会计凭证，按照业务发生的事件顺序逐一登记采甲材料明细账。甲材料明细账如表7-1所示。

表 7-1　甲材料明细账

2022年		凭证	摘要	收入			发出			结存		
月	日	字号		数量（件）	单价（元/件）	金额（元）	数量（件）	单价（元/件）	金额（元）	数量（件）	单价（元/件）	金额（元）
7	1		期初结存							200	100	20 000
	5		发出				100	100	10 000	100	100	10 000
	10		购进	300	100	30 000				400	100	40 000
	20		购进	200	100	20 000				600	100	60 000
	23		发出				500	100	50 000	100	100	10 000
	31		本期发生额及余额	500	100	50 000	600	100	60 000	100	100	10 000

注：表中各项单位同正文中所述，以下各表同。

2．实地盘存制

实地盘存制又称实地盘存法，是指根据实地盘点或技术推算得到的期末存货数量，作为确认各项存货账面结存数量的方法。

采用实地盘存制进行存货日常核算，存货增加业务应当根据会计凭证逐一登记入账，但是不登记存货减少业务。期末根据实地盘点或技术推算得到实际结存数量作为账面结存数量，然后倒推出本期减少数量，用公式表达为：

本期减少数=期初实际结存数+本期增加数-期末实际结存数

期初结存金额+本期增加金额-期末结存金额=本期减少金额

在实地盘存制下，存货将实际结存数量作为账面结存数量，不再单独确定账面结存数量，所以存货日常核算手续简单。然而，实地盘存制会计记录手续不够严密，不能通过账簿随时反映和监督各项财产物资的收入、发出、结存情况，导致无法进行存货账实核对；采用倒推方式确定本期减少存货的数量和金额，无法明确本期生产或者销售领用存货的实际数量和金额，无法明确本期非经营活动消耗存货的数量和金额，进而影响销售成本或期间费用的计量，最终影响企业经营成果的计算。

实地盘存制只适用于企业中数量较大、价值较低、收发频繁的存货种类的核算。

【例 7-6】沿用【例 7-5】中的资料，采用实地盘存制登记甲材料明细账，假设期末通过实地盘点确定甲材料的结存数量为 90 件。

分析：根据公司存货业务发生时取得的会计凭证，按照存货增加业务发生的时间顺序逐一登记甲材料明细账，存货减少业务不登记，期末通过实地盘点确定期末存货数量和金额，再倒推本期存货减少的数量和金额登记入账。

期末存货数量为 90 件，该存货单价为 100 元，则：

期末结存金额=90×100=9 000（元）

本期减少存货数量=期初结存数量+本期增加数量-期末结存数量

本期减少存货成本=期初结存金额+本期增加金额-期末结存金额

=20 000+50 000-9 000=61 000（元）

甲材料明细账如表 7-2 所示。

表 7-2　甲材料明细账

2022年		凭证字号	摘要	收入			发出			结存		
月	日			数量（件）	单价（元/件）	金额（元）	数量（件）	单价（元/件）	金额（元）	数量（件）	单价（元/件）	金额（元）
7	1		期初结存							200	100	20 000
	10		购进	300	100	30 000						
	20		购进	200	100	20 000						
	31		盘点							90	100	9 000
	31		发出成本				610	100	61 000			
	31		本期发生额及余额	500	100	50 000	610	100	61 000	90	100	9 000

（二）存货发出的计价方法

存货的购入、发出、结存被称为存货流转，存货流转包括实物流转和价值流转两个方面。理论上，存货实务流转与价值流转应当是一致的，但是，在会计实务中，存货实务流转与价值流转可能发生偏离。

企业每一次购入存货都能够明确其增加的时间、批次、地点、数量以及单价，存货增加成本便可准确计量，但是不同时间、批次、地点购入的存货单价却可能不一致。因此，当发出存货时，如果无法区别其购入的时间、批次、地点，就无法确定实际购买单价，也就无法确定存货发出成本。在计算发出存货成本时，需要对存货成本流转做出假设，并以此为依据计算存货发出成本或期末结存存货成本。

存货成本流转假设就是从理论上假设发出存货成本的结转顺序。

《企业会计准则第 1 号——存货》第十四条规定：企业应当采用先进先出法、加权平均法或者个别计价法确定发出存货的实际成本。对于性质和用途相似的存货，应当采用相同的成本计算方法确定发出存货的成本。对于不能替代使用的存货、为特定项目专门购入或制造的存货以及提供的劳务，通常采用个别计价法确定发出存货的成本。

根据会计准则的规定，存货发出的计价方法包括先进先出法、加权平均法和个别计价法。

1. 先进先出法

先进先出法是以先购入的存货先发出这一实物流转假设为前提、计算发出存货成本和期末结存存货成本的方法。

采用先进先出计算存货发出成本时，应根据发出存货的数量以及当期最早结存或者购入存货的数量和单价计算，如果本次发出存货数量大于最早一次结存或者购入存货数量，多出的部分可以按照第二早购入存货的单价计算，以此类推。

先进先出法的优点是，据此计算的期末结存存货成本的账面价值比较接近最新市场价格，能够可靠反映结存存货成本。该种方法的缺点是日常核算工作比较大。

【例 7-7】某公司 2022 年 7 月甲材料的期初结存及购进和发出的资料如下：

（1）7 月 1 日，结存 200 件，单价为 100 元，金额为 20 000 元。

（2）7 月 5 日，发出 100 件。

（3）7 月 10 日，购进 300 件，单价为 110 元，金额为 30 000 元。

（4）7 月 20 日，购进 200 件，单价为 90 元，金额为 20 000 元。

（5）7 月 23 日，发出 500 件。

（6）7 月 31 日，通过盘点，该材料的实际结存数量为 100 件。

分析：

根据（1），7 月 5 日发出存货成本=100×100=10 000（元）。

根据（5），7 月 23 日发出存货成本=100×100+300×110+100×90

=10 00+30 000+9 000

=49 000（元）。

期末存货成本=20 000+51 000-59 000=12 000（元）。

甲材料明细账如表 7-3 所示。

表 7-3 甲材料明细账

2022 年		凭证		摘要	收入			发出			结存		
月	日	字	号		数量（件）	单价（元/件）	金额（元）	数量（件）	单价（元/件）	金额（元）	数量（件）	单价（元/件）	金额（元）
7	1			期初结存							200	100	20 000
	5			发出				100	100	10 000	100	100	10 000
	10			购进	300	110	33 000				100 300	100 110	43 000
	20			购进	200	90	18 000				100 300 200	100 110 90	61 000
	23			发出				500			100	90	12 000
	31			本期发生额及余额	500	100	51 000	600		59 000	100	90	12 000

2．加权平均法

加权平均法是指根据存货购入的平均单价计算存货发出成本和期末结存存货成本的方法。

加权平均法按照计算方法不同可以分为：一次加权平均法和移动加权平均法。

（1）一次加权平均法，又称全月一次加权平均法，以当月增加存货成本与月初存货成本之和，除以本月增加存货数量与期初存货数量之和，计算当月加权单位成本，以此为基础计算当月发出存货成本和期末存货成本。

加权平均单价计算公式为：

加权平均单价=（期初结存存货成本+本期增加存货成本）/（期初结存存货数量+本期增加存货数量）

本期发出存货成本=本期发出存货数量×加权平均单价

期末结存存货成本=期初结存存货成本+本期增加存货成本-本期发出存货成本

一次加权平均法计算方法简便，有利于简化成本核算工作，但不利于存货成本的日常管理和控制。

【例 7-8】沿用【例 7-7】中的资料。

分析：2022 年 7 月甲材料加权平均单价=（20 000+51 000）÷（200+600）=101.43（元）。

甲材料明细账如表 7-4 所示。

表 7-4　甲材料明细账

2022 年		凭证		摘要	收入			发出			结存		
月	日	字	号		数量（件）	单价（元/件）	金额（元）	数量（件）	单价（元/件）	金额（元）	数量（件）	单价（元/件）	金额（元）
7	1			期初结存							200	100	20 000
	5			发出				100			100		
	10			购进	300	110	33 000				400		
	20			购进	200	90	18 000				600		
	23			发出				600	101.43	60 858	100	101.43	10 142
	31			本期发生额及余额	500		51 000	600		60 715	100	101.43	10 142①

注：① 存在计算尾差。

（2）移动加权平均法是指每当增加存货单价与账面结存存货单价不一致时，就需要计算存货的加权平均单价，并据此加权平均单价计算随后发出存货成本的方法。

移动加权平均单价计算公式为：

移动加权平均单价=（以前结存存货成本+本批增加存货成本）÷（以前结存存货数量+本批增加存货数量）

本次发出存货成本=本期发出存货数量×移动加权平均单价

移动加权平均法能够使管理者及时了解存货的结存情况，计算的平均单位成本及发出和结存的存货成本比较客观。然而，如果存货增加次数比较多，并且单价变动比较频繁，需要多次计算移动加权平均单价。

【例 7-9】沿用【例 7-7】中的资料。

分析：

（1）7月5日发出存货成本=100×100=10 000（元）。

（2）7 月 10 日购入存货，由于单价与结存单价不同，需要重新计算移动加权平均单价。

移动加权平均单价=（10 000+33 000）÷（100+300）=107.5（元）。

（3）7 月 20 日购入存货，由于单价与结存单价不同，需要重新计算移动加权平均单价。

移动加权平均单价=（43 000+18 000）÷（400+200）=101.67（元）。

甲材料明细账如表 7-5 所示。

表 7-5 甲材料明细账

2022年		凭证字号	摘要	收入			发出			结存		
月	日			数量（件）	单价（元/件）	金额（元）	数量（件）	单价（元/件）	金额（元）	数量（件）	单价（元/件）	金额（元）
7	1		期初结存							200	100	20 000
	5		发出				100	100	10 000	100	100	10 000
	10		购进	300	110	33 000				400	107.5	43 000
	20		购进	200	90	18 000				600	101.67	61 000
	23		发出				500	101.67	50 835	100	101.67	10 165
	31		本期发生额及余额	500		51 000	600		60 835	100	101.67	10 165①

注：① 存在计算尾差。

3．个别计价法

个别计价法是指按照取得存货时的实际单价计算存货发出成本的方法。

个别计价法要求存货实物流转与价值流转保持一致，

发出存货成本计算公式为：

$$\text{发出存货成本} = \sum (\text{发出存货数量} \times \text{该批存货取得时的单价})$$

期末存货成本计算公式为：

$$\text{期末存货成本} = \sum (\text{期末存货数量} \times \text{该批存货取得时的单价})$$

个别计价法下确认的发出存货成本及期末结存存货成本与取得存货时实际支出成本完全相同，计算结果最为准确。然而，个别计价法要求在发出存货时能够明确该存货增加的时间、地点、批次和单价，适用于品种少、价值高、增减业务量小的存货成本计算，不适用于品种多、价值低、增减业务量大的存货的成本计算。

【例 7-10】沿用【例 7-7】中的资料。假设在 7 月 23 日 500 件发出存货中，100 件属于上期购入的存货，200 件属于 7 月 10 日购入的存货，其余 200 件属于 7 月 20 日购入存货。

分析：

（1）7 月 5 日发出存货成本=100×100=10 000（元）。

（2）7 月 23 日发出存货成本=100×100+200×110+200×90

=10 000+22 000+18 000

=50 000（元）。

甲材料明细账如表 7-6 所示。

表 7-6　甲材料明细账

2022年		凭证		摘要	收入			发出			结存		
月	日	字	号		数量（件）	单价（元/件）	金额（元）	数量（件）	单价（元/件）	金额（元）	数量（件）	单价（元/件）	金额（元）
7	1			期初结存							200	100	20 000
	5			发出				100	100	10 000	100	100	10 000
	10			购进	300	110	33 000				400		43 000
	20			购进	200	90	18 000				600		61 000
	23			发出				500		50 000	100	110	11 000
	31			本期发生额及余额	500		51 000	600		60 000	100		11 000

（三）资产耗费成本核算的会计处理

存货主要是企业用于生产消耗或者销售的资产，包括各种原材料、辅助材料、机物料、零配件或者准备销售的商品等。因此，如果生产过程为了生产产品领用材料，那么根据存货发出成本计算的材料成本就转换成产品生产成本；如果销售过程销售商品，那么根据存货发出成本计算的商品成本就转换成销售商品成本。

生产过程领用材料的会计核算将在第三节中介绍，这里主要介绍销售商品成本结转的会计处理。

1. 销售商品成本核算设置的账户

主营业务成本账户是损益类账户，主要核算企业确认销售商品等主营业务收入时应结转的成本。该账户借方登记销售各种商品的实际成本，贷方登记期末结转入本年利润账户的金额，结转后该账户没有余额。

2. 销售商品成本核算会计处理

当企业完成商品销售时，应当在根据存货发出成本计算方法计算商品销售成本，并且将其确认为主营业务成本。会计处理如下：

借：主营业务成本　　　　　　　　　　　　　××××
　　贷：库存商品——×××　　　　　　　　　　　××××

【例 7-11】沿用【例 7-10】中的资料，假设该公司发出存货皆为已经销售的库存商品。

分析：库存商品销售后，存货发出成本应当转换为销售成本，与实现的销售收入相匹配。会计处理如下：

（1）7月5日，企业销售商品100件，其发出成本为10 000元。

借：主营业务成本　　　　　　　　　　　　　10 000
　　贷：库存商品　　　　　　　　　　　　　　　10 000

（2）7月23日，企业销售商品500件，其发出成本为50 000元。

借：主营业务成本　　　　　　　　　　　　　50 000
　　贷：库存商品　　　　　　　　　　　　　　　50 000

第三节　产品成本核算

一、产品成本的含义

产品成本即产品生产成本，生产成本的概念历经了从完全成本法转为制造成本法的过程，目前国内普遍采用制造成本法的概念。因此，产品成本即产品制造成本。

产品制造成本是指产品在制造环节发生的生产成本，不包括企业在生产过程中发生的各种期间费用。

> **小贴士**
>
> **完全成本法**
>
> 完全成本法是早期成本会计中的一个概念。在完全成本法下，企业为组织和管理生产所发生的全部成本计入产品成本，即产品成本中包括了企业管理部门发生的管理费用等。
>
> 完全成本法不能准确地反映产品生产过程中的劳动耗费。

二、产品成本的内容

产品成本主要包括产品在制造环节中发生的直接材料成本、直接人工成本和制造费用。

（一）直接材料成本

直接材料成本是指在生产过程直接为产品耗费的、能够形成产品实体的各种材料成本，包括主要材料、辅助材料、燃料动力等成本。

（二）直接人工成本

直接人工成本是指在生产过程中直接为产品所耗费的人工成本，主要包括给职工支付和为职工支付的工资、津贴、福利费等。

（三）制造费用

制造费用是指生产管理部门在组织和管理生产过程中发生的各种费用。主要包括生产部门使用的厂房、机器、车辆及设备等固定资产折旧费用，应该由生产部门生产产品共同承担的人工成本、水电气、各种物料消耗等费用。

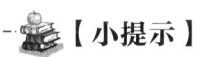

> **【小提示】**
>
> 直接材料、直接人工是指成本承担对象明确、不需要进行分配的材料以及人工成本。例如，为生产某产品而消耗的某材料成本。
>
> 制造费用一定是生产部门发生的、应当由该生产部门所生产的所有产品共同承担的、需要在不同成本对象中进分配的费用。

三、产品成本核算设置的账户

（一）生产成本账户

生产成本账户是成本类账户，主要核算企业生产中发生的各项生产成本。该账户的借方登记发生的各项直接生产成本和通过分配应承担的制造费用，贷方登记完工验收入库产品的生产成本。如果当期投入生产的产品全部完工验收入库，该账户没有期末余额；如果当期投入生产的产品没有全部完工验收入库，该账户的期末余额在借方，反映在产品生产成本。

（二）制造费用账户

制造费用账户是成本类账户，主要核算生产部门为生产产品而发生的各项间接费用。该账户的借方登记生产车间发生的各项材料费用、辅助材料费用、固定资产折旧费用、生产部门管理人员工资等，贷方登记分配计入有关成本对象的制造费用。该账户没有期末余额。

四、产品成本核算的会计处理

当生产部门根据生产计划和材料出库单领用直接材料时，会计处理如下：
借：生产成本——×××　　　　　　　　　　××××
　　贷：原材料——×××　　　　　　　　　　××××

当生产部门根据工人工时消耗凭证结算生产工人工资、津贴时，会计处理如下：
借：生产成本——×××　　　　　　　　　　××××
　　贷：应付职工薪酬　　　　　　　　　　　××××

当生产部门根据相关凭证结算应当由多种产品共同承担的机物料消耗费用时，会计处理如下：
借：制造费用——×××　　　　　　　　　　××××
　　贷：原材料——×××　　　　　　　　　　××××

当生产部门根据工人工时消耗凭证结算管理人员工资、津贴时，会计处理如下：
借：制造费用——×××　　　　　　　　　　××××
　　贷：应付职工薪酬　　　　　　　　　　　××××

当生产部门根据相应分配标准和分配方法，将制造费用分配计入各成本计算对象中，会计处理如下：

借：生产成本——×××　　　　　　　　　　　××××
　　贷：制造费用　　　　　　　　　　　　　　××××

当产品完工验收入库时，根据产品生产成本结转入库存商品账户，会计处理如下：

借：库存商品——×××　　　　　　　　　　　××××
　　贷：生产成本——×××　　　　　　　　　　××××

【例 7-12】某公司本月计划生产 A、B 两种产品，分别领用甲材料 100 000 元。

分析：为生产 A、B 产品直接消耗的材料属于产品生产成本中的直接材料，应当计入生产成本账户。会计处理如下：

借：生产成本——A 产品　　　　　　　　　　100 000
　　　　　　——B 产品　　　　　　　　　　100 000
　　贷：原材料——甲材料　　　　　　　　　　200 000

【例 7-13】该公司生产部门结算工人工资为 50 000 元，根据生产工时消耗情况，A 产品应当承担 30 000 元，B 产品应承担 20 000 元。

分析：生产部门工人工资属于产品成本中的直接人工，应当计入生产成本账户。会计处理如下：

借：生产成本——A 产品　　　　　　　　　　30 000
　　　　　　——B 产品　　　　　　　　　　20 000
　　贷：应付职工薪酬　　　　　　　　　　　　50 000

【例 7-14】该公司生产部门支付当期水电气等费用 10 000 元。

分析：生产部门发生的水电气等费用属于产品成本中的间接费用，应当计入制造费用账户。会计处理如下：

借：制造费用　　　　　　　　　　　　　　　10 000
　　贷：银行存款　　　　　　　　　　　　　　10 000

【例 7-15】该公司 A 产品生产工时为 600 小时，B 产品生产工时为 400 小时，当期发生制造费用 10 000 元，按照生产工时分配制造费用。

分析：制造费用应当采用适当方法进行分配，计算每一种产品应当承担的制造费用计入其生产成本，计算过程以及会计处理如下：

分配率=10 000÷（600+400）=10（元/时）。

A 产品应当承担的制造费用=600×10=6 000（元）。

B 产品应当承担的制造费用=400×10=4 000（元）。

借：生产成本——A 产品　　　　　　　　　　6 000
　　　　　　——B 产品　　　　　　　　　　4 000
　　贷：制造费用　　　　　　　　　　　　　　10 000

【例 7-16】该公司所生产的 A、B 产品已经全部完工并且验收入库。

分析：根据生产过程中发生的直接材料、直接人工以及应承担的制造费用计算 A、B 产品的生产成本并验收入库，计算过程以及会计处理如下：

A 产品生产成本=100 000+30 000+6 000=136 000（元）。

B 产品生产成本=100 000+20 000+4 000=124 000（元）。

借：库存商品——A 产品　　　　　　　　　　　　136 000
　　　　　　——B 产品　　　　　　　　　　　　124 000
　　贷：生产成本——A 产品　　　　　　　　　　　136 000
　　　　　　——B 产品　　　　　　　　　　　124 000

第四节　筹资成本核算

在市场经济条件下，企业筹措资金和使用资金必须付出相应的代价，即筹资成本。企业筹资渠道主要包括债权人和投资者的投入，因此，筹资成本主要包括负债成本和所有者权益成本。

一、负债成本核算

（一）负债成本的含义

负债成本是企业因负债而应支付的利息。

负债是企业一项重要的筹措资金方式，几乎所有企业在生产经营过程中都保留相当规模的负债，常见的负债形式主要是从银行等金融机构取得的长短期借款。与股权筹资方式相比，通过负债获得的资金，债权人会对其使用时间做出明确限定，即约定借款期限，债务人只能在约定的借款期限内使用借款，到期后必须归还借款本金。同时要求债务人按照事前约定的利率条件支付利息，即债务人需要承担使用他人资产的成本。

（二）负债成本核算设置的账户

应付利息账户是负债类账户，主要反映企业按照合同约定应支付的利息。贷方登记确认的、应由当期承担的、应付未付的利息，借方登记实际支付的利息。期末余额在贷方，反映应付未付的利息。

（三）负债成本核算的会计处理

会计期末应当根据当期负债本金金额以及合同约定的利率条件计算当期应承担的利息费用，其计算公式为：

$$利息=负债本金×利率×期限$$

1. 计算本期应承担利息费用的会计处理

借：财务费用　　　　　　　　　　　　　　　××××
　　贷：应付利息　　　　　　　　　　　　　　××××

2. 支付利息费用会计处理

借：应付利息　　　　　　　　　　　　　××××
　　贷：银行存款　　　　　　　　　　　　　××××

【例 7-17】某公司因流动资金不足，经与贷款银行协商，达成短期借款协议。协议规定，贷款银行为该公司提供为期 9 个月、金额为 10 000 000 元的短期借款，年利率为 6%，到期归还本金，每月月末支付利息。

分析：根据企业与贷款银行达成的借款协议，贷款银行于当月 1 日将短期借款汇入企业银行存款账户，企业每月末支付借款利息，借款利息计算和会计处理如下：

企业每月承担的利息＝借款本金×月利率×期限
　　　　　　　　　＝10 000 000×（6%÷12）×1
　　　　　　　　　＝50 000（元）。

企业获得短期借款时，

借：银行存款　　　　　　　　　　　　　10 000 000
　　贷：短期借款　　　　　　　　　　　　　10 000 00

企业每月承担并支付利息时，

借：财务费用　　　　　　　　　　　　　50 000
　　贷：银行存款　　　　　　　　　　　　　50 000

借款期满企业归还借款本金时，

借：短期借款　　　　　　　　　　　　　10 000 000
　　贷：银行存款　　　　　　　　　　　　　10 000 000

二、所有者权益成本核算

（一）所有者权益成本的含义

所有者权益成本是指企业按投资合同规定的比例和经营成果给投资者支付利润，即根据投资者投入资本占企业资本总额的比例以及净利润计算的应付投资者的利润，其计算公式为：

应付投资者利润＝投资者投资比例×净利润

在会计实务中，所有者权益成本核算表现为企业利润分配的核算，即年末根据公司权力机构批准的利润分配方案，进行利润分配，其中分配给投资者的利润为所有者权益成本。

（二）所有者权益成本核算设置的账户

应付股利账户是负债类账户，主要反映企业分配的现金股利或利润。贷方登记应支付的现金股利或利润，借方登记实际支付的现金股利或利润。期末如果有余额应当在贷方，登记应付未付的现金股利或利润。

（三）所有者权益成本核算的会计处理

1. 根据利润分配方案分配利润会计处理

借：利润分配——应付投资者利润　　　　　　　××××
　　贷：应付利润　　　　　　　　　　　　　　　　××××

2. 向投资者支付现金股利或者利润会计处理

借：应付利润　　　　　　　　　　　　　　　　××××
　　贷：银行存款　　　　　　　　　　　　　　　　××××

【例 7-18】某公司在 2021 年度实现利润总额 20 000 000 元，公司股东大会决定将利润总额中的 60%向投资者分配，公司甲、乙、丙三大股东投资比例分别为 60%、30%、10%。

分析：根据各投资者的投资比例计算应付利润的金额，计算过程以及会计处理如下：

公司向投资者分配利润=20 000 000×60%=12 000 000（元）。

支付甲股东利润=12 000 000×60%=7 200 000（元）。

支付乙股东利润=12 000 000×30%=3 600 000（元）。

支付丙股东利润=12 000 000×10%=1 200 000（元）。

借：利润分配——向投资者分配利润　　　　　　12 000 000
　　贷：应付利润——甲　　　　　　　　　　　　　7 200 000
　　　　　　　　——乙　　　　　　　　　　　　　3 600 000
　　　　　　　　——丙　　　　　　　　　　　　　1 200 000

企业以银行存款支付分配给甲、乙、丙三大股东的利润，会计处理如下：

借：应付利润——甲　　　　　　　　　　　　　　7 200 000
　　　　　　——乙　　　　　　　　　　　　　　3 600 000
　　　　　　——丙　　　　　　　　　　　　　　1 200 000
　　贷：银行存款　　　　　　　　　　　　　　　12 000 000

小贴士

筹资成本与资产成本的区别

企业发生的资产成本形成各种不同形态的资产，成为企业拥有的经济资源，参与企业生产经营活动，为企业创造利润。

企业发生的筹资成本只能是企业使用他人资金必须承担的使用成本，一旦支付便退出企业，不能参与企业生产经营活动，也不能为企业创造利润。

【关键词】

成本计算（Cost Calculation）

永续盘存制（Perpetual Inventory System）

实地盘存制（On-the-spot Inventory System）

基础会计

【思维导图】

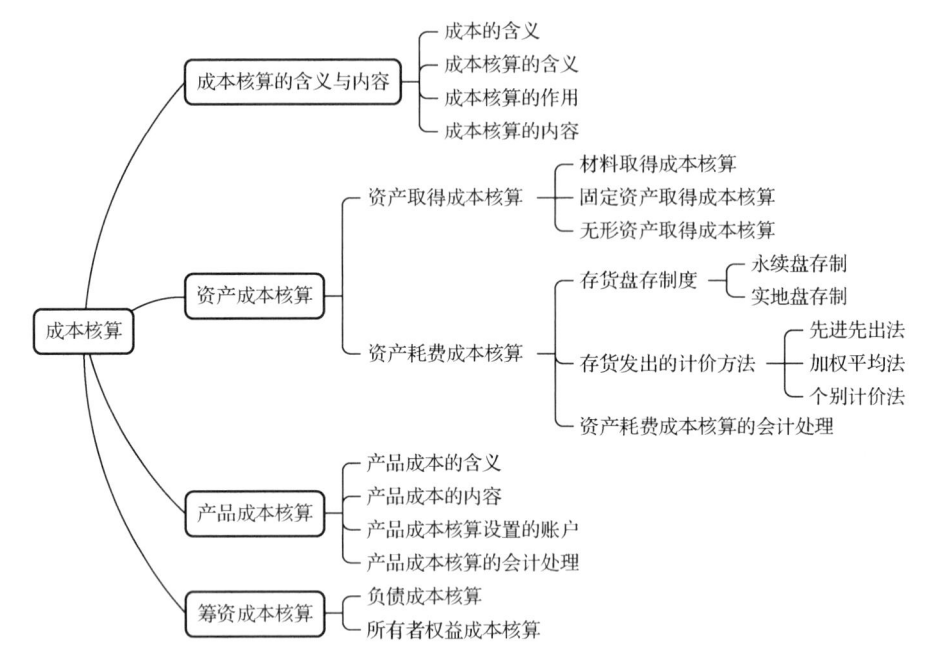

- 成本核算
  - 成本核算的含义与内容
    - 成本的含义
    - 成本核算的含义
    - 成本核算的作用
    - 成本核算的内容
  - 资产成本核算
    - 资产取得成本核算
      - 材料取得成本核算
      - 固定资产取得成本核算
      - 无形资产取得成本核算
    - 资产耗费成本核算
      - 存货盘存制度
        - 永续盘存制
        - 实地盘存制
      - 存货发出的计价方法
        - 先进先出法
        - 加权平均法
        - 个别计价法
      - 资产耗费成本核算的会计处理
  - 产品成本核算
    - 产品成本的含义
    - 产品成本的内容
    - 产品成本核算设置的账户
    - 产品成本核算的会计处理
  - 筹资成本核算
    - 负债成本核算
    - 所有者权益成本核算

【实操实训】

结合日常生活经验，理解不同场景下的成本问题。

第八章
财产清查

➦ 知识目标

通过对本章的学习，学生应理解财产清查概念，掌握财产清查的内容，熟悉财产清查具体方法。

➦ 技能目标

通过对本章的学习，学生应熟练掌握不同类型财产清查方法。

➦ 课程思政

守诚信是实现中国梦的时代要求，是社会主义核心价值观的体现，不管过去还是现在，都有其鲜明的民族特色，都有其永不褪色的时代价值。实现中华民族伟大复兴的中国梦，就需要用诚信这个法宝撬动起整个社会的力量，更好地构建诚信社会，共建诚信中国。诚信就是诚实守信，就是要求我们每一个人都要做到真诚待人、信守承诺，这样才能够构建可靠的信用社会。由于会计职业的特殊性，诚实更是会计职业道德中的重要内容。

➦ 会计小故事

你以为财产清查就是在库存现场清点数目吗？请问海产品养殖企业的产品是如何清点的呢？这些资产是可见的，但是数量是不可计量或者很难计量的。

2014年10月30日晚，獐子岛集团股份有限公司（股票代码为：002069，股票简称ST獐子岛）发布公告称，2011年与2012年年底播的100余亩虾夷扇贝，因受冷水团异动导致的自然灾害影响近乎绝收，造成了公司资产减值，獐子岛集团也因此巨亏8.12亿元。

2018年1月30日，公司发布公告称，由于海水水温升高，导致海洋生物骤减，扇贝因饵料不足而大面积减产，公司2017年的业绩也由此前预计的盈利0.9亿～1.1亿元转为亏损5.3亿～7.2亿元。

2019年4月27日，公司发布一季度财报称，受2018年海洋牧场灾害影响，扇贝壳收货资源减少，公司业绩也再次出现断崖式下跌。

2019年11月，公司发布公告称，2017年和2018年年底播的虾夷扇贝短时间内"大规模自然死亡"，造成了重大的存货减值风险，预计损失2.78亿元，约占截至2019年10月末上述虾夷扇贝账面价值3.07亿元的90%，对公司2019年经营业绩构成重大影响。

由于生物资产清查的特殊性，资本市场无法对獐子岛的存货进行准确盘点，无法对其相关会计处理进行判断。此时，资本市场监管部门借助北斗卫星定位数据，对獐子岛公司27条采捕船只数百余万条海上航行定位数据进行分析，还原了采捕船只的真实航行轨迹，复原了公司最近两年真实的采捕海域，进而确定实际采捕面积，并据此认定獐子岛公司成本、营业外支出、利润等存在虚假，以及其他违法事实。于是，在2020年6月，中国证券监督管理委员会（简称证监会）官网发文指出，獐子岛公司涉嫌财务造假、"秋测"虚假记载，以及未及时披露业绩"变脸"等多项违法违规行为，依法对獐子岛公司给予警告，并处以顶格60万元罚款，对15名责任人员处以3万元至30万元不等罚款，对4名主要责任人采取5年至终身市场禁入的处罚。

第一节 财产清查的含义与意义

第八章第一节

一、财产清查的含义

财产清查是通过对各项财产物资、往来款项进行盘点和核对，确定实存数，查明实存数与账存数是否相符或者往来款项是否属实的一种专门会计核算方法。

财产清查的主要目的是保证账实相符，进而保证会计信息真实可靠。

二、财产清查的意义

（一）财产清查是检查会计信息系统运行正常与否的有效保证

会计以凭证形式输入资金运动发出的初始信息，经过确认、分类、记录、整理和汇总，最后以财务报表为载体输出供决策之用的真实可靠的财务信息。在会计信息质量要求中，财务报表信息的可靠性最为重要。然而，为避免信息在传输过程中受主客观因素干扰而失真，在编制财务报表前还要进行财产清查。

通过财产清查，查明各项财产物资的实际结存数，并与账簿记录相核对，确定账实是否相符。若不相符，则需查明原因，明确责任人的责任，并按规定的手续及时调整账面数字，做到账实相符。只有这样，才能保证根据账簿信息编制的财务报表真实可靠，从而提高会计信息质量。

（二）财产清查是检查内部会计监督制度是否有效的控制措施

企业为切实保护财产物资的安全与完整，可建立内部会计监督制度。内部会计监督制度是否得到执行、是否有效，可通过财产清查检验。同时，通过财产清查，可以查明各项财产物资的保管情况，例如，是否完整，有无毁损、变质，是否被非法挪用、贪污、盗窃等；还可以查明各项财产物资的储备和利用情况，例如，有无储备不足，有无超储、积压、呆滞现象等；以便及时采取措施，堵塞漏洞，加强管理，建立健全有关内部牵制制度。

（三）财产清查可促进资金周转，提高资金的使用效率

通过对债权债务的清查，可以促进其及时结算，及时发现坏账损失并予以处理，促进企业合理占用资金，加速资金周转，提高资金使用效率。

三、财产清查的分类

财产清查按照不同分类标准可以分为不同类型。

财产清查按照清查的对象和范围不同可分为全面清查和局部清查，按照清查时间不同可分为定期清查和不定期清查，按照财产清查执行单位不同可分为内部清查和外部清查，按照财产清查项目不同可分为实物资产清查、货币资产清查和往来款项清查等。下面就前三种分类方法进行讲解。

（一）按照清查的对象和范围分类

1. 全面清查

全面清查是指对企业全部实物、各项债权债务所进行的全面、彻底的盘点和核对。一般来说，需要全面清查的财产物资或者债权债务关系包括以下情况。

（1）现金、银行存款、各种有价证券、其他货币资金以及银行借款等货币资金。

（2）所有的固定资产、未完工程、原材料、在产品、产成品及其他物资。

（3）各项在途材料、在途商品和在途物资。

（4）各项债权、债务等结算资金。

（5）租入使用、受托加工保管或代销的财产物资。

（6）出租使用、委托其他单位加工保管或代销的财产物资等。

全面清查的范围广、参加的人员多，一般来说，在以下几种情况下，才进行全面清查。

（1）年终决算前，为了确保年终决算会计资料的真实、正确，需进行全面清查。

（2）单位撤销、合并或改变隶属关系时。

（3）中外合资、国内联营时。

（4）开展资产评估、清产核资时。

（5）单位负责人调离工作时。

全面清查的优点是清查范围广、清查内容全面，但是缺点是清查工作量大，重点不突出。

2. 局部清查

局部清查是指根据需要对部分财产物资进行的清查。一般主要针对流动性较强的财产物资，如现金、原材料、在产品和产成品等。

局部清查的范围一般包括：

（1）对现金的清查，应由出纳员在每日业务终了进行清点，做到日清月结。

（2）对于银行存款和银行借款，应由出纳员每月同银行进行核对。

（3）对于材料、在产品和产成品，除年度清查外，应有计划地每月重点抽查；对于贵重的财产物资，应每月清查盘点一次。

（4）对于债权债务，应在年度内至少核对一至二次，有问题应及时核对，及时解决。

局部清查的优点是清查范围小、清查内容少、清查重点突出、便于发现问题。

（二）按照清查时间分类

1. 定期清查

定期清查是指根据管理制度的规定或预先计划安排的时间对财产物资进行的清查。

定期清查的时间是确定的，一般在月末、季末、年末进行，但是清查的对象不确定，既可以进行全面清查，也可以进行局部清查。清查的目的是保证会计核算资料的真实、正确。例如，出纳员每天进行的现金盘点和每月与银行进行的银行存款的对账工作，就属于定期清查。

2. 不定期清查

不定期清查是指事先不确定清查时间，而是根据需要进行的临时性盘点和清查。

不定期清查的对象可以是企业的全部财产物资，也可以是企业的某些特殊财产物资或者特定债权债务关系。

不定期清查通常在出现以下情况时临时组织进行。

（1）更换出纳员时对现金、银行存款进行的清查。

（2）更换保管员时对其所保管的财产物资进行的清查。

（3）上级机关、审计部分和金融部门根据工作需要对企业进行的会计检查。

（4）清产核资时进行的清查。

（5）兼并、重组、清算、迁移以及改变隶属关系时等进行的清查。

（三）按照清查执行单位不同分类

1. 内部清查

内部清查是指由本单位内部自行组织的清查工作小组所进行的财产清查工作。

内部清查是企业财产清查中最常见的形式，它属于企业内部管理控制活动中的一部分。内部清查既可以定期清查也可以不定期清查，既可以全面清查也可以局部清查。

2. 外部清查

外部清查是指由上级主管部门、审计机构、司法机构等根据国家有关规定或情况需要对本单位进行的财产清查。

四、财产清查的程序

财产清查是会计核算的一项专门方法，也是企业管理制度中的重要组成部分，企业应当有计划、有组织地进行财产清查。因此，财产清查应按照程序进行。

（一）成立财产清查工作组

企业应在财务总监或总会计师等组织和领导下，成立由财务部门牵头，设备、技术、生产、行政及各有关部门人员参加的财产清查工作小组，具体负责财产清查的领导和组织工作。

（二）拟订财产清查计划

财产清查工作组根据财产清查的目的和管理制度或有关部门的要求，拟订财产清查工作的详细计划，确定财产清查的对象和范围，安排清查工作的详细步骤，配备财产清查的具体人员，做好财产清查前的准备工作。

（三）具体开展财产清查工作

在财产清查工作组的领导下，按照预订计划开展具体财产清查工作，对具有实物形态的资产进行实地盘点，填制盘存表确定其实存数，再进行实存数与账存数的比较，做到账实相符；银行存款日记账需要与开户银行提供的对账单进行核对，如果存在未达账项，应采用适当方式进行调整，检验双方记账是否正确；债权债务关系等往来款项需要通过函证或实地调查方式与对方单位核对，确保债权债务关系清晰、金额正确。在财产清查中发现的账实不符、账账不符、账证不符的问题，需要查明原因，做出适当的会计处理。

第二节　实物资产清查

一、实物资产清查的方法

实物资产主要包括存货、固定资产等。实物资产清查就是对实物资产的数量和质量进行清查，常用的清查方法有实地盘点法和技术推算法。

（一）实地盘点法

实地盘点法是指在财产物资堆放的现场对各项财产物资进行逐一清点确定实存数的一种方法。

（二）技术推算法

技术推算法是指利用技术方法推算财产物资的实存数的一种方法。

技术推算法主要用于数量巨大、无法或者难于逐一清点的实物资产，例如，露天堆放的矿石、煤炭、石材等，还有大型罐装石油制品、化学制品，大型仓储的粮食、棉花等。

二、存货清查与会计处理

（一）确定实存数

财产清查人员根据存货的性质，选用适当的方式对各项存货进行逐一盘点，并且填制资产盘存单（表），确定实存数量。

盘存单（表）既是记录盘点结果的书面证明，也是反映财产物资实存数的原始凭证。盘存单（表）如表 8-1 所示。

表 8-1　盘存单（表）

编号：
单位名称：　　　　财产类别：　　　　盘点时间：　　　　存放地点：

编号	名称	计量单位	数量	单价	金额	备注

盘点人签章：　　　　　　　　　　　实物保管人签章：

（二）确定账实是否相符

实物资产经过盘点确定实存数之后，可根据盘存单（表）和有关账簿记录，编制实存账存对比表，确定实存数与账存数是否一致。如果实存数大于账存数，则称盘盈，如果实存数小于账存数，则称盘亏。实存账存对比表是调整账簿记录的重要原始凭证，也是分析差异产生原因、明确经济责任的重要依据。实存账存对比表如表 8-2 所示。

表 8-2　实存账存对比表

编号	类别及名称	计量单位	单价	对比结果								备注
				实存		账存		盘盈		盘亏		
				数量	金额	数量	金额	数量	金额	数量	金额	

主管人员：　　　　　　　会计：　　　　　　　制表：

(三)盘盈或盘亏会计处理

财务清查发现存货出现盘盈或盘亏时,第一,将根据实存数调整账存数,使账存数与实存数一致,做到账实相符。第二,根据盘盈或盘亏情况,判断盘盈或盘亏产生的原因,并且根据不同的产生原因进行相应的会计处理。

1. 盘盈或盘亏处理时设置的会计账户

待处理财产损溢账户核算企业财产清查过程中查明的各种财产盘盈、盘亏和毁损的价值。该账户的借方登记盘亏或毁损的各种材料、产成品、商品、固定资产的价值以及按照管理权限报经批准后处理的盘盈的价值。贷方登记盘盈的各种材料、产成品、商品、固定资产的价值以及按照管理权限报经批准后处理的盘亏的价值。该账户根据资产性质设置明细账。

2. 盘盈或盘亏的会计处理

根据存货盘盈或盘亏、毁损产生的原因,进行相应的会计处理。

(1) 盘盈的会计处理。

调整存货项目账实相符时的会计处理:

借:原材料　　　　　　　　　　　　　　　　××××
　　贷:待处理财产损溢——待处理流动资产损溢　××××

如果由于在采购过程中,供应方多发存货导致盘盈,企业应当补付货款,会计处理如下:

借:待处理财产损溢——待处理流动资产损溢　××××
　　贷:应付账款　　　　　　　　　　　　　　××××

如果由于在生产领用过程中,仓库少发存货导致盘盈,企业应当调整生产成本或制造费用,会计处理如下:

借:待处理财产损溢——待处理流动资产损溢　××××
　　贷:生产成本　　　　　　　　　　　　　　××××
　　　　制造费用　　　　　　　　　　　　　　××××

如果无法查明具体原因,可以冲减管理费用,会计处理如下:

借:待处理财产损溢——待处理流动资产损溢　××××
　　贷:管理费用　　　　　　　　　　　　　　××××

(2) 盘亏或毁损的会计处理。

调整存货项目账实相符时的会计处理如下:

借:待处理财产损溢——待处理流动资产损溢　××××
　　贷:原材料　　　　　　　　　　　　　　　××××

如果由于在采购过程中,供应方少发存货导致盘亏,企业应当要求对方补发存货或者退回货款,会计处理如下:

要求对方补发存货的会计处理为:

借:在途物资　　　　　　　　　　　　　　　××××
　　贷:待处理财产损溢——待处理流动资产损溢　××××

要求对方退回多收货款的会计处理为：
借：其他应收款　　　　　　　　　　　　　　　　　××××
　　贷：待处理财产损溢——待处理流动资产损溢　　××××

如果由于在生产领用过程中，仓库多发存货导致盘亏，企业应当调整生产成本或制造费用，会计处理如下：
借：生产成本　　　　　　　　　　　　　　　　　　××××
　　制造费用　　　　　　　　　　　　　　　　　　××××
　　贷：待处理财产损溢——待处理流动资产损溢　　××××

如果运输途中毁损，应当由运输公司赔偿，会计处理如下：
借：其他应收款　　　　　　　　　　　　　　　　　××××
　　贷：待处理财产损溢——待处理流动资产损溢　　××××

如果无法查明具体原因，可以作为管理费用核销，会计处理如下：
借：管理费用　　　　　　　　　　　　　　　　　　××××
　　贷：待处理财产损溢——待处理流动资产损溢　　××××

【例8-1】 某公司在财产清查中，发现甲材料盘盈10吨，每吨为1 000元。经查明，盘盈的甲材料系计量仪器不准导致溢余，批准冲减管理费用。

分析：首先将账存数调整为实存数，其次根据盘盈形成的原因进行处理。会计处理如下：
借：原材料——甲材料　　　　　　　　　　　　　　10 000
　　贷：待处理财产损溢——待处理流动资产损溢　　10 000
借：待处理财产损溢——待处理流动资产损溢　　　　10 000
　　贷：管理费用　　　　　　　　　　　　　　　　10 000

【例8-2】 某公司在财产清查中，发现乙材料盘亏100千克，每千克单价为10元。经查明，自然损耗为10千克，意外灾害造成的损失为80千克，无法确定过失人造成的毁损为10千克。

分析：自然损耗和无法确定过失人造成的毁损作为管理费用核销，意外灾害造成的毁损作为营业外支出。会计处理如下：
借：待处理财产损溢——待处理流动资产损溢　　　　1 000
　　贷：原材料——乙材料　　　　　　　　　　　　1 000
借：管理费用　　　　　　　　　　　　　　　　　　200
　　营业外支出　　　　　　　　　　　　　　　　　800
　　贷：待处理财产损溢——待处理流动资产损溢　　1 000

三、固定资产清查与会计处理

固定资产清查的方法与程序同存货清查的方法与程序一致，都是先确定实存数，再将实存数与账存数进行对比。如果实存数与账存数不相等，则发生固定资产盘盈或盘亏问题。如果发现有盘盈、盘亏的固定资产，应查明原因，填制固定资产盘盈、盘亏报告表并写出书面报告，首先调整账实相符，其次查明差异产生的原因，报经企业上级主管部门批准进行相应的会计处理。

（一）固定资产盘盈的会计处理

固定资产属于企业的重要资产和大型资产，与存货相比，购置后主要用于生产和管理消耗，其流动性相对较弱，数量变化不频繁，如果出现盘盈，需要查明原因再进行会计处理。如果是由于企业会计人员工作失误，未能及时将固定资产登记入账，应当将其作为会计差错进行相应的会计处理；如果不属于会计差错造成的盘盈，经核准应以其净额列作营业外收入。

1. 调整账实相符

当发生固定资产盘盈时，应当将账存数调整为实存数。根据盘盈固定资产的重置价值借记固定资产账户，同时估计已提折旧额贷记累计折旧账户，按重置完全价值与累计折旧的差额贷记待处理财产损溢账户。会计处理为：

借：固定资产　　　　　　　　　　××××（重置价值）
　　贷：累计折旧　　　　　　　　　××××（估计累计折旧额）
　　　　待处理财产损溢——待处理固定资产损溢　××××

2. 盘盈固定资产处理

当查明由于非会计差错原因形成固定资产盘盈状况，并按规定程序批准后，可将其作为营业外收入处理。会计处理如下：

借：待处理财产损溢——待处理固定资产损溢　××××
　　贷：营业外收入　　　　　　　　　××××

（二）固定资产盘亏的会计处理

1. 调整账实相符

对于盘亏的固定资产，企业应及时办理固定资产注销手续，将账存数调整为实存数。按照盘亏固定资产净值，借记待处理财产损溢账户，按已提折旧额借记累计折旧账户，按其原值贷记固定资产账户。会计处理如下：

借：待处理财产损溢——待处理固定资产损溢　××××
　　累计折旧　　　　　　　　　　××××（累计折旧账面金额）
　　贷：固定资产　　　　　　　　　××××（固定资产账面原值）

2. 盘亏固定资产处理

当查明原因并按照规定程序批准后，根据固定资产盘亏形成的原因进行会计处理。

如果因过失人责任导致固定资产盘亏，则由过失人承担赔偿责任；若过失人无法赔偿固定资产盘亏的全部损失,可将除过失人承担赔偿责任外的部分作为营业外支出处理。若保险公司承担部分赔偿责任，应按盘亏固定资产的原值扣除累计折旧和过失人及保险公司赔偿后的差额，借记营业外支出账户，同时按过失人及保险公司应赔偿额，借记其他应收款账户，按盘亏固定资产的净值，贷记待处理财产损溢账户。会计处理如下：

借：其他应收款　　　　　　　　　　　　××××
　　营业外支出　　　　　　　　　　　　××××
　　贷：待处理财产损溢　　　　　　　　××××

【例 8-3】某公司在财产清查中，发现账外设备一台，其重置完全价值为 80 000 元，估计已提折旧额 20 000 元。发现盘亏设备一台，其原价为 20 000 元，累计折旧为 5 000 元。

分析：根据盘盈以及盘亏固定资产的具体原因进行相应的会计处理。

盘盈固定资产调整账存数的会计处理为：

借：固定资产　　　　　　　　　　　　80 000
　　贷：累计折旧　　　　　　　　　　　20 000
　　　　待处理财产损溢——待处理固定资产损溢　60 000

上述盘盈设备按规定程序批准作为营业外收入的会计处理为：

借：待处理财产损溢——待处理固定资产损溢　60 000
　　贷：营业外收入　　　　　　　　　　60 000

盘盈固定资产调整账存数的会计处理为：

借：待处理财产损溢——待处理固定资产损溢　15 000
　　累计折旧　　　　　　　　　　　　5 000
　　贷：固定资产　　　　　　　　　　　20 000

上述盘亏设备按规定程序批准后作为营业外支出的会计处理为：

借：营业外支出　　　　　　　　　　　　15 000
　　贷：待处理财产损溢——待处理固定资产损溢　15 000

第三节　货币资金及往来款项清查

一、货币资金清查的方法

货币资金主要包括库存现金、银行存款等。货币资金清查就是对货币资产的数量和金额进行清查，常用的清查方法主要包括实地盘点法和对账法。

对库存现金清查时采用实地盘点法，将库存现金实存数与现金日记账账存数进行核对。对银行存款清查时采用对账法，将开户银行定期开出的对账单金额与银行存款日记账金额进行核对。

二、库存现金清查与会计处理

（一）库存现金清查

库存现金日常核算需要设置现金日记账，根据现金日记账的登账规则，必须对每一笔库存现金的收入、支出进行及时记录，做到日清月结。因此，在库存现象清查之前，出纳员必须根据现金收款凭证和现金付款凭证将当期所有现金收付业务登记入账，并结出账存金额。财产清查小组进行实地盘点，现金应逐张清点，如果发现盘盈、盈亏，必须会同出纳员核实清楚。盘点时，除查明账实是否相符外，还要查明有无违反现金管理制度规定，是否有以"白条"抵充现金、现金库存是否有超过银行核定的限额、是否有坐支现金等行为。同时，应填制现金盘点报告表，如表 8-3 所示。

表 8-3 现金盘点报告表

单位名称： 　　　　　　　　　　　　　年　月　日　　　　　　　　　　　　　　单位：元

实有金额	账存金额	对比结果		备注
		盘盈	盘亏	

清查小组负责人签章：　　　　　　　盘点人签章：　　　　　　　出纳员签章：

如果库存现金实存数大于账存数，则为库存现金盘盈，也称库存现金长款；如果库存现金实存数小于账存数，则为库存现金盘亏，也称库存现金短款。

（二）库存现金盘盈盘亏会计处理

根据库存现金盘盈或盘亏金额，调整现金日记账余额，并且查明产生盘盈或盘亏的具体原因，根据具体原因进行相应的会计处理。会计处理如下：

借：库存现金　　　　　　　　　　　　　　　　　　××××
　　贷：待处理财产损溢——待处理流动资产损溢　　××××
借：待处理财产损溢——待处理流动资产损溢　　　　××××
　　贷：库存现金　　　　　　　　　　　　　　　　××××

对于库存现金盘盈，如果能够确认其具体原因，可根据具体情况进行会计处理；如果无法查明原因，则作为营业外收入。会计处理如下：

借：待处理财产损溢——待处理流动资产损溢　　　　××××
　　贷：营业外收入　　　　　　　　　　　　　　　××××

对于库存现金盘亏，如果是过失人过失行为导致，应由过失人承担赔偿责任；如果过失人无法承担全部赔偿责任，扣除过失人赔偿后的损失作为计入管理费用；由于自然灾害所造成现金毁损，计入营业外支出。

会计处理如下：

借：营业外支出　　　　　　　　　　　　　　　　　××××
　　其他应收款　　　　　　　　　　　　　　　　　××××
　　贷：待处理财产损溢——待处理流动资产损溢　　××××

【专家提醒】

在会计实务中，即便是库存现金盘盈或盘亏的金额很小，也不允许出纳员自行处理。

三、银行存款清查与会计处理

（一）银行存款清查

银行存款清查是指将企业银行存款日记账与企业开户银行提供的对账单进行核对，即将企业银行存款日记账的记录与开户银行提供的对账单进行逐一核对，以查明银行存款日记账收、付及余额是否正确。

银行存款清查应采用对账法。如果在核对过程中发现双方账目不相符，形成原因包括：第一，由于存在未达账项导致银行存款日记账余额与开户银行对账单余额不符，这种情况是由于双方记账时间不同导致的，不是记账错误。第二，企业银行存款日记账或开户银行对账单记录有差错，例如，错记、漏记原因导致，应当及时更正。因此，当企业银行存款日记账余额与银行对账单余额不一致时，应当先调整未达账项，如果余额仍然不一致，则是双方记账有误，应根据具体形成原因进行调整。

（二）未达账项的含义

未达账项是指在企业和银行之间，由于记账凭证传递上的时间差，造成一方已登记入账，而另一方尚未登记入账的账款。

（三）未达账项的种类

1. 银行已收款记账，企业未收款未记账的款项（简称银已收企未收）

例如，企业销售商品采用托收承付结算方式结算，对方已经支付货款，银行已经收到相关结算凭证，企业银行存款增加，但是相关结算凭证尚未交给企业，所以企业并未将此作为银行存款增加处理。再如，银行给企业银行存款支付的存款利息，银行已经办理相关手续，将利息存入企业银行存款账户，但是相关凭证尚未转交企业，企业并未将此作为银行存款增加处理，导致双方余额不一致。

2. 银行已付款记账，企业未付款未记账的款项（简称银已付企未付）

例如，企业应当承担的各种公用事业费（水、电、气、通信等）一般采用委托银行根据相关部门开出的付款凭证直接付款，所以当银行代为支付此类费用后相关凭证尚未交给企业时，银行已经将此作为付款处理，但是企业尚未将此作为付款处理。再如，企业取得银行贷款，在通常情况下，银行根据贷款合同约定从企业银行账户直接扣除借款利息，但是企业没有收到相关支付利息的凭证，没有将此作为银行存款减少处理，导致双方余额不一致。

3. 企业已收款记账，银行未收款未记账的款项（简称企已收银未收）

例如，企业销售商品或者提供劳务时，收到对方开出的转账支票，即可作为将此银行存款增加记账，但是转账支票尚未送达开户银行，开户银行尚未作将此为企业银行存款增加记账，导致双方余额不一致。

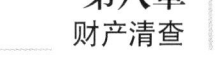

4. 企业已付款记账，银行未付款未记账的款项（简称企已付银未付）

例如，企业购买材料以转账支票方式向供应商付款，开出有效转账支票后即可将此作为银行存款减少记账，但是供应商尚未将转账支票交予开户银行办理转账手续，所以开户银行并没有将此作为银行存款减少记账，导致双方余额不一致。

（四）未达账项的调节方法

1. 余额调节法

余额调节法是指根据银行存款日记账余额与对账单余额调整未达账项的方法。

余额调节法根据思路不同，可以分为补记式余额调节法和还原式余额调节法。

补记式余额调节法是指在银行存款日记账余额基础上补充登记银行记账而企业未记账的款项、在对账单余额的基础上补充登记企业记账而银行未记账的款项的一种调节方法。它用公式表述为：

银行存款日记账余额+银已收企未收-银已付企未付=对账单余额+企已收银未收-企已付银未付

还原式余额调节法是指在银行存款日记账余额基础上剔除银行尚未登记入账的款项、在对账单余额的基础上剔除企业尚未登记入账的款项的一种调节方法。它用公式表述为：

银行存款日记账余额+企已付银未付-企已收银未收=对账单余额+银已付企未付-银已收企未收

无论是补记式余额调节法还是还原式余额调节法，其基本思路是将银行存款日记账所登记的业务与对账单所登记的业务调整一致，不存在一方登记入账另一方未登记入账的业务。

2. 差额调节法

差额调节法是根据未达账项对银行存款日记账余额与对账单余额之差的影响进行调节的一种方法。

银行存款日记账余额-银行对账单余额=（企已收银未收-企已付银未付）-（银已收企未收-银已付企未付）

3. 未达账项调节表

在会计实务中，通常通过银行存款余额调节表进行未达账项的调节。银行存款余额调节表（补记式余额调节法）如表 8-4 所示。

表 8-4　银行存款余额调节表（补记式余额调节法）

项目	金额	项目	金额
银行存款日记账余额		对账单余额	
加：银已收企未收		加：企已收银未收	
减：银已付企未付		减：企已付银未付	
调节后余额		调节后余额	

银行存款余额调节表（还原式余额调节法）如表 8-5 所示。

表 8-5　银行存款余额调节表（还原式余额调节法）

项目	金额	项目	金额
银行存款日记账余额		对账单余额	
加：企已付银未付		加：银已付企未付	
减：企已收银未收		减：银已收企未收	
调节后余额		调节后余额	

如果调节后双方余额相等，则说明双方记录基本正确，不能排除双方同时重复记账或者漏记现象导致的错误，如果调节后双方余额仍然不一致，则说明双方记录错误，需要进一步查找具体错误并予以更正和处理。

【例 8-4】某公司 2022 年 6 月 30 日银行存款日记账的余额为 76 000 元，银行对账单的余额为 105 000 元，经逐笔核对，发现以下未达账项：

（1）企业送存转账支票 90 000 元，并已登记银行存款增加，但银行尚未记账；

（2）企业开出转账支票 75 000 元，但持票单位未到银行办理转账，银行尚未记账；

（3）企业委托银行代收某单位购货款 50 000 元，银行已收妥并登记入账，但企业尚未收到收款通知，尚未记账；

（4）银行代企业支付水费 6 000 元，银行已登记企业银行存款减少，但企业尚未收到银行付款通知，尚未记账。

分析：编制银行存款余额调节表（补记式余额调节法），如表 8-6 所示，检查双方记录是否正确。

表 8-6　银行存款余额调节表（补记式余额调节法）

项目	金额（元）	项目	金额（元）
银行存款日记账余额	76 000	对账单余额	105 000
加：银已收企未收	50 000	加：企已收银未收	90 000
减：银已付企未付	6 000	减：企已付银未付	75 000
调节后余额	120 000	调节后余额	120 000

若是采用还原式余额调节法，则银行存款余额调节表（还原式余额调节法）如表 8-7 所示。

表 8-7　银行存款余额调节表（还原式余额调节法）

项目	金额（元）	项目	金额（元）
银行存款日记账余额	76 000	对账单余额	105 000
加：企已付银未付	75 000	加：银已付企未付	6 000
减：企已收银未收	90 000	减：银已收企未收	50 000
调节后余额	61 000	调节后余额	61 000

【专家提醒】

银行存款余额调节表中调节后金额相等,意味着双方记账基本正确,不必根据调节表中调节后金额对银行存款日记账或对账单余额进行调整。

四、往来款项清查与会计处理

(一)往来款项清查的方法

往来款项是指企业的购销活动中,与供应商或者消费者之间的应付、应收款项或者预付、预收款项。往来款项的清查一般采用函证核对法方式进行,即企业给各债权人和债务人发函求证,以证实债权、债务关系切实存在以及金额正确。

(二)往来款项清查的程序

企业应当定期或者至少每年年度终了,对应收、应付或者预收、预付款项进行全面检查,应当按每一个经济往来单位编制往来款项对账单(一式两份,其中一份作为回联单)送往各经济往来单位,对方经过核对相符后,在回联单上加盖公章退回,表示已核对;如果经核对数字不相符,对方应在回联单上注明情况,或另抄对账单退回本单位,进一步查明原因,再行核对,直到相符为止。核对后,填制往来款项清查表(见表8-8)。

表8-8 往来款项清查表

单位名称　　　　　　　　　　年　月　日　　　　　　　　　　编号

明细账户名称	账面结存余额	实存数		发生日期	核对不符原因分析					备注
		核对相符金额	核对不相符金额		错误账项	未达账项	拒付账项	异议账项	其他	

(三)往来款项清查的会计处理

财产清查中发现的长期无法收回和长期无法支付的款项要及时进行处理,不需要通过待处理财产损溢账户核算,而是在原来账面记录的基础上,按规定程序报经批准后,直接转账冲销。

1. 无法收回款项处理

企业因债务人拒付、破产、死亡或债务单位撤销等原因导致应收而无法收回的款项作为坏账损失核销。坏账损失的转销在批准前不做账务处理,即不通过待处理财产损溢账户进行核算,按规定的程序批准后作为坏账损失进行会计处理。

【例 8-5】某公司应收 A 公司的货款为 4 000 元，因 A 公司已撤销，确认无法收回，经批准作为坏账损失处理。会计处理如下：

  借：坏账准备   4 000
    贷：应收账款——A 公司   4 000

2. 无法支付款项处理

在财产清查过程发现长期应付而无法支付的款项，经批准予以转销。无法支付的款项，在批准前不做账务处理，即不通过待处理财产损溢账户进行核算。按规定的程序批准后，计入资本公积账户。

【例 8-6】某公司在财产清查中发现一笔对 B 公司的长期未支付货款 8 000 元，据查该债权单位已撤销。B 公司报经批准后，予以转销。

  借：应付账款——B 公司   8 000
    贷：资本公积   8 000

【关键词】

财产清查（Property Verification）

实地盘点（Physical Count）

盘盈（Inventory Profit）

盘亏（Inventory Losses）

未达账项（Deposit in Transit）

【思维导图】

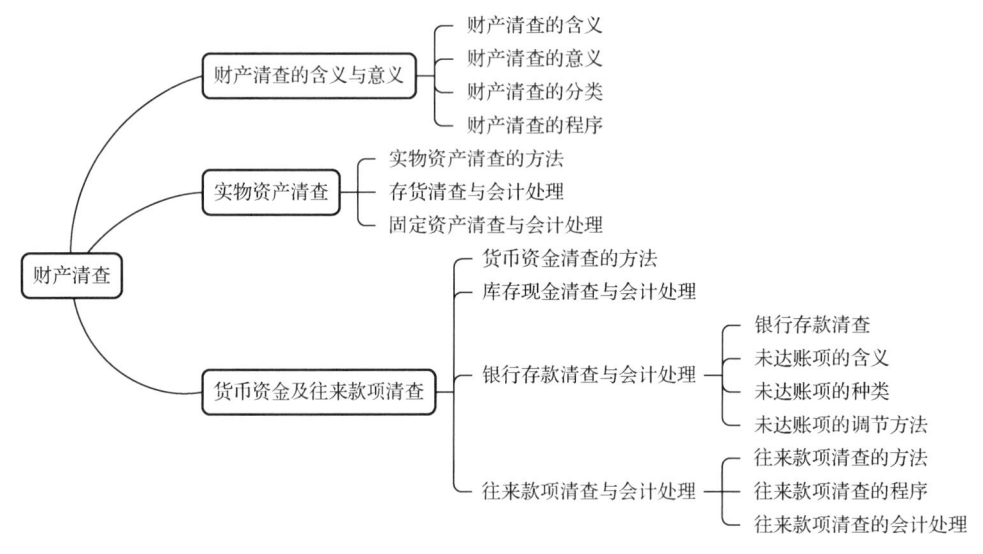

```
                          ┌─ 财产清查的含义
           ┌─ 财产清查的含义与意义 ─┼─ 财产清查的意义
           │                      ├─ 财产清查的分类
           │                      └─ 财产清查的程序
           │
           │                      ┌─ 实物资产清查的方法
财产清查 ──┼─ 实物资产清查 ───────┼─ 存货清查与会计处理
           │                      └─ 固定资产清查与会计处理
           │
           │                           ┌─ 货币资金清查的方法
           │                           ├─ 库存现金清查与会计处理
           │                           │                           ┌─ 银行存款清查
           └─ 货币资金及往来款项清查 ──┼─ 银行存款清查与会计处理 ──┼─ 未达账项的含义
                                       │                           ├─ 未达账项的种类
                                       │                           └─ 未达账项的调节方法
                                       │                           ┌─ 往来款项清查的方法
                                       └─ 往来款项清查与会计处理 ──┼─ 往来款项清查的程序
                                                                   └─ 往来款项清查的会计处理
```

【实操实训】

请思考下列问题：

1. 建筑公司的沙石材料如何盘点？
2. 水泥制品公司的高罐水泥如何盘点？
3. 食品厂的豆腐存货如何盘点？

第九章
编制报表前准备工作

↘ 知识目标
通过对本章的学习,学生应了解编制报表前准备工作的内容,理解并掌握账项调整的必要性、内容及方法;理解对账与结账的含义与处理原则。

↘ 技能目标
通过对本章的学习,学生应正确、完整地处理期末各项业务,并进行账项调整;正确计算财务成果并进行对账、结账。

↘ 课程思政
编制报表前准备工作是会计工作"务实"的重要一步,在期末账项调整时应遵循会计期间和权责发生制的原则,为编制真实、准确、完整的会计报表做好准备工作。在对账、结账工作中,坚持求真务实的精神,做到账证、账账、账实相符,使账目真实反映企业的实际工作。

↘ 会计小故事
大一学生小明和同学合资开了一家奶茶店,并兼任起了奶茶店的会计。通过一个月的学习与实践,小明已经掌握了日常业务的会计处理方法,能将发生的经济业务形成记账凭证,并根据形成的会计凭证登记到相应的账簿中去。到了月末,小明想知道开业到现在到底赚了多少钱。可是在计算过程中,一些问题他又想不清楚了。

首先是收入的计算。有几个朋友到店里来买奶茶,没有带钱,因为是熟人,所以小明让他们记了账,朋友也保证等有钱的时候一定还。这笔记了的账能不能算收入?其次是成本的计算。用掉的果汁和奶粉能计算出来，当然有的是估计的，因为有的用了半瓶或大半瓶，能不能把用了的原料，不管其是半瓶或大半瓶都计入成本？还有购买的设备，是一次性地计入本期成本，还是分期分批地计入各月的成本中去？由于大一的课程很多，小明中途请了一个远房的亲戚看店，工资为一个月1 200元。到月底了，由于工作还没到一个月，工资未支付，费用是算到本月还是下个月？

小明感到茫然了，但会计老师听了后说，这正是会计期末要解决的问题。

第一节　编制报表前准备工作的意义与内容

一、编制报表前准备工作的意义

编制财务报表（简称编制报表、编表）是在总结日常会计核算的基础上所进行的一种总结核算，从会计凭证到账簿记录，从账簿记录再到财务报表，是一个会计核算资料逐步系统化和逐步深化的过程，也是核算数据转换为会计信息的过程。财务报表中的各项指标主要来源于账簿记录。为了保证财务报表的数字真实可靠和会计信息的质量达到标准，就必须保证账簿记录真实、准确、完整。因此，在编制财务报表前，必须做好各项准备工作。

二、编制报表前准备工作的内容

编制报表前准备工作主要包括：期末账项调整，即按照权责发生制，正确划分各个会计期间的收入、费用，为正确地计算结转本期经营成果提供有用的资料；清查资产核实债务，即在编制财务报表前，特别是在编制年度财务报表前，要对企业的资产及债务进行全面的清查及核实，包括结算款项是否存在，是否与债务债权单位的债权、债务金额一致；各项存货、固定资产、货币资金的实存数与账面数是否一致，是否有报废损失和积压物资等；各项投资是否存在，是否按国家统一会计制度进行确认、计量，以及需要清查、核实的其他内容；核对账目，即结账前，通过对账以求保证账证、账账、账实相符；结算账簿，即计算并结转各账户的本期发生额和余额；最后进行试算平衡，即运用借贷记账法的发生额试算平衡法和余额试算平衡法，测算全部账户的借贷数额是否平衡，它是通过编制总分类账户发生额和余额试算平衡表进行的。试算平衡后，再根据试算平衡表编制财务报表。应该指出编制试算平衡表的目的只是为了保证迅速提供高质量的报表，不是一项必需进行的会计工作。如果能及时提供准确的报表，也可不编制试算平衡表。

第九章 编制报表前准备工作

第二节　会计期末账项调整

一、会计期末账项调整的含义

账项调整是指按照权责发生制的要求，对已入账的资产或负债项目和尚未入账的事项进行调整，通过编制调整分录以确定应该属于本期的收入或费用的一种专门方法。

已入账是指在账项调整之前已计入资产或负债项目，例如，预提售后服务费用、预付租金、预收货款等。

尚未入账是指在账项调整之前，与收入或费用有关的业务已经发生，但尚未记录的事项，例如，生产设备的折旧、无形资产的摊销、借款利息结算等。

账项调整是将外部交易和事项全部记录完成之后但尚未进行期末结账，需要将应调整的事项按照业务发生和完成情况逐一进行调整，并且填制记账凭证和登记账簿，再进行试算平衡，试算平衡后方可结账，准备编制财务会计报告。

二、会计期末账项调整的原因

会计核算的一个基本前提是会计分期，通过会计分期将持续不断的生产经营过程人为地划分为会计期间。会计期间的产生使得会计核算必然涉及划分本期和非本期的收入、费用、利润等问题，于是就产生了权责发生制和收付实现制两种记账基础。从权责发生制的角度分析，企业账簿中的日常记录还不能确切地反映本期的收入、费用，如有些款项虽已收到入账，但它不属于本期的收入；有些款项虽已支付，但它不属于本期的费用。因此，在结账前对这些账项必须进行调整。通过调整，合理地确定各期的收入，并将费用与收入配比，正确地计算各期的经营成果。期末账项调整的主要内容是调整各期的收入、费用，但由于在确认收入、费用的同时，也要确认资产、负债，因此，期末账项的调整也关系到企业财务成果的正确性。

三、会计期末账项调整的目的

会计期末账项调整的目的是保证企业经营成果的准确性，即企业通过会计处理系统确定的利润能够与实际经营活动一致，能够全面、真实地反映企业的财务状况、经营成果。

具体而言，会计期末账项调整就是要严格区分不同会计期间的收入与费用，并将本期收入与本期费用进行配比，正确计算本期利润，为决策者提供真实、可靠的信息。

企业需要调整的账项，应视企业的大小及经济业务发生的多少而定，通常需要调整的事项包括以下4项：①应计收入项目期末调整；②应计费用项目期末调整；③收入分摊项目期末调整；④费用分摊项目期末调整。

四、应计收入项目期末调整

应计收入是指在某一会计期间内已经实现,但尚未收到款项的各项收入。企业发生的应计收入,主要是本期已经发生且符合收入实现确认标准,但尚未收到相应款项的收入。例如,应收金融机构的存款利息、应收的销售货款等。凡属于本期的收入,不管其款项是否收到,都应将其作为本期收入入账。期末时将尚未收到的款项调整入账。

应计收入的特点是收入赚取在前、现金取得在后,调整的目的就是将应归属本期的收入归入本期收入,并确认相应的资产。

例如,企业存入银行的款项需要计算利息,通常银行是按季度与企业进行银行存款利息结算的。如果将利息收入作为结算期的收入处理,则不符合权责发生制的原则。因此,按权责发生制的原则核算时,企业每个季度各个月份需要估计银行存款利息收入并且登记入账。如果利息收入金额不大,也可以按照收付实现制的原则记账,直接计入结算期的损益。

【例 9-1】甲公司 12 月末接到开户银行通知,本季度的银行存款利息收入为 6 200 元。由于企业按照权责发生制核算,根据其在银行存款余额和该类存款的利息率估算,10 月、11 月银行存款利息收入分别为 2 000 元,并已在当月将其登记入账。

为了系统地反映利息收入的变动情况,可以单独设置一个利息收入账户予以核算。但一般情况下,银行存款的利息收入是作为银行借款利息支出的减项计入财务费用账户的,由于款项尚未收到,估算时将未收到的利息收入计入应收利息账户。因此,10 月、11 月末,将估算的本月银行存款利息收入登记入账时,应借记应收利息账户,贷记财务费用账户。12 月末,仍按上述办法处理结清利息。如果出现估算入账的利息收入与实际利息收入不一致,其差额作为增减财务费用处理。

相关会计处理如下:
10 月、11 月编制的会计分录为:
借:应收利息 2 000
　　贷:财务费用 2 000
12 月编制的会计分录为:
借:银行存款 6 200
　　贷:财务费用 2 200
　　　　应收利息 4 000

五、应计费用项目期末调整

应计费用是指那些已在本期发生、因款项尚未支付而未登记入账的费用。例如,应付银行借款利息支出、保险费支出、大修理费用支出、应付职工薪酬等。

应计费用的特点是费用发生在前,现金支付在后,调整的目的就是承担应由本期承担的费用,并确认相应的负债。按照权责发生制的要求,凡属于本期的费用,不管其款项是否支付,都应作为本期费用处理。所以会计期末应将属于本期费用、但尚未支付的费用调整入账。

例如，企业从银行借入的款项是有偿使用的，必须根据借款规模以及约定的利率计算应承担的利息。通常银行借款利息是按季结算的，每个季度的最后一个月结算借款利息，但整个季度内企业都从贷款中受益，按照权责发生制的原则，应负担借款利息。

【例 9-2】甲企业 12 月末接到银行通知，本季度支付银行借款利息为 20 000 元。由于企业按照权责发生制核算，根据银行借款的金额和借款利息率估算，10 月、11 月银行借款利息支出分别为 6 000 元，并已在当月将其登记入账。

为了系统地反映利息支出的变动情况，通常设置财务费用账户和应付利息账户予以核算。在将估算的银行借款利息支出登记入账时，借记财务费用账户，贷记应付利息账户。待第一季度结束，银行算出本单位第一季度银行借款利息时，再根据银行计算结果借记应付利息账户，贷记银行存款账户。如果出现各月估计入账的利息支出与实际的利息支出不一致，其差额作为增减财务费用处理。根据上述经济业务编制如下会计分录：

10 月、11 月编制的会计分录为：

借：财务费用　　　　　　　　　　　　　　6 000
　　贷：应付利息　　　　　　　　　　　　　　6 000

12 月编制的会计分录为：

借：应付利息　　　　　　　　　　　　　　12 000
　　财务费用　　　　　　　　　　　　　　　8 000
　　贷：银行存款　　　　　　　　　　　　　20 000

六、收入分摊项目期末调整

收入分摊项目是指企业已经收取有关款项，但未完成销售商品或提供劳务，需在期末按本期已完成的比例，分摊确认本期已实现收入的金额，并调整以前预收款项时形成的负债。已收款入账，因尚未向付款单位提供商品或劳务，或财产物资使用权，不属于收款期的收入，是一种负债性质的预收收入，通常在向付款单位提供商品或劳务，或财产使用权的期间确认收入。在计算本期收入时，应该将这部分预收收入进行账项调整。

预收收入既然不属于或不完全属于本期收入，在收到时不能全部计入有关的收入账户，应通过负债类的预收账款账户予以核算，待满足收入实现条件时确认为本期收入，再从预收账款账户转入有关的收入账户。例如，预收货款、租金等都属于预收账款，收到时，借记银行存款账户，贷记预收账款账户。在每月末账项调整时，把该月应确认的收入从预收账款账户的借方转入主营业务收入等账户的贷方。

【例 9-3】甲企业对外出租自有固定资产，租赁合同约定，租赁期为 12 个月，每月租金为 20 000 元，于租赁期开始日一次性通过银行预收全部租金。

分析：按照权责发生制的要求，企业于租赁期开始日收到的 240 000 元租金，应当属于 12 个月的收入，不是租赁期开始期间的收入，所以不能全部计入当期收入，对预收的款项作为预收账款处理。

根据上述经济业务编制的会计分录为：

收到 240 000 元租金时，会计处理如下：

借：银行存款　　　　　　　　　　　　　　　　　　　　240 000
　　贷：预收账款　　　　　　　　　　　　　　　　　　　　240 000

每月末确认当期实现的收入，会计处理如下：

借：预收账款　　　　　　　　　　　　　　　　　　　　 20 000
　　贷：主营业务收入（或其他业务收入）　　　　　　　　 20 000

七、费用分摊项目期末调整

费用分摊项目指企业的支出已经发生，该支出能使若干个会计期间受益，为正确计算各个会计期间的盈亏，将这些支出在其受益的会计期间进行分摊，如已经支付但应由本期或以后期间负担的待摊费用、使用固定资产的折旧等，在计算本期费用时，应该将这部分费用进行调整。属于本期负担的费用，应采用一定的方法分摊计入本期的费用。

例如，预付的各项支出不属于或不完全属于本期费用，就不能直接全部计入本期有关费用账户，应先计入资产类的待摊费用或预付费用等账户。例如，预付修理费、租金等。预付时，应借记长期待摊费用（预付费用）账户，贷记银行存款账户。待到各月月末，再把本月应摊销的费用，借记管理费用等账户，贷记长期待摊费用（预付费用）等账户。

【例 9-4】甲企业年初以银行存款支付 2 年保险费用，共计 480 000 元。

分析：企业一次性预付 2 年的保险费用，按照权责发生制，该费用应由 2 年共同承担。所预付的保险费具有待摊费用的性质。因此，根据上述经济业务编制的会计分录为：

支付 2 年保险费用时，会计处理如下：

借：长期待摊费用　　　　　　　　　　　　　　　　　　480 000
　　贷：银行存款　　　　　　　　　　　　　　　　　　　480 000

此后 2 年间每月确认当期的费用时，会计处理如下：

借：管理费用　　　　　　　　　　　　　　　　　　　　 20 000
　　贷：长期待摊费用　　　　　　　　　　　　　　　　　 20 000

第三节　账簿核对与期末结账

第九章第三节

一、账簿核对

（一）对账的意义

账簿核对，即对账，指将账簿记录进行核对。会计核算的第一个原则就是真实性原则，该原则要求以实际发生的经济业务为依据，真实地反映企业的财务状况和经营成果。然而在实际工作中，难免会发生各种各样的差错，例如，编制记账凭证发生差错、登记账簿发生差错、存货在收发中发生差错等。为了保证账簿记录的真实性和准确性，在结账以前必须进行对账。

在对账时，可以运用复式记账的平衡原理、各种账簿记录之间的相互勾稽关系和账实之间的内在联系，验证账证、账账和账实是否相符。发现错账，予以更正，发现问题及时向领导汇报，以确保会计信息的真实可靠。

> 【小提示】
>
> 根据《会计工作基础规范》的要求，各单位应当定期对会计账簿记录的有关数字与库存实物、货币资金、有价证券、往来单位或者个人等进行相互核对，保证账证相符、账账相符、账实相符。对账工作每年至少进行一次。

（二）对账的内容

对账的主要内容包括账证核对、账账核对和账实核对。

1. 账证核对

账证核对是指将账簿记录与有关会计凭证相互核对，主要核对会计账簿记录与原始凭证、记账凭证的时间、凭证字号、内容、金额是否一致，记账方向是否相符。一般地讲，总分类账的记录应与有关记账凭证核对相符；明细分类账的记录除要与有关记账凭证核对相符外，有的还要与有关原始凭证的记录核对相符。

2. 账账核对

账账核对是指将各账簿之间的有关记录相互核对。账账核对是在账证核对的基础上进行的，具体包括下列内容：

（1）总分类账户有关账户的余额核对。各总分类账户的本期借方发生额合计数与贷方发生额合计数应核对相符，期末借方余额合计数与贷方余额合计数应核对相符。

（2）总分类账户与日记账核对。总分类账现金账户和银行存款账户的本期借方发生额、贷方发生额和期末余额应与现金日记账和银行存款日记账的本期借方发生额、贷方发生额和期末余额核对相符。

（3）总分类账户与明细分类账户核对。各总分类账户的本期借方发生额、贷方发生额和期末余额应与所属明细分类账户的本期借方发生额合计数、贷方发生额合计数和期末余额合计数核对相符。

（4）会计部门的财产物资明细账与财产物资保管和使用部门的有关明细账核对。会计部门的各种财产物资明细分类账户的期末余额，应与各种财产物资保管部门的有关保管明细账（卡）的储存数核对相符。

3. 账实核对

账实核对是指核对会计账簿记录与财产等实有数额是否相符，具体包括下列内容：

（1）现金日记账的余额应与库存现金数核对相符；

（2）银行存款日记账的余额应与银行对账单核对相符；

（3）各种财产物资明细账的结存数量应与实存数量核对相符；

（4）各种债权债务等往来款项明细账的余额应与有关单位或个人核对相符。

> 【小提示】
>
> 企业银行存款日记账与开户银行对账单之间的核对不是账账核对，也不是账证核对，而是账实核对。

（三）对账方法

对账的内容不同，对账的方法也有区别。一般的核对方法如下。

1. 账证核对的方法

账证核对通常采用的方法是将账簿记录与据以记账的会计凭证逐笔核对。由于这种核对的方法工作量很大，所以一般只在发生记账差错或查找差错原因等时采用。

2. 账账核对的方法

账账核对应根据不同情况采用以下不同的核对方法：

（1）总分类账户之间的核对。检查各总分类账户的登记是否正确，应通过编制总分类账户试算平衡表的方法进行。

（2）总分类账户和明细账户之间的核对。检查总分类账户和明细分类账户的登记是否正确，一般采取两种核对方法。一种是根据明细分类账户的资料，编制本期发生额及余额明细表，与有关总分类账户的相应数字进行核对，如有不符，则应查明原因更正；另一种方法是将总分类账户的相应数字与所属明细分类账户的本期发生额和余额相加之和直接进行核对，以减少编制本期发生额及余额明细表的工作。后一种方法比较简便，在会计实务中采用较多，总分类账户和日记账之间的核对也可采用这种方法。

3. 账实核对的方法

账实核对又称财产清查，对各种不同的财产物资应采用不同的方法。关于财产清查的内容在上一章已做阐述。

> 【小提示】
>
> 对账工作一般在月末进行，即在记账之后、结账之前进行对账。如果遇特殊情况，例如，有关人员调动或发生非常事件，应随时进行对账。

二、期末结账

（一）结账的意义

结账是指在会计期末经济业务全部登记入账后，计算并结转各账户的本期发生额和期末余额。为了总结各个会计期间的财务状况、考核经营成果、便于编制财务会计报告，必须在各个会计期末进行结账。

在结账前，应查明本期发生的经济业务是否已全部登记入账。这里要特别注意的是，本期发生的经济业务是指日常业务和期末的调整业务，不能为了赶编财务会计报告而提

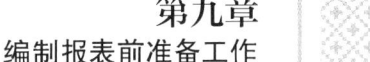

前结账；也不能将本期发生的经济业务拖延至下期入账，更不能先编制财务会计报告而后结账。

（二）结账的内容

结账工作程序取决于账户种类。企业账户按照账户与会计报表的关系可分为两类：一类是损益类账户，另一类是资产、负债及所有者权益类账户。因此，结账的内容包括结转损益类账户和结转资产、负债和所有者权益类账户。

（1）损益类账户是指收入及费用账户，即与利润表项目有关的账户。会计期终了，这类账户的余额应结平，一方面是为了计算本期盈亏，另一方面是为了下一会计期使用方便。因为结账之后，各账户余额为零，下期可从头开始归集收入和费用。

（2）资产、负债及所有者权益类账户，即与资产负债表项目相关的账户。会计期终了，分别结出资产、负债及所有者权益类账户的本期发生额和期末余额，并将期末余额转为下期的期初余额，以分清上下期的会计记录。

在把一定时期内发生的全部经济业务登记入账的基础上，结算出各账户的本期发生额和期末余额。通过结账，可以总结一定时期内的经济活动和财务收支情况，为编制财务报表提供资料。

结账是一个过程，其基本程序包括：

（1）查明本期所发生的经济业务是否已全部登记入账；

（2）在全面入账的基础上，按照权责发生制的原则，将收入和费用归属于各个相应的会计期间，即编制调整分录；

（3）编制结账分录，对于各种收入、费用类账户的余额，应在有关账户之间进行结转，结账分录也需要登记到相应的账簿中去；

（4）计算各账户的本期发生额合计和期末余额，画红线以结束本期记录，然后将期末余额结转下期，作为下一个会计期间的期初余额。

结账程序示意图如图9-1所示。

查明本期全部经济业务入账 → 确定本期收入、费用 → 结清损益类账户 → 结算资产、负债及所有者权益科目的本期发生额和余额

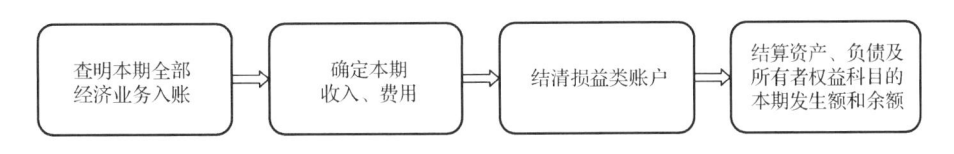

图9-1 结账程序示意图

通过结账，使已记录和储存的会计信息进一步提高清晰性、可靠性和相关性，便于通过会计报表输出并充分利用。

（三）损益类账户结账

1. 编制结账分录

损益类账户的结账，应设本年利润账户，以归集当期收入、费用账户的余额，具体方法是：

（1）将所有收入账户（包括主营业务收入、其他业务收入、营业外收入等账户）的

贷方余额结转本年利润账户，即借记各项收入账户，贷记本年利润账户，从而结平各收入账户。这时，本年利润账户的贷方金额即表明本期全部收入的合计金额。

（2）将所有费用类账户（包括主营业务成本、销售费用、管理费用、财务费用、其他业务成本、税金及附加、营业外支出等账户）的借方余额结转本年利润账户，即借记本年利润账户，贷记各费用类账户，从而结平各费用类账户。这时，本年利润账户的借方金额即表明本期全部费用的合计金额。

损益类账户结账时，应在最后一笔业务（转入本年利润账户）下画一条单红线。然后，在单红线下的"摘要"栏内注明"本期发生额及期末余额"，再加计借贷方发生额，显示双方金额相等后在"余额栏"写上"0"。最后在"本期发生额及期末余额"一行下画红线，以表示该账户月底已结平，无余额。下个月可在红线下连续登记。

2. 结清本年利润账户

本年利润账户只在结账过程中使用。该账户的借方归集了本期全部费用的合计金额，贷方归集了本会计期间全部收入的合计金额。如果本年利润账户出现借方余额，即借方总额大于贷方总额，表示本期亏损；而当该账户的贷方总额大于借方总额时，其贷方余额表示本期利润。本年利润账户的余额应在年度终了结账时转入所有者权益类账户的利润分配——未分配利润账户中。

具体损益类账户的结账方法以销售费用账户为例，如表9-1所示。

表9-1 总分类账

账户名称：销售费用

2021年		凭证编号	摘要	借方（元）	贷方	余额方向（元）	余额（元）
月	日						
4	6		发生费用	1 200		借	1 200
	15		发生费用	1 800		借	3 000
	28		发生费用	5 000		借	8 000
	30		结转至本年利润		8 000	平	0
	30		本月合计	8 000	8 000	平	0

（四）资产、负债和所有者权益类账户的结账

资产、负债和所有者权益类账户的结账工作，主要是结出各账户的本期发生额和期末余额，以便进行连续记录，按其结转的时期不同，可分为月度结账和年度结账两种。

1. 月度结账

结账时，应当结出每个账户的期末余额。需要结出当月发生额的，应当在摘要栏内注明"本期发生额及期末余额"或"本月合计"字样，并在下面通栏画单红线。分别加计借方发生额和贷方发生额，并结出期末余额。需要结出本年累计发生额的，应当在摘要栏内注明"本年累计"字样，并在下面通栏画单红线；12月末的本年累计就是全年累计发生额。对不需要按月结计本期发生额的账户，每月最后一笔余额即为月末余额。也就是说，月末余额就是本月最后一笔经济业务记录的同一行内的余额。月末结账时，只

第九章
编制报表前准备工作

需要在最后一笔经济业务记录之下画一条单红线，不需要再结计一次余额。

以应收账款账户为例，账户具体结账方法如表9-2所示。

表9-2 总分类账月度结账

账户名称：应收账款

2021年		凭证编号	摘要	借方（元）	贷方（元）	余额方向	余额（元）
月	日						
11	1		期初余额			借	8 176
	4		收到货款		8 176	平	0
	10		销货	81 760		借	81 760
	26		销货	127 680		借	209 440
	28		收到货款		81 760	借	127 680
	30		本月合计	209 440	89 936	借	127 680

2. 年度结账

在12月月度结账时，先结算出本期发生额和余额，并在该行下端画一条通栏单红线后，才开始年度结账。

（1）在月结的下一行的"摘要"栏内注明"本年发生额及余额"或"本年合计"字样，分别加计本年借方发生额和本年贷方发生额，并结出期末余额。在该行下画两条通栏双红线。年度终了结账时，所有总账账户都应当结出全年发生额和年末余额。

（2）年度终了，要把各账户的余额结转到下一会计年度，并在摘要栏注明"结转下年"字样；在下一个会计年度新建有关会计账簿的第一行余额栏内填写上年结转的余额，并在摘要栏注明"上年结转"字样。注意：年度终了结账时，有余额的账户的余额，直接计入新账余额栏内即可，不需要编制记账凭证，也不必将余额再计入本年账户的借方或贷方(收方或付方)，使本年有余额的账户的余额变为零。

以应付账款账户为例，账户具体结账方法如表9-3所示。

表9-3 总分类账年度结账

账户名称：应付账款

2021年		凭证编号	摘要	借方（元）	贷方（元）	余额方向	余额（元）
月	日						
12	1		期初余额			贷	9 800
	1		购料		95 200	贷	105 000
	20		购料		77 000	贷	182 000
	20		支付欠款	150 000		贷	32 000
	31		本月合计	150 000	172 200	贷	32 000
	31		本年合计	1 800 000	1 832 000	贷	32 000
			结转下年				

> **小贴士**
>
> **结账时应注意的问题**
>
> 第一，结账画线的目的是突出本月合计数及月末余额，表示本会计期的会计记录已经截止或结束，并将本期与下期的记录明显分开。根据《会计基础工作规范》的规定，月结画单线，年结画双线。画线时，应画红线；画线应画通栏线，不应只在本账页中的金额部分画线。
>
> 第二，结账时，如果出现负数余额，可以用红字在余额栏登记，但如果余额栏前印有余额的方向（借或贷），则应用蓝黑墨水书写，而不得使用红色墨水。

（五）编制试算平衡表

为了检查结账后各账户是否正确，还应在结账后编制期末余额试算平衡表，将各账户借方余额与贷方余额合计数加计相等，证明结账分录及过账基本正确，并据此编制会计报表。结账后试算平衡表的用途如下：

（1）便于验证账户余额。结账工作十分烦琐，容易发生错误，而编制结账后试算平衡表，可验证各账户余额及借贷方向是否正确，以免影响下期记录。

（2）便于编制报表。结账后试算平衡表中罗列了资产、负债及所有者权益类账户及金额，只要稍加排列，便可编制资产负债表。

在编制试算平衡表时，一般按资产、负债及所有者权益的顺序，把资产、负债类账户列在前面，之后是收入、费用类账户，最后是所有者权益类账户。期末，企业正式编制资产负债表时，收入、费用类账户被结平（无期末余额），这两类账户在试算平衡表中被删除，其净影响体现在期末留存利润账户中。

【关键词】

账项调整（Adjustment of Account）

对账（Reconciliation）

结账（Closing Account）

应计收入（Accrued Revenue）

应计费用（Accrued Expense）

预收收入（Deferred Revenue）

待摊费用（Deferred Expense）

第九章
编制报表前准备工作

【思维导图】

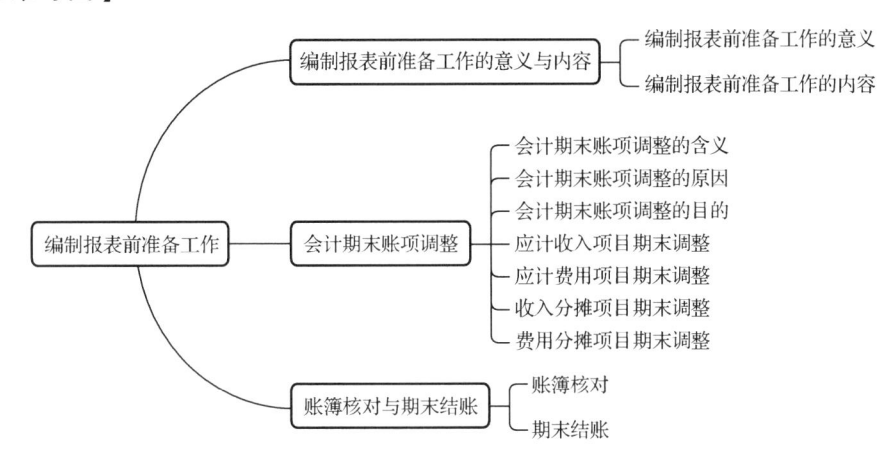

```
                        ┌─ 编制报表前准备工作的意义与内容 ─┬─ 编制报表前准备工作的意义
                        │                                └─ 编制报表前准备工作的内容
                        │
                        │                          ┌─ 会计期末账项调整的含义
                        │                          ├─ 会计期末账项调整的原因
                        │                          ├─ 会计期末账项调整的目的
编制报表前准备工作 ─────┼─ 会计期末账项调整 ──────┼─ 应计收入项目期末调整
                        │                          ├─ 应计费用项目期末调整
                        │                          ├─ 收入分摊项目期末调整
                        │                          └─ 费用分摊项目期末调整
                        │
                        └─ 账簿核对与期末结账 ─────┬─ 账簿核对
                                                   └─ 期末结账
```

【实训实操】

某企业 2021 年 1 月末根据银行存款余额和银行存款利率估算银行存款利息收入为 700 元,2 月末估计本月银行存款利息收入为 700 元,3 月末估计本月利息收入为 700 元,第一季度末收到银行通知,实际利息收入为 2 200 元。

要求:列出该企业各月末有关利息收入及实际结算利息时的会计分录。

第十章
财务会计报告编制与披露

▶ 知识目标
通过对本章的学习,学生应理解财务会计报告的编制原则与披露要求,重点掌握资产负债表、利润表的内容、格式和编制方法。

▶ 技能目标
通过对本章的学习,学生应能够根据资产负债表、利润表的编制原理编制简单的资产负债表及利润表。

▶ 课程思政
富强、民主、文明、和谐是国家层面的价值目标,自由、平等、公正、法治是社会层面的价值取向,爱国、敬业、诚信、友善是公民个人层面的价值准则。

财务人员应时刻谨记爱国、敬业、诚信、友善,用精益求精的工匠精神和严肃认真的科学精神,精确处理票据业务,规范填制记账凭证,做到客观公正。在编制财务会计报告时,要自觉维护国家利益、社会利益、集体利益,提供会计报表要真实准确,无粉饰报表现象,从而践行社会主义核心价值观中公正和诚信理念,养成认真细心、有担当的良好职业素养和职业道德。

▶ 会计小故事
张三是一家健身俱乐部的经理,健身俱乐部老板鉴于员工平时工作表现积极主动,于是拿出500元钱让张三筹备一顿饭犒劳大家。然而,张三需要考虑这么几个问题:一顿饭需要花多少钱？钱不够了怎么筹备？这些钱都能买什么东西？等等。

张三怕钱不够，于是向李四借了 200 元（这属于负债），加上自己本来有的 500 元（这属于所有者权益），于是张三一共有 700 元（这属于资产）。然而，由于员工太多，桌椅不够用，于是张三花费 20 元向附近的饭馆租借几套桌椅，又到集市买了许多蛋肉果菜等。后来健身俱乐部老板怕钱不够用，又给了张三 300 元钱，多出来的算作辛苦费。于是张三心里打起了小算盘：除去材料、租金等费用，再还给李四 200 元钱，自己还可以剩 80 元钱。把这些钱列出一张账单，其实就是我们熟知的"利润表"。在聚餐过后，张三发现厨房里还剩一只鸡。那么这只鸡是退还给卖家换钱，还是再买几只鸡留着以后下蛋呢？不同的选择，会导致不同现金的流动，把这些问题综合起来，就是"现金流量表"了。

第一节　财务会计报告编制原则与列报要求

财务会计报告是指企业对外提供的反映企业某一特定日期的财务状况和某一会计期间的经营成果、现金流量等会计信息的文件。财务会计报告包括财务报表和其他应当在财务会计报告中披露的相关信息资料。财务报表包括资产负债表、利润表、现金流量表、所有者权益（股东权益）变动表及附注。

一、财务会计报告编制原则

财务会计报告作为提供信息的主要手段，其质量如何对于财务会计报告的使用者来说是至关重要的。为了保证财务会计报告的质量和发挥财务会计报告的重要作用，编制财务会计报告时必须遵循以下原则。

（一）可靠性原则

作为反映企业财务状况、经营成果和现金流量的书面文件，财务会计报告的数据直接关系许多利益相关者，如股东的股利收入、管理人员的报酬和国家的税收等。因此，可靠性是编制财务会计报告的基本原则。会计人员必须以实际发生的交易事项为依据进行核算，保证所提供的会计信息真实可靠。

（二）相关性原则

财务会计的目标是提供有助于财务会计报告使用者做出经济决策的信息。因此，财务会计报告反映的内容应当与财务会计报告使用者的经济决策需要相关。从财务报表的内容选择、指标体系设置到项目分列和排列顺序等都应当考虑使用者的决策需要，从而有助于财务会计报告使用者对企业过去、现在或者未来的情况做出评价或者预测。

（三）充分披露原则

企业应将当期发生的交易与事项全部确认并通过报表披露。报表应填列的指标，包括附注和补充资料，都必须填列齐全，不得漏列。财务会计报告不仅要完整披露会计准则、制度规定的所有事项，还要尽可能披露对信息使用者决策有用的、非法定披露的其他事项和情况，同时对这些非法定披露的其他事项和情况应尽量做到有序披露。

（四）重要性原则

财务会计报告应当反映与企业财务状况、经营成果和现金流量等有关的所有重要交易或者事项。企业在保证尽可能全面、完整反映企业财务状况和经营成果的基础上，要根据一项交易或事项是否会对会计信息使用者的决策产生重大影响，来决定对其反映的精确程度以及在会计报表上是否单独反映。这样一方面降低了信息加工成本，一方面使信息使用者有侧重或有针对性地选择所需的会计信息，从而做出正确的经济决策。

（五）及时性原则

会计信息的价值在于帮助所有者或其他相关者做出经济决策。如果会计信息提供不及时，经济环境发生了变化，时过境迁，这些信息也就失去了应有的价值，无助于经济决策。因此，企业的会计核算应当及时进行，不得提前或延后。

（六）明晰性原则

明晰性原则是指企业编制的财务会计报告应当简明、易懂，简单明了地反映企业的财务状况和经营成果。这样有利于会计信息使用者准确、完整地把握会计信息所要说明的内容，从而更好地加以利用。

二、财务会计报告列报要求

（一）依据各项会计准则确认和计量的结果编制财务报表

企业应当根据实际发生的交易和事项，遵循各项会计准则及解释的规定进行确认和计量，并在此基础上编制财务报表，在附注中对这一情况做出声明。

（二）应当以持续经营为基础编制财务报表

持续经营是会计的基本前提，也是会计确认、计量及编制财务报表的基础。企业编制财务报表时应当对企业的持续经营能力进行评估，评估结果表明对持续经营能力产生重大怀疑的，企业应当在附注中披露导致对持续经营能力产生重大怀疑的影响因素以及企业拟采取的改善措施。

（三）应当按照权责发生制编制财务报表

除现金流量表是按照收付实现制编制的外，企业应当按照权责发生制编制其他财务报表。在采用权责发生制的情况下，当项目符合基本准则中财务报表要素的定义和确认标准时，企业就应当确认相应的资产、负债、所有者权益、收入和费用，并在财务报表中加以反映。

（四）财务报表项目的列报应当在各个会计期间保持一致

可比性是会计信息质量的一项重要要求，目的是使同一企业在不同期间和同一期间不同企业的财务报表相互可比。财务报表项目的列报应当在各个会计期间保持一致，不得随意变更。这一要求不仅只针对财务报表中的项目名称，还包括财务报表项目的分类、排列顺序等方面。

（五）单独列报或汇总列报相关项目时应当遵循重要性原则

项目在财务报表中是单独列报还是汇总列报，应当依据重要性原则来判断。总的原则是，如果某项目单个看不具有重要性，则可将其与其他项目汇总列报；如果具有重要性，应当单独列报。

（六）财务报表项目金额间不能相互抵销

财务报表项目应当以总额列报，资产和负债、收入和费用、直接计入当期利润的利得项目和损失项目的金额不能相互抵销，即不得以净额列报，但企业会计准则另有规定的除外。

（七）应当列报可比会计期间的比较数据

企业在列报当期财务报表时，至少应当提供所有列报项目上一个可比会计期间的比较数据，以及与理解当期财务报表相关的说明，目的是向报表使用者提供对比数据，提高信息在会计期间的可比性。列报比较信息的这一要求适用于财务报表的所有组成部分，即既适用于四张报表，也适用于附注。

第二节 资产负债表

一、资产负债表的含义

资产负债表是总括反映企业在资产负债表日（或报告期末）全部资产、负债和所有者权益情况的报表，是一张揭示企业在一定时点上财务状况的静态报表。它是根据"资产=负债+所有者权益"这一会计等式，依照一定的分类标准和顺序，将企业在一定日期的全部资产、负债和所有者权益项目进行适当分类、汇总、排列后编制而成的。

二、资产负债表的内容

资产负债表在形式上分为表首、正表两部分。其中，表首概括地说明报表名称、编制单位、报表日期、报表编号、货币名称、计量单位等。正表则列示了用以说明企业财务状况的资产、负债、所有者权益各项目及其金额，是资产负债表的主要部分。

（一）资产类项目

资产负债表中的资产反映由过去的交易、事项形成并由企业在某一特定日期所拥有或控制的、预期会给企业带来经济利益的资源。资产类项目按照其流动性分类分项列示，包括流动资产和非流动资产，在流动资产和非流动资产类别下进一步按性质分项列示。

（二）负债类项目

资产负债表中的负债反映在某一特定日期企业所承担的、预期会导致经济利益流出企业的现时义务。负债类项目按照其流动性分类、分项列示，包括流动负债和非流动负债，在流动负债和非流动负债类别下再进一步按性质分项列示。

（三）所有者权益类项目

资产负债表中的所有者权益是企业资产扣除负债后的剩余权益，反映企业在某一特定日期股东（投资者）拥有的净资产的总额。所有者权益类项目一般按照实收资本（股本）、资本公积、盈余公积、未分配利润等分项列示。

> 【专家提醒】
> 会计科目≠报表项目，会计科目与报表项目不是一一对应关系。
> 例如，其他应收款项目的填列不仅包括其他应收款科目的账面价值，还包括应收股利科目和应收利息科目的账面价值。

三、资产负债表的用途

（一）反映企业所拥有或控制的经济资源，以及企业的资本结构

通过资产负债表，可以清楚地了解企业在某一特定日期所拥有的资产总量及其结构；资产负债表可以提供某一日期的负债总额及其结构，表明企业未来需要使用多少资产或劳务清偿债务以及清偿时间；可以反映所有者拥有的权益，据以判断资产保值、增值的情况以及对负债的保障程度。资产负债表将企业的资金来源分为负债和所有者权益两大类，负债进一步划分为流动负债和非流动负债，将所有者权益分为实收资本或股本、资本公积、留存收益，充分反映了企业的资本结构情况。

（二）提供财务分析等基本资料，可据以评价和预测企业的偿债能力

企业的偿债能力是指企业以其资产偿付债务的能力，分为短期偿债能力和长期偿债能力。短期偿债能力主要体现为企业资产和负债的流动性上，资产负债表分门别类地列示流动资产与流动负债，通过将两者相比较，可以评价和预测企业短期偿债能力。长期偿债能力取决于获利能力及资本结构。资产负债表按资产、负债和所有者权益三大会计要素分类，列示了重要项目，可据以评估预测企业的长期偿债能力。

（三）了解企业资源占用情况，有助于识别和评估企业的经营业绩

企业的经营业绩主要取决于其获利能力，获利能力直接关系到能否向债权人还本付息和向投资者支付较高股利。衡量企业获利能力的指标主要有资产报酬率、股东权益报酬率等。这些指标的计算都与资产负债表相关项目有关。

四、资产负债表的结构

资产负债表的格式主要有报告式和账户式两种。

（一）报告式资产负债表

报告式资产负债表又称垂直式资产负债表，它是将资产负债表按资产、负债、所有者权益项目采用垂直分列的形式反映。具体排列形式又分为两种：一是按"资产=负债+所有者权益"的原理排列，上边的资产总计与垂直排列在下边的负债及所有者权益总计保持平衡；二是按"资产-负债=所有者权益"的原理排列，上边的资产总额与负债总额之差，与垂直排列在下边的所有者权益总额保持平衡。具体的简化形式如表 10-1 所示。

表 10-1　资产负债表

编制单位：　　　　　　　　　　　　　　年　月　日　　　　　　　　　　　　　　单位：元

"资产=负债+所有者权益"式	"资产-负债=所有者权益"式
资产：	资产：
⋮	⋮
资产总计	资产总计
负债及所有者权益	
负债：	减负债：
⋮	⋮
负债合计	负债合计
所有者权益：	所有者权益：
⋮	⋮
所有者权益合计	所有者权益合计
负债及所有者权益总计	

（二）账户式资产负债表

账户式资产负债表是按照丁字形账户的形式设计资产负债表，依据"资产=负债+所有者权益"的等式将资产项目列在表的左方，将负债和所有者权益项目列在表的右方，使资产负债表左方资产项目的合计等于右方负债和所有者权益项目的合计。资产负债表（简化形式）如表 10-2 所示。

表 10-2　资产负债表（简化形式）

编制单位：　　　　　　　　　　　年　月　日　　　　　　　　　　　　　单位：元

资产	负债和所有者权益
	负债
⋮	负债合计
	所有者权益
	所有者权益合计
资产总计	负债和所有者权益总计

资产负债表（完整形式）如表 10-3 所示。

表 10-3　资产负债表（完整形式）

编制单位：　　　　　　　　　　　年　月　日　　　　　　　　　　　　　单位：元

资产	期末余额	年初余额	负债和所有者权益（股东权益）	期末余额	年初余额
流动资产：			流动负债：		
货币资金			短期借款		
交易性金融资产			交易性金融负债		
衍生金融资产			衍生金融负债		
应收票据			应付票据		
应收账款			应付账款		
应收款项融资			预收款项		
预付款项			合同负债		
其他应收款			应付职工薪酬		
存货			应交税费		
合同资产			其他应付款		
持有待售资产			持有待售负债		
一年内到期的非流动资产			一年内到期的非流动负债		
其他流动资产			其他流动负债		
流动资产合计			流动负债合计		
非流动资产：			非流动负债：		
债权投资			长期借款		
其他债权投资			应付债券		
长期应收款			其中：优先股		

续表

资产	期末余额	年初余额	负债和所有者权益（股东权益）	期末余额	年初余额
长期股权投资			永续债		
其他权益工具投资			租赁负债		
其他非流动金融资产			长期应付款		
投资性房地产			预计负债		
固定资产			递延收益		
在建工程			递延所得税负债		
生产性生物资产			其他非流动负债		
油气资产			非流动负债合计		
使用权资产			负债合计		
无形资产			所有者权益（或股东权益）：		
开发支出			实收资本（或股本）		
商誉			其他权益工具		
长期待摊费用			其中：优先股		
递延所得税资产			永续债		
其他非流动资产			资本公积		
非流动资产合计			减：库存股		
			其他综合收益		
			专项储备		
			盈余公积		
			未分配利润		
			所有者权益（或股东权益）合计		
资产总计			负债和所有者权益（或股东权益）总计		

> **【小提示】**
>
> 根据《企业会计准则》的规定，我国企业的资产负债表采用账户式结构，即左侧列报资产方，一般按资产的流动性大小排列；右侧列报负债方和所有者权益方，一般按要求清偿时间的先后顺序排列。

五、资产负债表的填列方法

资产负债表各项目均需填列"年初余额"和"期末余额"两栏。其中，"年初余额"栏内各项数字应根据上年年末资产负债表的"期末余额"栏内所列数字填列。如果本年度资产负债表规定的各项目的名称和内容与上年不一致，则应对上年年末资产负债表各项目的名称和数字按照本年度的规定进行调整，填入该表"年初余额"栏内。资产负债表中的"期末余额"栏内各项数字，应根据报告期末资产、负债和所有者权益项目有关

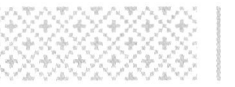

总账账户或明细账户的期末余额直接填列或计算分析填列。

（一）期末余额栏的填列方法

1. 根据总账账户的余额填列

资产负债表中的有些项目可直接根据有关总账账户的余额填列，如交易性金融资产、短期借款、应付职工薪酬、应交税费、实收资本等项目；有些项目则需根据几个总账账户的余额计算填列，如货币资金项目，应根据库存现金、银行存款、其他货币资金三个账户的期末余额合计数填列。

2. 根据有关明细账户的余额计算填列

资产负债表中有些项目需要根据明细分类账户余额来计算填列，如应付账款项目，需要根据应付账款、预付账款账户所属的相关明细账户的期末贷方余额计算填列。

3. 根据总账账户和明细账户的余额分析计算填列

资产负债表中有些项目需要根据总分类账户和明细分类账户余额分析计算填列，如长期借款项目，需根据长期借款总账账户余额扣除长期借款账户所属的明细账户中将在资产负债表日起一年内到期且企业不能自主地将清偿义务展期的长期借款后的金额计算填列。明细账中反映的将于一年内到期的长期借款金额，应单独列示于资产负债表流动负债项目下的一年内到期的非流动负债项目内。

4. 根据有关账户余额减去其备抵账户余额后的净额填列

资产负债表中有些项目需要根据总分类账户及其备抵账户抵消后的净额填列，如无形资产项目，应根据无形资产账户期末余额减去无形资产减值准备、累计摊销余额后的净额填列；长期股权投资等项目，需根据长期股权投资等账户的期末余额减去长期股权投资减值准备等账户余额后的净额填列。

5. 综合运用上述填列方法分析填列

资产负债表中有些项目需要综合运用上述填列方法分析填列，如存货项目，需根据原材料、库存商品、委托加工物资、周转材料、材料采购、在途物资、发出商品和材料成本差异等总账账户期末余额的分析汇总数，减去存货跌价准备账户余额后的金额填列。

（二）资产负债表主要项目的填列方法

资产负债表主要项目的填列方法如表10-4所示。

表10-4 资产负债表主要项目的填列方法

序号	项目	填列方法
1	货币资金	根据库存现金、银行存款、其他货币资金账户期末余额的合计数填列
2	应收票据	根据应收票据账户期末余额减去坏账准备账户中有关应收票据计提的坏账准备期末余额后的金额填列
3	应收账款	根据应收账款、预收账款账户所属各明细账户的期末借方余额合计数，减去坏账准备账户中有关应收账款计提的坏账准备期末余额后的金额填列

续表

序号	项目	填列方法
4	预付款项	根据预付账款、应付账款所属的各明细账户的期末借方余额合计数减去坏账准备账户中预付账款计提的坏账准备的余额后的净额填列
5	存货	根据材料采购（或在途物资）、原材料、周转材料、材料成本差异（或商品进销差价）、生产成本、自制半成品、库存商品、存货跌价准备等账户借贷方余额的差额计算填列
6	固定资产	根据固定资产账户的期末余额，减去累计折旧和固定资产减值准备账户的期末余额后的金额，以及固定资产清理账户的期末余额填列
7	无形资产	根据无形资产账户的期末余额，减去累计摊销和无形资产减值准备账户的余额后的净额填列
8	短期借款	根据短期借款账户的期末余额填列
9	应付票据	根据应付票据账户的期末余额填列
10	应付账款	根据应付账款和预付账款账户所属明细账户的期末贷方余额合计数填列
11	预收账款	根据预收账款和应收账款账户所属各明细账户的期末贷方余额合计数填列
12	应付职工薪酬	根据应付职工薪酬账户的期末贷方余额填列。如果应付职工薪酬期末有借方余额的，则以"－"号填列
13	长期借款	根据长期借款账户的期末余额减去将于一年内到期偿还金额后的余额填列
14	实收资本（或股本）	根据实收资本（或股本）账户的期末余额填列
15	资本公积	根据资本公积账户的期末余额填列
16	盈余公积	根据盈余公积账户的期末余额填列
17	未分配利润	根据本年利润和利润分配账户余额计算填列。由于本年利润账户年末无余额，年末本项目应根据利润分配账户余额直接填列。未弥补的亏损在本项目中以"－"号填列

（三）资产负债表编制实例

根据第四章所涉及的至诚有限责任公司资料为例，编制该公司 2022 年 12 月 31 日的资产负债表，资产负债表具体内容如表 10-5 所示。

表 10-5 资产负债表

编制单位：至诚有限责任公司　　　　　　2022 年 12 月 31 日　　　　　　　　　单位：元

资产	期末余额	年初余额	负债和所有者权益（或股东权益）	期末余额	年初余额
流动资产：			流动负债：		
货币资金	12 306 746.48		短期借款		
交易性金融资产	260 000.00		交易性金融负债		
衍生金融资产			衍生金融负债		
应收票据	180 000.00		应付票据		
应收账款			应付账款		
应收款项融资			预收款项		
预付款项			合同负债		
其他应收款			应付职工薪酬		

续表

资产	期末余额	年初余额	负债和所有者权益（或股东权益）	期末余额	年初余额
存货	230 753.00		应交税费		
合同资产			其他应付款		
持有待售资产			持有待售负债		
一年内到期的非流动资产			一年内到期的非流动负债		
其他流动资产			其他流动负债		
流动资产合计	12 977 499.48		流动负债合计		
非流动资产：			非流动负债：		
债权投资			长期借款	4 000 000.00	
其他债权投资			应付债券		
长期应收款			其中：优先股		
长期股权投资	1 000 000.00		永续债		
其他权益工具投资			租赁负债		
其他非流动金融资产			长期应付款		
投资性房地产			预计负债		
固定资产	6 472 000.00		递延收益		
在建工程			递延所得税负债		
生产性生物资产			其他非流动负债		
油气资产			非流动负债合计	4 000 000.00	
使用权资产			负债合计	4 000 000.00	
无形资产			所有者权益（或股东权益）：		
开发支出			实收资本（或股本）	16 000 000.00	
商誉			其他权益工具		
长期待摊费用			其中：优先股		
递延所得税资产			永续债		
其他非流动资产			资本公积		
非流动资产合计	7 472 000.00		减：库存股		
			其他综合收益		
			专项储备		
			盈余公积	84 281.16	
			未分配利润	365 218.32	
			所有者权益（或股东权益）合计	16 449 499.48	
资产总计	204 449 499.48		负债和所有者权益（或股东权益）总计	20 449 499.48	

第三节　利润表

一、利润表的含义

利润表又称收益表、损益表，它是反映企业在一定会计期间经营成果的财务报表，是一张动态的报表。利润表是根据"收入-费用=利润"的基本关系来编制的。

> **小贴士**
>
> 利润表含义的注意点
> 第一，一定会计期间，会计期间可以是月度、季度、年度等。
> 第二，经营成果，就是企业生产经营的结果，具体表现为利润或亏损。

二、利润表的内容

利润表在形式上分为表首、正表两部分。其中，表首说明报表名称、编制单位、编制日期、报表编号、货币名称、计量单位等。正表是利润表的主体，反映形成经营成果的各个项目和计算过程。利润表主要反映以下几个方面的内容：

（1）构成营业利润的各项要素。从营业收入出发，减去营业成本、税金及附加、期间费用以及资产减值损失，加上公允价值变动收益（减去公允价值变动损失）和投资收益（减去投资损失）等项目，从而计算出营业利润。

（2）构成利润总额的各项要素。在营业利润的基础上，加减营业外收支等项目后得出。

（3）构成净利润的各项要素。在利润总额的基础上，减去所得税费用后得出。

三、利润表的用途

（一）反映企业在一定期间内的经营成果，为外部投资者以及信贷者提供决策依据

经营成果是一定期间的营业收益扣除相关的费用后的余额，体现企业财富增长的规模。通过利润表，可以计算利润的绝对值指标，也可以计算资金利润率等相对值指标，并通过比较分析，了解该企业的活力水平、利润增减变化趋势，为外部投资者以及信贷者提供决策依据。

（二）为企业管理人员的未来决策提供依据

利润表综合反映了企业在一定会计期间内的营业收入、营业成本以及期间费用，披

露了利润组成的各大要素,通过分析利润的增减变化,可以寻求其变动的根本原因,以便在管理方面揭露矛盾、找出差距、明确今后的工作重点、做出正确的决策。

(三)为企业内部经营业绩考核提供重要依据

利润表所提供的盈利相关信息是综合性的信息,它既是企业在生产、经营、理财、投资等各项活动中管理效率和效益的直接表现,又是生产经营过程中投入与产出对比的结果;它既是各部门制定工作的参考,又是考核各部门计划执行结果的重要依据。利润表所提供的相关数据可以用来评判各部门的工作业绩,以便企业做出正确的奖罚决策。

四、利润表的结构

利润表的格式主要有单步式和多步式两种。

(一)单步式利润表

单步式利润表将当期所有收入(广义)列在一起,然后将所有费用(广义)列在一起,两者相减得出当期净损益。单步式利润表的格式如表10-6所示。

表10-6 利润表(单步式)

编制单位:　　　　　　　　　　　年　月　　　　　　　　　　　　单位:元

项目	本期金额	上期金额
一、收入		
营业收入		
投资收益		
营业外收入		
收入合计		
二、费用		
营业成本		
税金及附加		
销售费用		
管理费用		
财务费用		
资产减值损失		
营业外支出		
所得税费用		
费用合计		
三、净利润		

（二）多步式利润表

多步式利润表通过对当期的收入、费用、支出项目按性质加以归类，按利润形成的主要环节列示一些中间性利润指标，分步计算当期净损益。企业可以分如下三个步骤编制利润表。

1. 计算营业利润

营业利润是企业利润的主要来源，是以营业收入为起点扣除相应费用后的净额，具体公式如下：

营业利润=营业收入-营业成本-税金及附加-研发费用-销售费用-管理费用-财务费用-资产减值损失-信用减值损失+其他收益+投资收益（-投资损失）+公允价值变动收益（-公允价值变动损失）+资产处置收益（-资产处置损失）

2. 计算利润总额

利润总额是在营业利润基础上调整营业外收入及营业外支出后确认的，具体公式如下：

利润总额=营业利润+营业外收入-营业外支出

3. 计算净利润

净利润是在利润总额的基础上扣除当期应承担的所得税费用确认的，具体公式如下：

净利润=利润总额-所得税费用

在我国，利润表格式采取多步式，具体格式如表10-7所示。

表 10-7 利润表（多步式）

编制单位：　　　　　　　　　　　　　年　　　　　　　　　　　　　单位：元

项目	本期金额	上期金额
一、营业收入		
减：营业成本		
税金及附加		
销售费用		
管理费用		
研发费用		
财务费用		
其中：利息费用		
利息收入		
加：其他收益		
投资收益（损失以"-"号填列）		
公允价值变动收益（损失以"-"号填列）		
信用减值损失		
资产减值损失		

续表

项目	本期金额	上期金额
资产处置收益（损失以"－"号填列）		
二、营业利润（亏损以"－"号填列）		
加：营业外收入		
减：营业外支出		
三、利润总额（亏损总额以"－"号填列）		
减：所得税费用		
四、净利润（净亏损以"－"号填列）		

小贴士

单步式利润表与多步式利润表的优缺点

单步式利润表的优点是编制方式简单，收入、支出归类清楚，缺点是收入、费用的性质不加区分，不利于报表分析；多步式利润表最大的优点是利润的形成内容清楚，排序上体现了会计核算的配比原则，提供的信息多，便于多层次的进行财务分析，能较好地满足企业及与企业有关各方进行决策的信息需求，缺点是编制较为复杂，收入、费用的分类带有主观性。

五、利润表的填列方法

根据企业会计准则的规定，企业提供的利润表是比较报表，利润表各项目均需填列"上期金额"和"本期金额"两栏。其中，"上期金额"栏内各项数字应根据上年该期利润表"本期金额"栏内所列数字填列。如果上年该期利润表规定的各个项目的名称和内容同本期不一致，应对上年该期利润表各项目的名称和数字按本期的规定进行调整，填入利润表"上期金额"栏内。利润表"本期金额"栏内各项数字一般应根据损益类科目的发生额分析填列。

（一）本期金额栏的填列方法

（1）根据账户本期发生额直接填列。

利润表中大部分项目是根据各损益类账户本期发生额直接填列，例如，税金及附加、销售费用、管理费用、财务费用、资产减值损失、公允价值变动收益、营业外收入、营业外支出、所得税费用等项目。

（2）根据账户本期发生额计算分析填列。

例如，营业收入项目，根据主营业务收入和其他业务收入账户的本期发生额合计数填列；营业成本项目，根据主营业务成本和其他业务成本账户的本期发生额合计数填列。

（3）根据利润表项目之间的关系计算分析填列。

利润表中某些项目需要根据项目之间的关系计算填列，例如，营业利润、利润总额、净利润项目。

第十章 财务会计报告编制与披露

（二）利润表主要项目的填列方法

利润表主要项目的填列方法如表 10-8 所示。

表 10-8 利润表主要项目的填列方法

序号	项目	填列方法
1	营业收入	根据主营业务收入账户和其他业务收入账户的发生额分析填列
2	营业成本	根据主营业务成本账户和其他业务成本账户的发生额分析填列
3	税金及附加	根据税金及附加账户的发生额分析填列
4	销售费用	根据销售费用账户的发生额分析填列
5	管理费用	根据管理费用账户的发生额分析填列
6	财务费用	根据财务费用账户的发生额分析填列
7	资产减值损失	根据资产减值损失账户的发生额分析填列
8	信用减值损失	根据信用减值损失账户的发生额分析填列
9	其他收益	根据其他收益账户的发生额分析填列
10	投资收益	根据投资收益账户的发生额分析填列，如果为净损失，应以"-"号填列
11	公允价值变动收益	根据公允价值变动损益账户的发生额分析填列，如果为净损失，应以"-"号填列
12	资产处置收益	根据资产处置损益账户的发生额分析填列；如果为处置损失，以"-"号填列
13	营业外收入	根据营业外收入账户的发生额分析填列
14	营业外支出	根据营业外支出账户的发生额分析填列
15	所得税费用	根据所得税费用账户的发生额分析填列
16	净利润	根据利润总额项目金额减去所得税费用项目金额计算填列，如果为亏损，应以"-"号填列

（三）利润表编制实例

根据第四章至诚有限责任公司 2022 年发生的各项经济业务资料为例，编制该公司 2022 年度的利润表，利润表如表 10-9 所示。

表 10-9 利润表

编制单位：至诚有限责任公司　　　　　　　2022 年度　　　　　　　　　　单位：元

项目	本期金额	上期金额
一、营业收入	850 000.00	
减：营业成本	646 147.00	
税金及附加	5 887.20	
销售费用	60 000.00	
管理费用	156 800.00	
研发费用		
财务费用	200 000.00	
其中：利息费用		

续表

项目	本期金额	上期金额
利息收入		
加：其他收益		
投资收益（损失以"-"号填列）	300 000.00	
公允价值变动收益（损失以"-"号填列）	68 000.00	
信用减值损失		
资产减值损失		
资产处置收益（损失以"-"号填列）		
二、营业利润（亏损以"-"号填列）	149 165.80	
加：营业外收入	800 000.00	
减：营业外支出	200 000.00	
三、利润总额（亏损总额以"-"号填列）	749 165.80	
减：所得税费用	187 291.45	
四、净利润（净亏损以"-"号填列）	561 874.35	

【专家提醒】

会计核算时，研发无形资产发生的费用化的研发支出计入研发支出——费用化支出科目，期末转入管理费用科目；在报表中填列时，单独填列在研发费用项目中。

【关键词】

财务会计报告（Financial Accounting Report）
资产负债表（Balance Sheet）
利润表（Income Statement）

【思维导图】

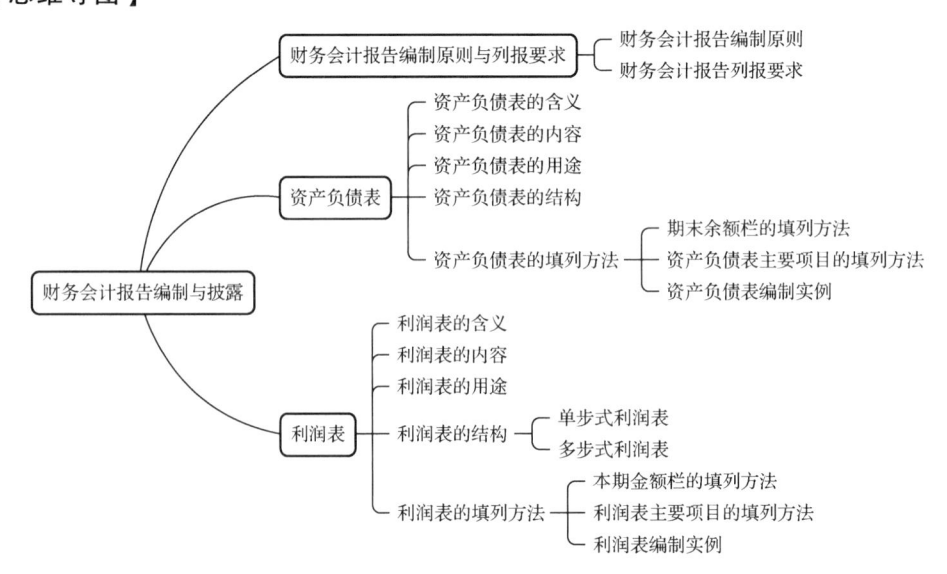

财务会计报告编制与披露
- 财务会计报告编制原则与列报要求
  - 财务会计报告编制原则
  - 财务会计报告列报要求
- 资产负债表
  - 资产负债表的含义
  - 资产负债表的内容
  - 资产负债表的用途
  - 资产负债表的结构
  - 资产负债表的填列方法
    - 期末余额栏的填列方法
    - 资产负债表主要项目的填列方法
    - 资产负债表编制实例
- 利润表
  - 利润表的含义
  - 利润表的内容
  - 利润表的用途
  - 利润表的结构
    - 单步式利润表
    - 多步式利润表
  - 利润表的填列方法
    - 本期金额栏的填列方法
    - 利润表主要项目的填列方法
    - 利润表编制实例

第十章 财务会计报告编制与披露

【**实操实训**】

A 公司 2021 年 12 月 31 日相关账户的余额如下表所示。

账户名称	明细账户	借方余额（元）	贷方余额（元）	备注
材料采购		36 000		
原材料		62 400		
周转材料		4 800		
应收账款	甲公司	80 560		
	乙公司		1 600	
应付账款	丙公司		68 000	
	丁公司	15 680		
预收账款	戊公司		60 800	
	己公司	16 000		
长期借款			96 000	其中有 36 000 元将于 2022 年 4 月偿还
应付债券			320 000	其中有 216 000 元将于 2022 年 6 月 30 日到期

根据上述资料计算资产负债表中的存货、应收账款、预付账款、应付账款、预收账款、一年内到期的非流动负债、长期借款、应付债券的金额。

第十一章
会计账务处理程序

↘ 知识目标

通过对本章的学习，学生应了解各种账务处理程序的含义、特点、优缺点及其适用范围，理解各种账务处理程序的账务处理过程，熟悉各种账务处理程序下凭证账簿的设置。

↘ 技能目标

通过对本章的学习，学生应能够采用记账凭证账务处理程序和科目汇总表账务处理程序处理经济业务全过程。

↘ 课程思政

企业所选用的账务处理程序，应与本企业的业务性质、规模大小、繁简程度、经营管理的要求和特点等相适应，找寻适合本企业的账务处理程序。随着内外部环境的变化，企业要随时更换所应用的账务处理程序，使之更好地满足企业经营管理的需要。

↘ 会计小故事

小张是一家小企业的会计，他的主要工作是负责登记该企业的总分类账。起初，由于企业业务不多，小张每月根据各种记账凭证逐笔登记总分类账，并没有感觉到工作量大。然而，随着企业规模的扩大，业务量持续上升，小张感到记账的工作量越来越大，经常要加班，并且错账率也在逐渐上升，小张感到工作压力很大。有一天，小张在公司楼下的餐厅吃饭，碰到了同在一栋楼的同学小王，小王是大公司的财务经理。两人一边吃饭一边聊着最近发生的事。当小王聊到最近各自的工作时，小张露出了苦涩的面庞。小王详细询问了一番后,告诉小张他们公司在登记总分类账时是根据科目汇总表登记的,减少了很多工作量。当了解了具体的操作步骤后,小张立马去找了公司的财务经理希望本公司也能使用此种程序。财务经理在对相关程序进行系统的学习后,采纳了小张的建议。自此以后,小张做起账来愈加顺手,心情也变好了很多。

第一节 会计账务处理程序的含义与要求

一、会计账务处理程序的含义

会计账务处理程序也称会计核算程序,是指在会计核算中,会计主体所采用的会计凭证、会计账簿、会计报表的种类和格式与一定的记账程序有机结合的方法和步骤,其含义可结合图11-1加以理解。

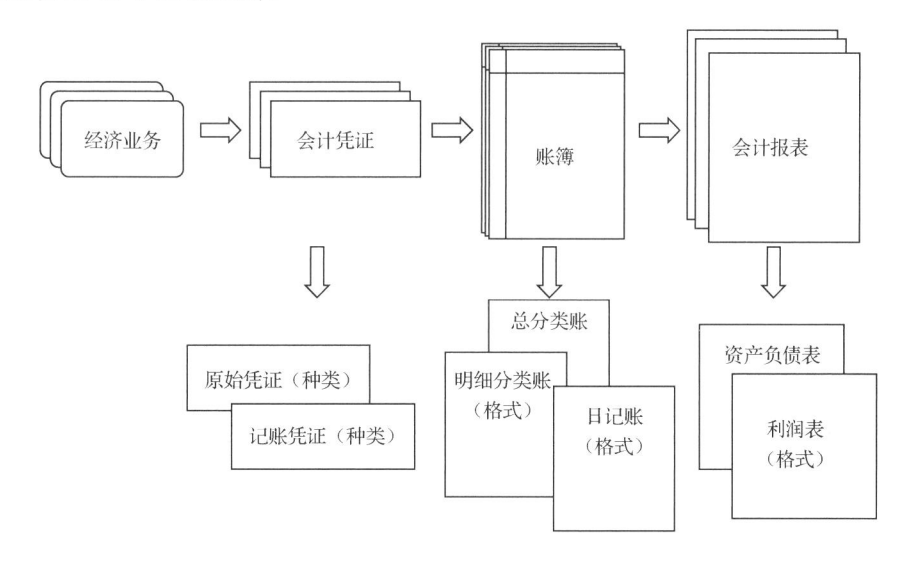

图 11-1 会计账务处理程序示意图

通过会计账务处理程序,从会计期初到会计期末,将会计一定时期内发生的所有会计交易或事项,依据一定的步骤和方法,加以确认、计量、记录、分类、汇总直至编制会计报表,完成会计核算的全过程,将会计核算的七种方法贯穿成为会计处理系统,完成会计任务,实现会计目标。

二、会计账务处理程序的要求

企业确定所采用的会计账务处理程序是做好会计工作的重要前提。合理、科学的会计账务处理程序不但可以提高会计工作的效率,而且能保证会计工作的质量,所以,企业无论采用哪种会计账务处理程序均应满足以下要求。

（一）结合实际，满足需要

会计账务处理程序应与本单位的经营性质、生产经营规模大小、业务量多少、会计事项的繁简程度、会计机构的设置和会计人员的配备、分工等情况相适应。同时，选用的会计账务处理程序要能够满足企业经营管理的需要，促进企业经营管理水平的提高。

（二）保证质量，提高效率

会计账务处理程序要保证会计信息的质量，也就是要选取能正确、及时地提供本单位和有关方面对会计核算资料要求的核算组织程序。在保证核算资料及时、准确的基础上，要力求提高会计核算的效率。

（三）力求简化，降低成本

会计账务处理程序要在保证会计工作质量的前提下，尽量简化会计核算手续，节约时间及费用支出，使核算数字从凭证到报表的结转登记次数最少。

三、会计账务处理程序的种类

根据不同会计主体规模和业务特点以及登记总分类账依据选择的不同，会计账务处理程序分为：记账凭证账务处理程序、科目汇总表账务处理程序、汇总记账凭证账务处理程序和日记总账账务处理程序。

> 【小提示】
> 各种账务处理程序既有共同点，又有各自的特点。它们的主要区别是登记总分类账的依据和方法不同。在我国，常用的会计账务处理程序包括记账凭证账务处理程序、科目汇总表账务处理程序和汇总记账凭证账务处理程序。

第二节　记账凭证账务处理程序

一、记账凭证账务处理程序的含义

记账凭证账务处理程序是指对发生的经济业务根据原始凭证或汇总原始凭证编制记账凭证、再根据记账凭证直接登记总分类账的一种账务处理程序。

二、记账凭证账务处理程序的特点

记账凭证账务处理程序的特点是：直接根据各种记账凭证逐笔登记总分类账。它是一种最基本的会计账务处理程序,其他账务处理程序均是在此基础上发展和演变而来的。

在记账凭证账务处理程序中,记账凭证可采用通用记账凭证,也可分别设置收款凭证、付款凭证和转账凭证三种专用记账凭证的格式。账簿的设置一般包括现金日记账、银行存款日记账、总分类账和明细分类账。日记账与总分类账均可采用三栏式;明细分类账可根据各单位的实际情况和管理上的需求,采用三栏式、多栏式或数量金额式等。具体凭证与账簿的设置如图 11-2 所示。

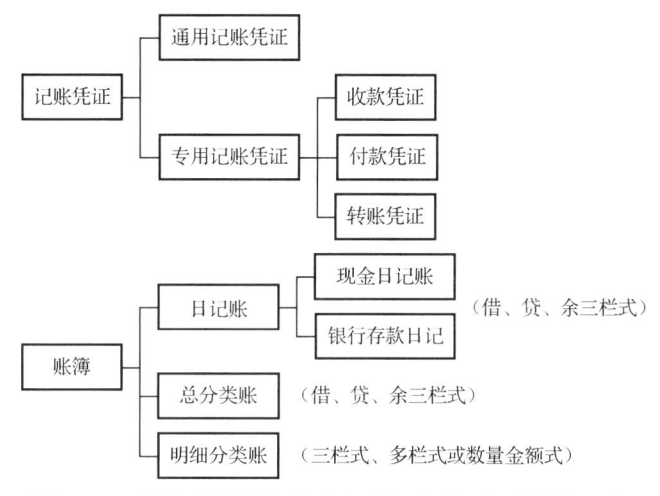

图 11-2　记账凭证账务处理程序记账凭证与账簿的设置

三、记账凭证账务处理程序的步骤

记账凭证账务处理程序基本步骤包括:
① 根据原始凭证或汇总原始凭证填制记账凭证;
② 根据收款凭证、付款凭证逐笔序时地登记现金日记账和银行存款日记账;
③ 根据原始凭证、汇总原始凭证和记账凭证登记有关的明细分类账;
④ 根据记账凭证逐笔登记总分类账;
⑤ 期末,将日记账和各种明细分类账的期末余额与相应总分类账的期末余额相互核对;
⑥ 期末,根据总分类账和明细分类账资料编制会计报表。
记账凭证账务处理程序各步骤之间的关系如图 11-3 所示。

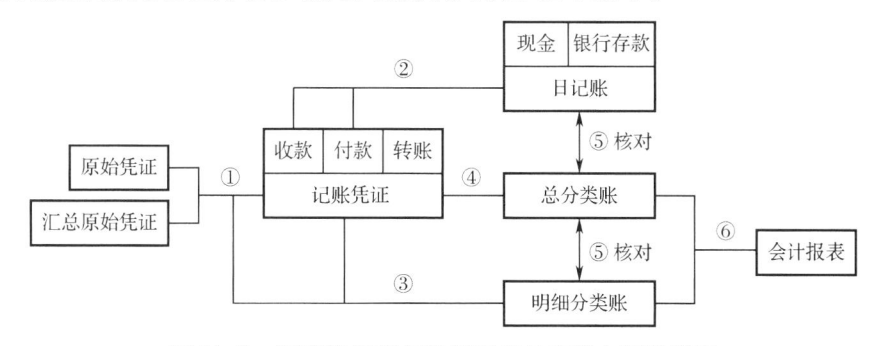

图 11-3　记账凭证账务处理程序各步骤之间的关系

四、记账凭证账务处理程序的评价

（一）记账凭证账务处理程序的优缺点

1. 记账凭证账务处理程序的优点

记账凭证账务处理程序的优点包括：一是会计核算程序简单明了、易于理解、使用方便。二是由于直接根据记账凭证登记总分类账，不进行中间汇总，所以在总分类账中能够详细地反映经济业务的发生情况，账户之间的对应关系一目了然，便于核对和审查。

2. 记账凭证账务处理程序的缺点

记账凭证账务处理程序的缺点包括：由于总分类账是直接根据记账凭证逐笔登记的，当经济业务较多时，登记总分类账的工作量变大，同时账页耗用多，预留账页多少难以把握。

（二）记账凭证账务处理程序的适用范围

记账凭证账务处理程序一般适用于规模较小、业务量较少、需要编制凭证不多的企业。经济业务较多的企业若采用记账凭证账务处理程序，应尽可能先将内容相同的原始凭证进行汇总，根据汇总原始凭证编制记账凭证，减少登记总分类账的工作量，提高会计核算效率。

第三节　科目汇总表账务处理程序

第十一章第三节

一、科目汇总表账务处理程序的含义

科目汇总表账务处理程序是指定期将各种记账凭证汇总编制成科目汇总表、再根据科目汇总表登记总分类账的一种账务处理程序，它是在记账凭证账务处理程序的基础上演变而来的一种账务处理程序。

二、科目汇总表账务处理程序的特点

科目汇总表账务处理程序的特点是：根据记账凭证定期编制科目汇总表，并以此为依据登记总分类账。

在科目汇总表账务处理程序中，记账凭证和账簿格式、种类与记账凭证账务处理程序基本相同。记账凭证可以采用通用记账凭证，也可以采用收款凭证、付款凭证和转账凭证等专用记账凭证，设置的主要账簿有日记账、总分类账、明细分类账。与记账凭证账务处理程序不同的是，此种账务处理程序要设置科目汇总表。

科目汇总表又称记账凭证汇总表，它是根据一定时期的全部记账凭证，按照相同的会计科目归类，定期汇总计算每个账户的借方发生额和贷方发生额，并将发生额填入科目汇总表的相应栏目内。科目汇总表编制的时间可以根据企业经营规模和业务量确定，如果企业经营规模和业务量比较大，可以十天或十五天汇总一次，每月编制两次或三次科目汇总表，每编制一次科目汇总表即可登记一次总分类账。如果企业经营规模和业务量比较小，可以每月于月末编制一次科目汇总表，根据科目汇总表登记一次总分类账。月内多次汇总的科目汇总表的格式如表 11-1 所示。

表 11-1　科目汇总表（月内多次汇总）

年　月　日至　月　日

会计科目	1—10 日		11—20 日		21—31 日		合计		账页
	借方	贷方	借方	贷方	借方	贷方	借方	贷方	
……	……	……	……	……	……	……	……	……	……
合计									

按月汇总的科目汇总表的格式如表 11-2 所示。

表 11-2　科目汇总表（按月汇总）

年　　月

会计科目	本期发生额		账页
	借方	贷方	
……	……	……	……
合计			

三、科目汇总表账务处理程序的步骤

科目汇总表账务处理程序的基本步骤包括：
① 根据原始凭证或汇总原始凭证填制记账凭证；
② 根据收款凭证、付款凭证逐笔序时地登记现金日记账和银行存款日记账；
③ 根据原始凭证、汇总原始凭证和记账凭证登记有关的明细分类账；
④ 根据各种记账凭证编制科目汇总表；
⑤ 根据科目汇总表登记总分类账；
⑥ 期末，将日记账和各种明细分类账的期末余额与相应总分类账的期末余额相互核对；
⑦ 期末，根据总分类账和明细分类账资料编制会计报表。
科目汇总表账务处理程序各步骤之间的关系如图 11-4 所示。

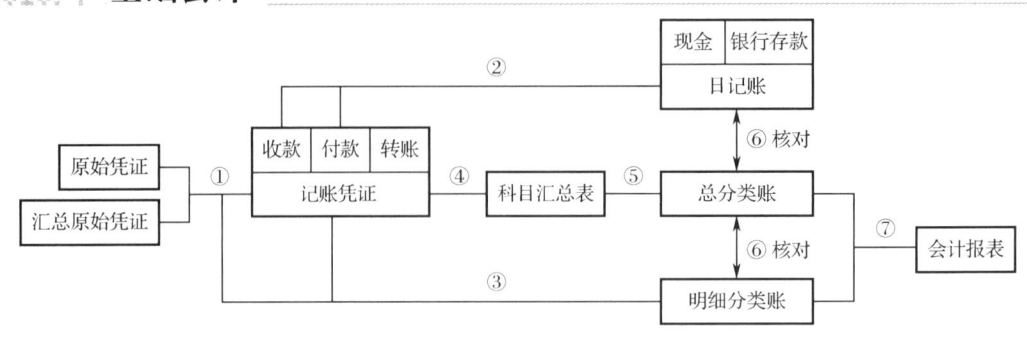

图 11-4　科目汇总表账务处理程序各步骤之间的关系

四、科目汇总表账务处理程序的评价

（一）科目汇总表账务处理程序的优缺点

1. 科目汇总表账务处理程序的优点

科目汇总表账务处理程序的优点包括：一是根据科目汇总表登记总账简化了登记总分类账的工作量。二是在登记总分类账之前，通过编制科目汇总表，起到了试算平衡的作用，能够及时发现并纠正记账的错误，确保账簿记录的准确性。

2. 科目汇总表账务处理程序的缺点

科目汇总表账务处理程序的缺点包括：科目汇总表是按各个会计科目归类汇总其发生额的，该表和总分类账都不反映账户间的对应关系，因而不便于查对账目和分析经济业务的来龙去脉。同时，在科目汇总表账务处理程序下，需要定期根据记账凭证进行汇总，增加了编制科目汇总表的工作量。

（二）科目汇总表账务处理程序的适用范围

科目汇总表账务处理程序减轻了登记总分类账的工作量，并可做到试算平衡，因此适用于所有类型的单位，尤其适用于规模较大、经济业务量较多的单位。

第四节　汇总记账凭证账务处理程序

一、汇总记账凭证账务处理程序的含义

汇总记账凭证账务处理程序是指根据原始凭证或汇总原始凭证编制记账凭证、定期根据各种记账凭证编制汇总记账凭证，再根据汇总记账凭证登记总分类账的一种账务处理程序。

第十一章 会计账务处理程序

> **小贴士**
>
> 各种汇总记账凭证汇总的期限一般不应超过 10 天，每月至少汇总 3 次，每月填制一张，月终计算出合计数，据以登记总分类账。

二、汇总记账凭证账务处理程序的特点

汇总记账凭证账务处理程序的特点是：定期根据记账凭证分类编制汇总收款凭证、汇总付款凭证和汇总转账凭证。

在汇总记账凭证账务处理程序中，除设置收款凭证、付款凭证和转账凭证外，还应设置汇总收款凭证、汇总付款凭证和汇总转账凭证。采用汇总记账凭证账务处理程序，设置的账簿主要有日记账、总分类账和各种明细分类账，其格式与记账凭证账务处理程序的要求基本相同。

三、汇总记账凭证账务处理程序的步骤

汇总记账凭证账务处理程序的基本步骤包括：

① 根据原始凭证或汇总原始凭证填制记账凭证；
② 根据收款凭证、付款凭证逐笔序时地登记现金日记账和银行存款日记账；
③ 根据原始凭证、汇总原始凭证和记账凭证登记有关的明细分类账；
④ 根据收款凭证、付款凭证和转账凭证定期编制汇总收款凭证、汇总付款凭证和汇总转账凭证；
⑤ 根据各种汇总记账凭证登记总分类账；
⑥ 期末，将日记账和各种明细分类账的期末余额与相应总分类账的期末余额相互核对；
⑦ 期末，根据总分类账和明细分类账资料编制会计报表。

汇总记账凭证账务处理程序各步骤之间的关系如图 11-5 所示。

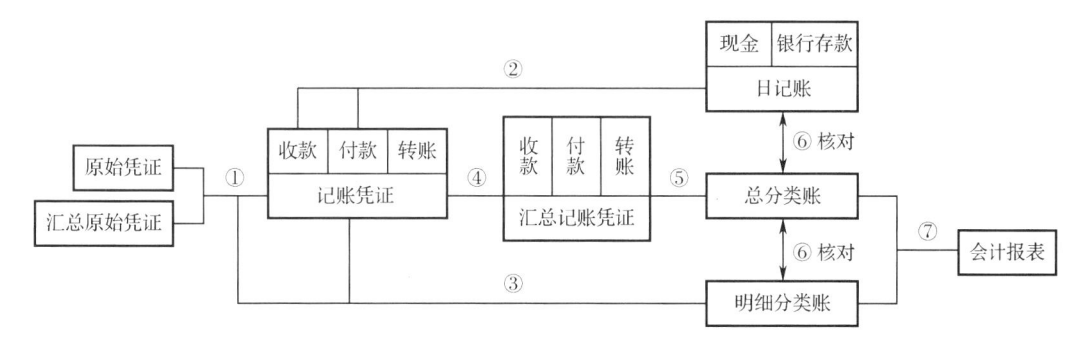

图 11-5 汇总记账凭证账务处理程序各步骤之间的关系

四、汇总记账凭证账务处理程序的评价

（一）汇总记账凭证账务处理程序的优缺点

1. 汇总记账凭证账务处理程序的优点

汇总记账凭证账务处理程序的优点包括：一是根据汇总记账凭证一次登记总账，减轻了登记总分类账的工作量。二是通过汇总记账凭证能清晰地反映各科目之间的对应关系，便于查对和分析账目，克服了科目汇总表账务处理程序的缺点。

2. 汇总记账凭证账务处理程序的缺点

汇总记账凭证账务处理程序的缺点包括：定期编制汇总记账凭证的工作量比较大。同时，编制汇总记账凭证是一项比较复杂的工作，使用此种账务处理程序难以发现汇总过程中存在的错误。

（二）汇总记账凭证账务处理程序的适用范围

汇总记账凭证账务处理程序一般适用于规模大、经济业务较多的并且会计分工比较细的企业，特别是转账业务较少、收付款业务较多的企业。

第五节　日记总账账务处理程序

一、日记总账账务处理程序的含义

日记总账账务处理程序是指根据原始凭证或汇总原始凭证编制记账凭证，再根据记账凭证直接逐笔登记日记总账的一种账务处理程序。

二、日记总账账务处理程序的特点

日记总账账务处理程序的特点是：预先设置日记总账，根据经济业务发生以后所填制的各种记账凭证直接登记在兼具日记账和总账性质的日记总账中。

在日记总账账务处理程序中，记账凭证和账簿格式、种类与记账凭证账务处理程序基本相同。记账凭证可以采用通用记账凭证，也可以采用收款凭证、付款凭证和转账凭证等专用记账凭证，但设置的账簿除了有日记账、总分类账和各种明细分类账，还专门设置了日记总账。

日记总账是把日记账和总分类账结合在一起的联合账簿，具有日记账和总分类账的双重作用。日记总账的账页一般应设置为多栏式，即将经济业务发生后可能涉及的所有账户，在日记总账中分设专栏集中列示于同一张账页上，对于每一个会计账户又要具体

分设借方和贷方两栏。对于所有经济业务均按发生时间的先后顺序进行序时记录，并根据经济业务的性质和账户对应关系进行总分类记录。日记总账的格式如表 11-3 所示。

表 11-3　日记总账

20××年		凭证号数	摘要	发生额	银行存款		材料采购		……
月	日				借方	贷方	借方	贷方	
			……						……
			本月合计						
			月末余额						

三、日记总账账务处理程序的步骤

日记总账账务处理程序的基本步骤包括：
① 根据原始凭证或汇总原始凭证填制记账凭证；
② 根据收款凭证、付款凭证逐笔序时登记现金日记账和银行存款日记账；
③ 根据原始凭证、汇总原始凭证和记账凭证登记有关的明细分类账；
④ 根据各种记账凭证逐笔登记日记总账
⑤ 期末，将日记账和各种明细分类账的期末余额与日记总账的期末余额相互核对；
⑥ 期末，根据日记总账和明细分类账资料编制会计报表。
日记总账账务处理程序的各步骤之间的关系如图 11-6 所示。

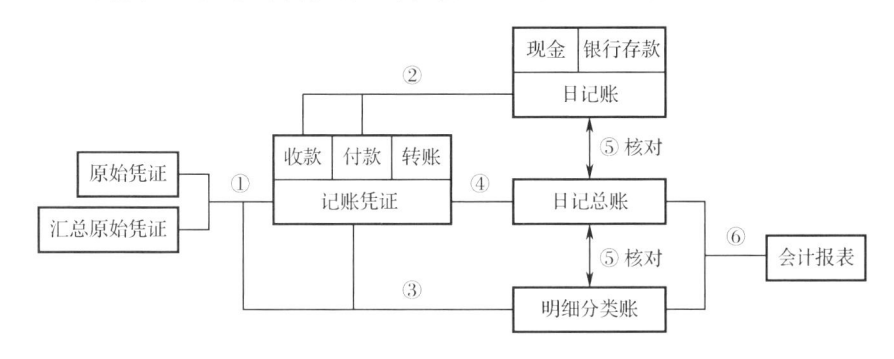

图 11-6　日记总账账务处理程序各步骤之间的关系

四、日记总账账务处理程序的评价

（一）日记总账账务处理程序的优缺点

1. 日记总账账务处理程序的优点

日记总账账务处理程序的优点包括：一是将日记账和总分类账结合在一起，简化了记账手续。二是将全部会计科目分专栏列在一张账页上，可以清楚地表示账户之间的对应关系。从而清楚地反映各项经济业务的来龙去脉，便于进行会计检查和会计分析。

2. 日记总账账务处理程序的缺点

日记总账账务处理程序的缺点包括：登记日记总账实际上是与登记日记账和明细分类账工作量完全相同的一种重复登记，势必增大了登记日记总账的工作量。同时，所有会计科目都集中在一张账页上，会导致日记总账的账页过长，不利于记账和查阅，容易产生登记串行等记账错误，也不利于业务分工。

（二）适用范围

日记总账账务处理程序一般只适用于规模小、经济业务少，尤其是使用会计科目不多的会计主体。然而，使用电子计算机进行账务处理的企业，由于很容易克服这种账务处理程序的局限性，所以在一些实行会计电算化的大中型企业中也可以采用该种账务处理程序。

【关键词】

会计账务处理程序（Bookkeeping Procedures）

记账凭证账务处理程序（Bookkeeping Procedure Using Vouchers）

科目汇总表账务处理程序（Bookkeeping Procedure Using Account Title Summary）

汇总记账凭证账务处理程序（Bookkeeping Procedure Using Summary Vouchers）

日记总账账务处理程序（Bookkeeping Procedure Using Summarized Journal）

【思维导图】

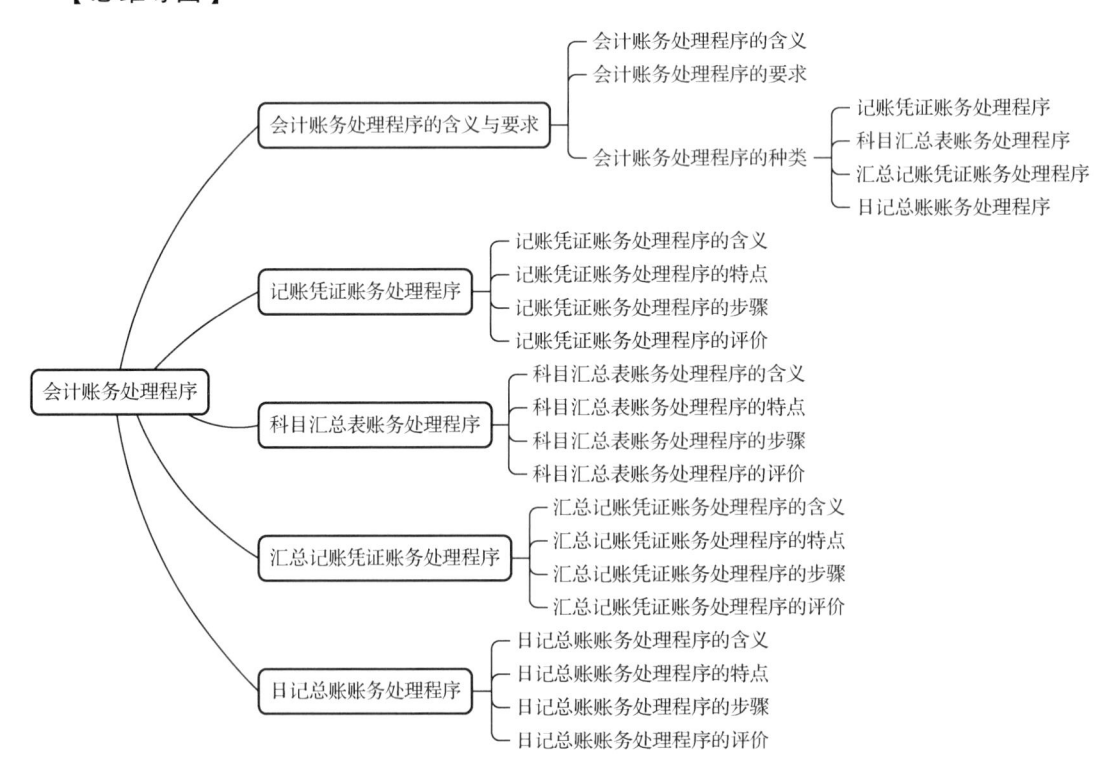

会计账务处理程序
- 会计账务处理程序的含义与要求
  - 会计账务处理程序的含义
  - 会计账务处理程序的要求
  - 会计账务处理程序的种类
    - 记账凭证账务处理程序
    - 科目汇总表账务处理程序
    - 汇总记账凭证账务处理程序
    - 日记总账账务处理程序
- 记账凭证账务处理程序
  - 记账凭证账务处理程序的含义
  - 记账凭证账务处理程序的特点
  - 记账凭证账务处理程序的步骤
  - 记账凭证账务处理程序的评价
- 科目汇总表账务处理程序
  - 科目汇总表账务处理程序的含义
  - 科目汇总表账务处理程序的特点
  - 科目汇总表账务处理程序的步骤
  - 科目汇总表账务处理程序的评价
- 汇总记账凭证账务处理程序
  - 汇总记账凭证账务处理程序的含义
  - 汇总记账凭证账务处理程序的特点
  - 汇总记账凭证账务处理程序的步骤
  - 汇总记账凭证账务处理程序的评价
- 日记总账账务处理程序
  - 日记总账账务处理程序的含义
  - 日记总账账务处理程序的特点
  - 日记总账账务处理程序的步骤
  - 日记总账账务处理程序的评价

第十一章 会计账务处理程序

【实操实训】

根据下列资料练习编制会计分录和科目汇总表。

（1）企业购买甲材料80 000元，开出并承兑为期6个月的商业汇票一张，材料已验收入库。

（2）领用材料60 000元，其中55 000元用于产品生产，5 000元用于管理部门一般耗用。

（3）结算本月职工薪酬，其中生产产品工人工资为32 000元，车间管理人员工资为6 000元，企业管理人员工资为4 000元。

（4）按职工薪酬总额的14%计提职工福利费。

（5）摊销本月应负担的车间固定资产修理费1 160元，全厂保险费为340元。

（6）预提本月应负担的短期借款利息600元。

（7）计提固定资产折旧56 000元，其中车间固定资产折旧为48 000元，企业管理部门固定资产折旧为8 000元。

（8）分配并结转本月发生的全部制造费用54 800元。

要求：① 根据上述经济业务编制会计分录（假设不考虑增值税）。

② 根据经济业务编制科目汇总表。

科目汇总表

会计科目	借方发生额	贷方发生额
原材料		
预付账款		
累计折旧		
应付票据		
应付职工薪酬——工资		
应付职工薪酬——福利费		
应付利息		
生产成本		
主营业务成本		
管理费用		
财务费用		
合计		

第十二章
会计工作组织与管理体系

↘ 知识目标
通过对本章的学习，学生应理解会计工作组织、机构的设置以及会计档案的管理，明晰会计职业道德，熟练掌握会计规范，熟悉会计信息化发展的趋势。

↘ 技能目标
通过对本章的学习，学生应熟练掌握会计规范中的会计准则的含义、内容以及对会计是实务的指导意义。

↘ 课程思政
会计职业有其特殊性，它为企业经济管理服务，同时也是社会经济发展中的重要一环，连接企业与市场。鉴于信息的不对称，会计人员身兼二职，既是企业的员工，随时需要维护企业的利益，也是社会对企业经济活动的监督者。因此，会计人员特别需要具备高尚的品德，能够明辨是非，本着公平公正的原则进行会计工作，为企业负责，为社会负责。

↘ 会计小故事
老主任退休后，财务室就只剩下马大姐、大王和小李三个会计了。马大姐资格老、业务熟，是个"老财务"。大王和小李虽然年轻，但两个小伙子都是科班出身，论业务能力，也不在马大姐之下。

正赶上公司换了经理，三个会计最关心的是谁能当上财务室的主任。他们除了做好

第十二章 会计工作组织与管理体系

自己的本职工作，更加注意自身形象的塑造和人际关系的处理。

新经理上任后主持开发的系列"极品酒"投放市场后，一炮打响，市场很快铺开。公司的酿酒车间、罐装车间、成品车间24小时连轴转，加班加点，但还是满足不了市场需求，客户天天催货。

这天，小李刚去国税局报税，新经理就推开财务室的门。马大姐和大王立即起立，让座。

新经理笑了笑，将一沓条子放在大王的桌上，大王拿过票子一看，全是白条子：招待客户用烟560元；用餐费850元；其他费用300元。"这……"大王抬眼看看新经理，不知道说什么好。"我签字了，在这儿。"新经理指了指自己的签名，"做了吧。""这是白条子，不能报的！"大王认真地说。"怎么不能报？这都是为公司办事花的钱嘛。"新经理的脸"晴转多云"。"这没法下账的，再说，财务制度您也是知道的。"大王的态度很坚决，伸手将条子推给新经理。"给我吧。"马大姐笑着伸手抓过了票据。"啪啪啪啪"，算盘一阵山响。"一共是1 710元整。"马大姐将填好的传票交给新经理，新经理的脸这才"多云转晴"。

没过几天，新经理又拿一沓票子走进财务室。马大姐和大王、小李立即起立，让座。新经理笑了笑，将票据放在小李的桌上。小李拿过票子一看，全是白条子，每张条子上都有新经理的签字。"经理，您先请坐。"小李笑着说。"不不，你抓紧做，我还有事儿。""那您先忙着，回头我给您送办公室去。"小李认真地说，"好好。"新经理笑着转身走出财务室。

大王用眼睛的余光观察小李。只见小李一张一张地翻看着票子，又一张一张地放在桌上。

过了好一会儿，小李端起茶杯喝了口水，拿着票子走出财务室。小李回来时，脸上的表情淡淡的。"票子呢？"大王问。"退回去了——都是白票子，报不了。"小李轻描淡写地说，马大姐笑了："唉！你们啊……"马大姐看看两个年轻人，摇了摇头。

三天后，公司公布了财务室人员变动情况：小李担任财务室主任，马大姐调到成品车间工作，大王仍然是会计。

有人不解，私下问新经理个中缘由。

新经理说："不讲原则的人，不能用；只讲原则的人，不能重用；既讲原则又讲方法的人，要重用。"

第一节　会计工作组织与管理

第十二章第一节

一、会计工作组织与管理机构

（一）国家层面的会计工作组织与管理机构

《会计法》第七条规定：国务院财政部门主管全国的会计工作。县级以上地方各级人民政府财政部门管理本行政区域内的会计工作。

根据法律规定，目前我国会计工作在国务院财政部门统一规划、统一领导会计工作的前提下，发挥各级人民政府财政部门和中央各部门管理会计工作的积极性，各级人民政府财政部门和中央各业务主管部门应积极配合国务院财政部门管理好本地区、本部门的会计工作；各级人民政府财政部门根据上级财政部门的规划和要求，结合本地区的实际情况，管理本地区的会计工作，并取得同级其他管理部门的支持和配合。

（二）企业层面的会计工作组织与管理机构

《会计基础工作规范》第六条规定，各单位应当根据会计业务的需要设置会计机构；不具备单独设置会计机构条件的，应当在有关机构中配备专职会计人员。事业行政单位会计机构的设置和会计人员的配备，应当符合国家统一事业行政单位会计制度的规定。

在企业经济生产过程中，大部分企业都需要单独设置会计机构，按照国家层面的会计工作组织和管理机构的要求负责本单位会计工作组织和管理活动。只有小微企业由于自身经济规模限制，被允许不单独设置会计机构，可以选择代理记账机构代为进行相应的会计组织工作，但是代理记账单位也需要为企业配备专职会计人员负责日常的会计组织和管理活动。

二、会计工作组织与管理机构职责

（一）国家层面的会计工作组织与管理机构职责

中华人民共和国财政部（简称财政部）作为国家层面的会计工作管理机构，其主要职责是负责起草财政、财务、会计管理的法律、行政法规草案，制定部门规章，并监督执行。财政部会计司作为具体业务管理部门在财政部的统一领导之下，负责各项具体会计管理工作，其主要职能包括：拟订并组织实施国家统一的会计制度；指导会计人才队伍建设有关工作，按规定承担会计专业技术资格管理工作；指导和监督注册会计师、会计师事务所、代理记账机构业务工作。

（二）企业层面的会计工作组织与管理机构职责

《会计基础工作规范》第三条规定：各单位应当依据有关法律、法规和本规范的规定，加强会计基础工作，严格执行会计法规制度，保证会计工作依法有序地进行。第四条规定：单位领导人对本单位的会计基础工作负有领导责任。

企业会计机构需要在相关法律法规的约束范围内，根据自身的生产经验特点和管理要求，制定适用的企业会计制度，并且据此组织和管理会计工作，提供各种符合会计信息质量要求的会计信息，满足利益相关者对会计信息的需求。同时，企业会计机构也需要承担内部控制职能，监督企业会计工作在相关法律法规约定范围内进行。

第二节 会计机构与会计人员

一、会计机构设置和会计人员配备

《会计法》第三十六条规定：各单位应当根据会计业务的需要，设置会计机构，或者在有关机构中设置会计人员并指定会计主管人员；不具备设置条件的，应当委托经批准设立从事会计代理记账业务的中介机构代理记帐。因此，设置会计机构时，应当做到：一是要与企业管理体制和企业组织结构相适应；二是要与单位经济业务的性质和规模相适应；三是要与本单位的会计工作组织形式相适应；四是要与本单位其他管理机构相协调；五是要体现精简高效原则。由此来判断企业是否单独设置会计机构、设置什么性质的会计机构、会计机构是分设还是合设、设置几级会计机构、会计机构在企业组织机构中如何定位、会计机构与其他管理机构的分工协调等问题。

根据《会计基础工作规范》的相关规定，各单位应当根据会计业务需要配备会计人员，督促其遵守职业道德和国家统一的会计制度。各单位应当根据会计业务需要设置会计工作岗位。

会计工作岗位一般可分为：会计机构负责人或者会计主管人员、出纳、财产物资核算人员、工资核算人员、成本费用核算人员、财务成果核算人员、资金核算人员、往来结算人员、总账报表人员、稽核人员、档案管理人员等。开展会计电算化和管理会计的单位，可以根据需要设置相应工作岗位，也可以与其他工作岗位相结合。

会计工作岗位，可以一人一岗、一人多岗或者一岗多人，但出纳员不得兼管稽核、会计档案保管和收入、费用、债权债务账目的登记工作。会计人员的工作岗位应当有计划地轮换。

二、会计人员任职条件

会计人员任职条件包括会计职业道德以及不同会计岗位的具体任职条件。

（一）会计职业道德

会计职业道德是指从事会计工作的人员在履行职责活动中应具备的道德品质，主要包括以下六点。

1. 爱岗敬业

爱岗敬业是会计职业道德的核心规范。爱岗就是会计人员热爱本职工作，安心本职岗位，并为做好本职工作尽心尽力、尽职尽责。敬业是指会计人员对其所从事的会计职业的正确认识和恭敬态度，并用这种严肃恭敬的态度，认真地对待本职工作，将身心与本职工作融为一体。敬业的直接表现在于"勤""强"。爱岗敬业是爱岗与敬业的总称。爱岗是敬业的基石，敬业是爱岗的升华。

2. 诚实守信

诚实守信是会计人员基本的执业理念，诚实是指言行与内心思想一致，不弄虚作假，不欺上瞒下，做老实人，说老实话，办老实事。

守指遵循、依照。信指信任、信用、真实可靠。守信指遵守自己的承诺，讲信用，信守诺言，保守秘密。

诚实守信要求会计人员谨慎，信誉至上，言行与内心思想一致，不为利益所诱惑，不伪造账目，不弄虚作假，如实反映单位经济业务事项。同时，还应当保守本单位的商业秘密，除法律规定和单位领导人同意外，不得私自向外界提供或者泄露本单位的会计信息。

诚实守信是两个方面，有诚无信，道德品质得不到推广和延伸；有信无诚，信就失去了根基，德就失去了依托。诚实必须守信。诚实守信是做人的基本准则，也是公民道德规范的重要内容。

3. 坚持准则

坚持准则要求会计人员熟悉财经法律、法规和国家统一的会计制度，在处理经济业务过程中，不为主观或他人意志左右，始终坚持按照会计法律、法规和国家统一的会计制度的要求进行会计核算，实施会计监督，确保所提供的会计信息真实、完整，维护国家利益、社会公众利益和正常的经济秩序。

4. 廉洁自律

廉洁自律是会计职业道德的内在要求，是会计人员的行为准则。

廉洁指不收受贿赂，不贪污钱财。自律指按照一定的标准，自己约束自己，自己控制自己的言行和思想。其主要特征在于"律"。自律的核心是用道德观念自觉地抵制自己的不良欲望。会计不廉洁自律会损害国家、单位和个人的利益。会计职业自律包括会计人员自律和会计行业自律。会计职业自律的结果关系到会计行业的健康发展和会计人员的利益。

廉洁自律要求会计人员必须树立正确的人生观和价值观，严格划分公私界限，做到不贪不占，遵纪守法，清正廉洁。要正确处理会计职业权利与职业义务的关系，增强抵制行业不正之风的能力。

5. 客观公正

客观公正是会计人员职业道德规范的灵魂。客观指事物的本来面目。客观是指会计人员开展会计工作时，要端正态度，依法办事，实事求是，以客观事实为依据，如实地记录和反映实际经济业务事项，会计核算要准确，记录要可靠，凭证要合法。公正是指会计人员在履行会计职能时，要做到公平公正，不偏不倚，保持应有的独立性，以维护会计主体和社会公众的利益。客观是公正的基础，公正是客观的反映。

6. 保守秘密

保守秘密是会计人员职业道德规范的基本要求。会计人员应当严格保守秘密，除非

第十二章
会计工作组织与管理体系

得到本单位的允许或法律、法规要求公布，不得私自向外界提供或泄露单位的会计信息，也不能将其用于私人目的。

（二）会计人员基本任职条件

《会计基础工作规范》规定，会计人员应当具备必要的专业知识和专业技能，熟悉国家有关法律、法规、规章和国家统一会计制度，遵守职业道德。

会计人员应当按照国家有关规定参加会计业务的培训。各单位应当合理安排会计人员的培训，保证会计人员每年有一定的时间用于学习和参加培训。

各单位领导人应当支持会计机构、会计人员依法行使职权；对忠于职守，坚持原则，做出显著成绩的会计机构、会计人员，应当给予精神的和物质的奖励。

国家机关、国有企业、事业单位任用会计人员应当实行回避制度。

单位领导人的直系亲属不得担任本单位的会计机构负责人、会计主管人员。会计机构负责人、会计主管人员的直系亲属不得在本单位会计机构中担任出纳工作。需要回避的直系亲属为：夫妻关系、直系血亲关系、三代以内旁系血亲以及配偶亲关系。

（三）会计主管任职条件

《会计基础工作规范》第六条规定，会计机构负责人、会计主管人员的任免，应当符合《会计法》和有关法律的规定。

第七条规定，会计机构负责人、会计主管人员应当具备下列基本条件：
（1）坚持原则，廉洁奉公；
（2）具备会计师以上专业技术职务资格或者从事会计工作不少于三年；
（3）熟悉国家财经法律、法规、规章和方针、政策，掌握本行业业务管理的有关知识；
（4）有较强的组织能力；
（5）身体状况能够适应本职工作的要求。

大、中型企业，事业单位，业务主管部门应当根据法律和国家有关规定设置总会计师。总会计师由具有会计师以上专业技术资格的人员担任。总会计师行使《总会计师条例》规定的职责、权限。总会计师的任命（聘任）、免职（解聘）依照《总会计师条例》和有关法律的规定办理。

三、会计人员技术资格

（一）专业技术资格

《会计专业技术资格考试暂行规定》中将会计专业技术资格分为初级资格、中级资格和高级资格三个级别。

在企业会计机构中，会计员、助理会计师必须具备初级资格，主要从事基础核算工作，例如，出纳岗位、成本核算岗位、费用报销岗位等。会计员、助理会计师的基本条件是：初步掌握财务会计知识和技能，熟悉并能按照规定执行有关会计法规和财务会计制度，能担负一个岗位的财务会计工作，大学专科或中等专业学校毕业，在财务会计工作岗位上见习一年期满，并通过会计人员专业技术职称资格考试。

会计师必须具备中级资格，主要从事总账会计、财务会计报表编制，负责草拟比较重要的财务会计制度、规定、办法，解释、解答财务会计法规、制度中的重要问题，分析、检查财务收支和预算执行情况，培养初级会计人才等工作。担任会计师的基本条件是：较系统地掌握财务会计基础理论和专业知识；掌握并能正确贯彻执行有关的财经方针、政策和财务会计法规、制度；具有一定的财务会计工作经验，能担负一个单位或管理一个地区、一个部门、一个系统某个方面的财务会计工作；取得博士学位并具有履行会计师职责的能力，或者取得硕士学位并担任助理会计师职务两年左右，或者取得第二学士学位或研究生班结业证书并担任助理会计师职务2~3年，或者大学本科或专科毕业并担任助理会计师职务4年以上；掌握一门外语；通过会计师专业技术职称资格考试。

高级会计师必须具备高级资格，主要是会计机构的负责人或者业务主管，负责草拟和解释、解答一个地区、一个部门、一个系统或在全国施行的财务会计法规、制度、办法，组织和指导一个地区或一个部门、一个系统的经济核算和财务会计工作，培养中级以上会计人才。担任高级会计师的基本条件是：较系统地掌握经济、财务会计理论和专业知识；具有较高的政策水平和丰富的财务会计工作经验，能担负一个地区、一个部门或一个系统的财务会计管理工作；取得博士学位并担任会计师职务2~3年，或者取得硕士学位、第二学士学位或研究生班结业证书，或者大学本科毕业并担任会计师职务5年以上；较熟练地掌握一门外语。

目前，国内采用全国统考的方式认定会计专业的初级资格和中级资格，采用考评结合的方法认定高级资格，即申请人必须参加国家组织的高级会计师考试并且合格，参与高级会计师资格评审，通过后方可获得高级会计师资格。

（二）注册会计师执业资格

《中华人民共和国注册会计师法》规定，注册会计师是依法取得注册会计师证书并接受委托从事审计和会计咨询、会计服务的执业人员。也就是说，注册会计师主要从事社会审计工作，注册会计师不是会计专业资格，是一种执业资格。

《注册会计师全国统一考试办法》规定，具有完全民事行为能力且具有高等专科以上学历，或者具有会计或者相关专业中级以上技术职称的中国公民，可以报名参加注册会计师全国统一考试。考试分为专业阶段考试和综合阶段考试，只有通过专业阶段考试的所有科目考试，才可以参加综合阶段考试。

四、会计专业技术职务

目前，国内单位会计机构负责人技术职务因单位性质不同有所不同。对于公司制的企业，其会计机构的负责人的技术职务主要有总会计师和财务总监；对于行政事业单位，其会计机构的负责人技术职务主要有财务处长、财务部主任等。

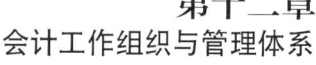

（一）总会计师

总会计师属于企业的行政职务，是企业高层领导中负责企业财务会计工作的最高领导，直接向企业最高领导和领导机构负责。总会计师一般需要企业推荐，经由上级主管部门审查并任命。

总会计师的主要职责是领导本企业财务管理、成本管理、预算管理、会计核算和会计监督的工作。作为企业高层领导成员，总会计师能够参与本企业重要经济问题的分析和决策，例如，企业新产品开发、技术改造、科技研究、商品价格和职工薪酬等方案的设计与运行，参与企业重大经济合同和经济协议的研究、审查。

（二）财务总监

财务总监（首席财务官）是从国外借用过来的称谓，目前国内主要有下述三种做法：一是大型国有集团公司为了加强对子公司的管理，母公司可以向子公司派出财务负责人，被称为财务总监，一方面领导子公司会计核算工作，另一方面监督子公司的各项会计工作。二是省级及以下政府部门向驻地国有企业委派财务负责人，依法履行财务会计监督职能。三是上市公司的财务负责人，与其他业务部门负责人称谓一致，例如，技术总监、销售总监、人力资源总监等，也被称为财务总监，一般由公司董事会提名，股东大会批准后任命。

总会计师与财务总监都是企业财务会计方面的高层领导，其职责没有非常明显的区别，这样的岗位设置、人员配备都是企业高度重视财务会计工作组织和管理的体现，也有力地证明，财务会计组织和管理是企业整体管理体系中不可或缺的一部分。

五、会计工作交接

《会计基础工作规范》规定，会计人员工作调动或者因故离职，必须将本人所经管的会计工作全部移交给接替人员。没有办清交接手续的，不得调动或者离职。

接替人员应当认真接管移交工作，并继续办理移交的未了事项。

会计人员办理移交手续前，必须及时做好以下工作：

（1）已经受理的经济业务尚未填制会计凭证的，应当填制完毕。

（2）尚未登记的帐目，应当登记完毕，并在最后一笔余额后加盖经办人员印章。

（3）整理应该移交的各项资料，对未了事项写出书面材料。

（4）编制移交清册，列明应当移交的会计凭证、会计帐簿、会计报表、印章、现金、有价证券、支票簿、发票、文件、其他会计资料和物品等内容；实行会计电算化的单位，从事该项工作的移交人员还应当在移交清册中列明会计软件及密码、会计软件数据磁盘（磁带等）及有关资料、实物等内容。

会计人员办理交接手续，必须有监交人负责监交。一般会计人员交接，由单位会计机构负责人、会计主管人员负责监交；会计机构负责人、会计主管人员交接，由单位领导人负责监交，必要时可由上级主管部门派人会同监交。

移交人员在办理移交时，要按移交清册逐项移交；接替人员要逐项核对点收。

（1）现金、有价证券要根据会计帐簿有关记录进行点交。库存现金、有价证券必须与会计帐簿记录保持一致。不一致时，移交人员必须限期查清。

（2）会计凭证、会计帐簿、会计报表和其他会计资料必须完整无缺。如有短缺，必须查清原因，并在移交清册中注明，由移交人员负责。

（3）银行存款帐户余额要与银行对帐单核对，如不一致，应当编制银行存款余额调节表调节相符，各种财产物资和债权债务的明细帐户余额要与总帐有关帐户余额核对相符；必要时，要抽查个别帐户的余额，与实物核对相符，或者与往来单位、个人核对清楚。

（4）移交人员经管的票据、印章和其他实物等，必须交接清楚；移交人员从事会计电算化工作的，要对有关电子数据在实际操作状态下进行交接。

会计机构负责人、会计主管人员移交时，还必须将全部财务会计工作、重大财务收支和会计人员的情况等，向接替人员详细介绍。对需要移交的遗留问题，应当写出书面材料。交接完毕后，交接双方和监交人员要在移交清册上签名或者盖章。并应在移交清册上注明：单位名称，交接日期，交接双方和监交人员的职务、姓名，移交清册页数以及需要说明的问题和意见等。移交清册一般应当填制一式三份，交接双方各执一份，存档一份。

接替人员应当继续使用移交的会计帐簿，不得自行另立新帐，以保持会计记录的连续性。

会计人员临时离职或者因病不能工作且需要接替或者代理的，会计机构负责人、会计主管人员或者单位领导人必须指定有关人员接替或者代理，并办理交接手续。

临时离职或者因病不能工作的会计人员恢复工作的，应当与接替或者代理人员办理交接手续。

移交人员因病或者其他特殊原因不能亲自办理移交的，经单位领导人批准，可由移交人员委托他人代办移交。

单位撤销时，必须留有必要的会计人员，会同有关人员办理清理工作，编制决算。未移交前，不得离职。接收单位和移交日期由主管部门确定。

单位合并、分立的，其会计工作交接手续比照上述有关规定办理。

移交人员对所移交的会计凭证、会计帐簿、会计报表和其他有关资料的合法性、真实性承担法律责任。

第三节　会计法规

第十二章第三节

一、会计法规体系

会计法规是会计工作的法律规范和行为准则。我国会计法规体系包括法律、行政法规、规章、部门规范性文件四个层级效力的相关文件，形成了一个内容完整、层级效力齐全的法规体系。我国会计法规体系的构成及部分法规如表 12-1 所示。

表 12-1　我国会计法规体系的构成及部分法规

种　　类	法　规　示　例
法律	《会计法》 《中华人民共和国公司法》 《中华人民共和国注册会计师法》 《中华人民共和国所得税法》 《中华人民共和国税收征收管理法》
行政法规	《总会计师条例》 《企业财务会计报告条例》
规章	《企业会计准则——基本准则》 《注册会计师全国统一考试办法》 《政府会计准则——基本准则》
部门规范性文件	《企业会计准则第 1 号——存货》等 42 项具体准则 《企业会计准则——应用指南》 《企业会计准则解释第 1 号》等 14 项准则解释 《政府会计准则第 1 号——存货》等 10 项具体准则 《政府会计准则解释第 1 号》等 2 项准则解释 《小企业会计准则》 《会计基础工作规范》 《会计专业技术资格考试暂行规定》 《会计档案管理办法》

二、会计法律

（一）会计法律的含义

会计法律是指调整我国经济生活中会计关系的法律总称，是调整我国经济生活中会计关系的法律规范。

我国现行的会计法律是《会计法》，是会计法律制度中层次最高的法律规范，是制定其他会计法规的依据，也是指导会计工作的最高准则。

（二）《会计法》

1. 《会计法》的地位

《会计法》是由全国人民代表大会常务委员会依照法定程序制定的，以国家强制力保障其实施法律，是会计工作的根本大法，其作用在于规范会计行为，加强经济管理，维护社会主义市场经济秩序，促进我国社会经济健康发展。

2. 《会计法》的发布及修订过程

我国现行《会计法》自发布以来，根据国家经济发展要求，陆续进行修改，《会计法》具体发布及修订过程如表 12-2 所示。

表 12-2 《会计法》具体发布及修订过程

《会计法》	发布及修订情况
第一次发布	1985年1月21日第六届全国人民代表大会常务委员会第九次会议通过，1985年5月1日起施行
第一次修订	1993年12月29日第八届全国人民代表大会常务委员会第五次会议审议并批准《关于修改〈中华人民共和国会计法〉的决定》，自公布之日起施行
第二次修订	1999年10月31日第九届全国人民代表大会常务委员会第十二次会议审议并批准《关于修改〈中华人民共和国会计法〉的决定》，2000年7月1日起施行
第三次修订	2017年11月4日中华人民共和国第十二届全国人民代表大会常务委员会第三十次会议审议并批准《关于修改〈中华人民共和国会计法〉的决定》，2017年11月5日起施行

3. 《会计法》的立法宗旨

根据《会计法》的相关条款规定，其立法宗旨如下。

（1）规范会计行为，保证会计资料真实、完整。

会计行为是指以会计核算、会计监督和会计管理为主要内容的会计活动。会计资料是指记录和反映单位实际发生的经济业务事项的会计凭证、会计账簿、财务会计报告和其他书面会计资料，是会计信息的载体。加强会计核算和会计监督，保证会计资料真实、完整地反映经济业务活动情况，参与经济管理和经营决策，是会计工作的基本职能。为了社会经济的健康发展，必须依法规范会计行为，保证会计资料真实、完整。

（2）加强经济管理和财务管理，提高经济效益。

加强经济管理和财务管理，核心是加强会计管理。会计对经济管理和财务管理的作用，在于会计的核算与监督功能。会计通过既定的规则和专门方法，确认、计量、记录和报告经济业务事项的发生过程和结果，提供有用的会计信息，借以明确经济责任、考核经营业绩、做出投资决策、改善经营管理、提高经济效益。

（3）维护社会主义市场经济秩序。

利用法律机制调整和规范市场经济条件下的各种社会关系，以维护社会主义市场经济秩序。这不仅是市场经济对法律的要求，也是市场经济健康发展的保障。在社会主义市场经济条件下，依法规范会计行为，保证会计资料真实、完整，对维护社会主义市场经济秩序，促进社会主义市场经济发展，将发挥积极作用。

4. 《会计法》的适用范围

法律的适用范围是指法律的效力范围，即法律在哪些地方、对哪些人、在什么时间内有效。正确把握我国《会计法》的适用范围应当注意以下三点。

（1）《会计法》在地域上的适用范围。

我国《会计法》是由全国人大常委会制定的全国性法律，其地域适用范围及于全国，包括我国驻外国的使、领馆。我国在境外投资设立的企业，向国内报送财务会计报告的单位也应当按照国内法办理。然而有一种情况例外，由于历史的原因，根据宪法、中国香港特别行政区基本法和中国澳门特别行政区基本法规定，自中华人民共和国对香港特别行政区和澳门特别行政区行使主权时起，除两个基本法附件三规定的法律外，其他全国性法律（包括《会计法》）不适用于特别行政区。

（2）《会计法》对人的适用范围。

我国《会计法》的调整对象是会计机构、会计人员及其所在单位的负责人与会计主管机关和其他有关机关之间的监督管理关系，由此决定我国《会计法》对人的效力范围涉及两种：一是办理会计事务的单位和个人，如会计法规定的国家机关、社会团体、公司、企业、事业单位和其他组织；二是会计主管机关和其他有关机关，如财政、审计、税务、人民银行、证券监管、保险监管等部门。其中，"其他组织"是指国家机关、社会团体、公司、企业、事业单位包括不了的组织，如外国在我国的常驻机构等。

（3）《会计法》在时间上的适用范围。

法律在时间上的适用范围是指法律在何时生效、何时失效及法律对其生效前发生的行为和事件有没有溯及力。重新修订后的《会计法》规定，该法自2017年11月15起施行，表明两层意思：一是，自2017年11月15日起，重新修订后的《会计法》开始发生效力，在此之前制定的有关法律、法规与重新修订后的会计法的规定不一致的，自行失效；二是，重新修订后的《会计法》对其生效前发生的法律行为没有溯及力，这些行为只能依据当时的有关法律规定处理。

5.《会计法》的主要内容

《会计法》对会计组织、管理、核算、监督、信息披露、法律责任等方面都进行相关规范，包括总则、会计核算、公司与企业会计核算的特别规定、会计监督、法律责任等。

（1）总则。

总则部分明确了《会计法》的立法目的是规范会计行为，保证会计资料真实、完整，加强经济管理和财务管理，提高经济效益，维护社会主义市场经济秩序；明确了《会计法》的适用范围是国家机关、社会团体、公司、企业、事业单位和其他组织；规定了各单位必须依法设置会计账簿，并保证其真实、完整，单位负责人对本单位的会计工作和会计资料的真实性、完整性负责，会计机构、会计人员依照本法规定进行会计核算，实行会计监督等；规定了会计工作管理体制为国务院财政部门主管全国的会计工作，县级以上地方各级人民政府财政部门管理本行政区域内的会计工作；明确了国家实行统一的会计制度。国家统一的会计制度由国务院财政部门根据该法制定并公布。

（2）会计核算。

会计核算部分规定各单位必须根据实际发生的经济业务事项进行会计核算，填制会计凭证，登记会计账簿，编制财务会计报告；会计核算的主要内容包括款项和有价证券的收付；财物的收发、增减和使用；债权债务的发生和结算；资本、基金的增减；收入、支出、费用、成本的计算；财务成果的计算和处理；需要办理会计手续、进行会计核算的其他事项。并对会计期间、记账本位币、会计核算的真实性、会计凭证、会计账簿登记、财产清查、会计处理方法、财务会计报告、会计记录的文字、会计档案等做了规范。

（3）公司、企业会计核算的特别规定。

公司、企业会计核算的特别规定部分明确了公司、企业必须根据实际发生的经济业务事项，按照国家统一的会计制度的规定确认、计量和记录资产、负债、所有者权益、收入、费用、成本和利润。规定了会计核算的禁止性行为包括：随意改变资产、负债、所有者权益的确认标准或者计量方法，虚列、多列、不列或者少列资产、负债、所有者权益；虚列或者隐瞒收入，推迟或者提前确认收入；随意改变费用、成本的确认标准或者计量方法，虚列、多列、不列或者少列费用、成本；随意调整利润的计算、分配方法，编造虚假利润或者隐瞒利润；违反国家统一的会计制度规定的其他行为。

（4）会计监督。

会计监督部分明确了各单位应当建立、健全本单位内部会计监督制度；单位负责人应当保证会计机构、会计人员依法履行职责；任何单位和个人对违反本法和国家统一的会计制度规定的行为，有权检举；有关法律、行政法规规定，须经注册会计师进行审计的单位，应当向受委托的会计师事务所如实提供会计凭证、会计账簿、财务会计报告和其他会计资料以及有关情况；财政、审计、税务、人民银行、证券监管、保险监管等部门应当依照有关法律、行政法规规定的职责，对有关单位的会计资料实施监督检查；依法对有关单位的会计资料实施监督检查的部门及其工作人员对在监督检查中知悉的国家秘密和商业秘密负有保密义务等。

（5）法律责任。

法律责任部分规定伪造、变造会计凭证、会计账簿，编制虚假财务会计报告；隐匿或者故意销毁依法应当保存的会计凭证、会计账簿、财务会计报告，尚不构成犯罪的，由县级以上人民政府财政部门予以通报，可以对单位并处五千元以上十万元以下的罚款；对其直接负责的主管人员和其他直接责任人员，可以处三千元以上五万元以下的罚款；属于国家工作人员的，还应当由其所在单位或者有关单位依法给予撤职直至开除的行政处分；其中的会计人员，五年内不得从事会计工作。构成犯罪的，依法追究刑事责任；授意、指使、强令会计机构、会计人员及其他人员伪造、变造会计凭证、会计账簿，编制虚假财务会计报告或者隐匿、故意销毁依法应当保存的会计凭证、会计账簿、财务会计报告，构成犯罪的，依法追究刑事责任；单位负责人对依法履行职责、抵制违反本法规定行为的会计人员以降级、撤职、调离工作岗位、解聘或者开除等方式实行打击报复，构成犯罪的，依法追究刑事责任；财政部门及有关行政部门的工作人员在实施监督管理中滥用职权、玩忽职守、徇私舞弊或者泄露国家秘密、商业秘密，构成犯罪的，依法追究刑事责任等。

（三）与会计相关的其他法律

1．《中华人民共和国税收征收管理法》

《中华人民共和国税收征收管理法》第二十条规定，从事生产、经营的纳税人的财务、会计制度或者财务、会计处理办法和会计核算软件，应当报送税务机关备案。纳税人、扣缴义务人的财务、会计制度或者财务、会计处理办法与国务院或国务院财政、税收主管部门有关税收的规定相抵触的，依照国务院或者国务院财政、税收主管部门有关税收的规定计算应纳税款、代扣代缴和代收代缴税款。

2．《中华人民共和国公司法》

《中华人民共和国公司法》对公司财务与会计制度、财务会计报告、财务会计报告的公示、利润分配、会计账簿、提供真实会计信息等方面进行规范。

例如，第一百六十四条规定，公司应当在每一会计年度终了时编制财务会计报告，并依法经会计师事务所审计。财务会计报告应当依照法律、行政法规和国务院财政部门的规定制作。

第一百六十六条规定，公司分配当年税后利润时，应当提取利润的百分之十列入公司法定公积金。公司法定公积金累计额为公司注册资本的百分之五十以上的，可以不再提取。

第一百七十条规定，公司应当向聘用的会计师事务所提供真实、完整的会计凭证、会计账簿、财务会计报告及其他会计资料，不得拒绝、隐匿、谎报。

第一百七十一条规定，公司除法定的会计账簿外，不得另立会计账簿。对公司资产，不得以任何个人名义开立账户存储。

3.《中华人民共和国刑法》

《中华人民共和国刑法》第一百六十一条规定，依法负有信息披露义务的公司、企业向股东和社会公众提供虚假的或者隐瞒重要事实的财务会计报告，或者对依法应当披露的其他重要信息不按照规定披露，严重损害股东或者其他人利益，或者有其他严重情节的，对其直接负责的主管人员和其他直接责任人员，处五年以下有期徒刑或者拘役，并处或者单处罚金；情节特别严重的，处五年以上十年以下有期徒刑，并处罚金。

第一百六十二条规定，公司、企业进行清算时，隐匿财产，对资产负债表或者财产清单作虚伪记载或者在未清偿债务前分配公司、企业财产，严重损害债权人或者其他人利益的，对其直接负责的主管人员和其他直接责任人员，处五年以下有期徒刑或者拘役，并处或者单处二万元以上二十万元以下罚金。

第二百二十九条规定，承担资产评估、验资、验证、会计、审计、法律服务、保荐、安全评价、环境影响评价、环境监测等职责的中介组织的人员故意提供虚假证明文件，情节严重的，处五年以下有期徒刑或者拘役，并处罚金；有下列情形之一的，处五年以上十年以下有期徒刑，并处罚金：

（1）提供与证券发行相关的虚假的资产评估、会计、审计、法律服务、保荐等证明文件，情节特别严重的；

（2）提供与重大资产交易相关的虚假的资产评估、会计、审计等证明文件，情节特别严重的；

（3）在涉及公共安全的重大工程、项目中提供虚假的安全评价、环境影响评价等证明文件，致使公共财产、国家和人民利益遭受特别重大损失的。

有前款行为，同时索取他人财物或者非法收受他人财物构成犯罪的，依照处罚较重的规定定罪处罚。

第一款规定的人员，严重不负责任，出具的证明文件有重大失实，造成严重后果的，处三年以下有期徒刑或者拘役，并处或者单处罚金。

三、会计行政法规

（一）会计行政法规的含义

会计行政法规是指调整经济生活中某些方面会计关系的法律规范。

会计行政法规由国务院制定发布或者国务院有关部门依据《会计法》拟订经国务院批准发布。

（二）会计行政法规的内容

会计相关行政法规主要是《企业财务会计报告条例》和《总会计师条例》。

2000年6月21日以国务院287号令发布、2001年1月1日起施行的《企业财务会计报告条例》对财务会计报告的构成、编制、对外提供、法律责任等问题进行了规范。

1990年12月31日国务院72号令发布、2011年1月8日修订的《总会计师条例》主要对总会计师的设置、职权、任免和奖惩进行了规范。

四、会计规章

（一）会计规章的含义

会计规章是指由主管全国会计工作的行政部门——财政部就会计工作中某些方面内容所制定的规范性文件。

会计规章依据会计法律和会计行政法规制定，如财政部发布的《企业会计准则——基本准则》《政府会计准则——基本准则》等。

各省、自治区、直辖市人民代表大会及其常务委员会在同宪法和会计法律、行政法规不相抵触的前提下制定发布的会计规范性文件，也是会计规章的重要组成部分。

（二）会计规章的内容

现行的会计规章包括《企业会计准则——基本准则》《政府会计准则——基本准则》。《企业会计准则——基本准则》规范了包括财务会计报告目标、会计基本假设、会计信息质量要求、会计要素的定义及其确认、计量原则、财务会计报告等在内的基本问题，即构建了我国财务会计的基本概念框架，是制定具体准则的基础，同时对各具体准则的制定起着统驭作用，可以确保各具体准则的内在一致性。

五、会计部门规范性文件

（一）会计部门规范性文件的含义

会计部门规范性文件是指财政部等主管部门制定的规范性文件。

目前会计实务中执行的大部分属于部门规范性文件，例如，企业会计准则的各项具体准则、企业会计准则应用指南、企业会计准则解释等。

（二）会计部门规范性文件的内容

1. 会计准则的含义

会计准则是指反映经济活动、确认产权关系、规范收益分配的会计技术标准。

会计准则是生成和提供会计信息的重要依据，也是政府调控经济活动、规范经济秩序和开展国际经济交往等的重要手段。

2. 会计准则的内容

自1992年首次颁布《企业会计准则》至今，我国已经构建了完整的、与国际会计准则等效的会计准则体系，主要包括《企业会计准则》《政府会计准则》《小企业会计准则》等。

《企业会计准则》主要有基本准则、具体准则、准则应用指南、准则解释等文件形式。会计准则的主要内容如表12-3所示。

表12-3 会计准则的主要内容

编号	会计准则名称	组成内容	发布时间
1	企业会计准则	基本准则 应用指南 准则解释	2006年2月15日发布，2007年7月1日起实施
2	小企业会计准则		2011年10月18日发布，2013年1月1日起实施
3	事业单位会计准则		2012年12月6日发布，2013年1月1日起实施
4	政府会计准则	基本准则 应用指南 准则解释	2015年10月发布，2017年1月1日起实施

自2006年2月15日至今，我国已经发布并实施了42项企业会计准则的具体准则和15项企业会计准则解释，具体准则名目如表12-4所示。

表12-4 企业会计准则中具体准则名称

序号	准则名称	序号	准则名称	序号	准则名称
1	存货	15	建造合同	29	资产负债表日后事项
2	长期股权投资	16	政府补助	30	财务报表列报
3	投资性房地产	17	借款费用	31	现金流量表
4	固定资产	18	所得税	32	中期财务会计报告
5	生物资产	19	外币折算	33	合并财务报表
6	无形资产	20	企业合并	34	每股收益
7	非货币性资产交换	21	租赁	35	分部报告
8	资产减值	22	金融工具确认与计量	36	关联方披露
9	职工薪酬	23	金融资产转移	37	金融工具列报
10	企业年金基金	24	套期保值	38	首次执行企业财务会计准则
11	股份支付	25	原保险合同	39	公允价值计量
12	债务重组	26	再保险合同	40	合营安排
13	或有事项	27	石油天然气开采	41	在其他主体中权益的披露
14	收入	28	会计政策、会计估计变更和差错更正	42	持有待售的非流动资产、处置组和终止经营

第四节　会计档案

一、会计档案的含义

《会计法》规定，各单位对会计凭证、会计账簿、财务会计报告和其他会计资料应当建立档案，妥善保管。

《会计档案管理办法》规定，会计档案是指单位在进行会计核算等过程中接收或形成的，记录和反映单位经济业务事项的，具有保存价值的文字、图表等各种形式的会计资料，包括通过计算机等电子设备形成、传输和存储的电子会计档案。

会计档案是国家档案的重要组成部分，也是各单位的重要档案，它是对一个单位经济活动的记录和反映。通过会计档案，可以了解每项经济业务的来龙去脉；可以检查一个单位是否遵守财经纪律，在会计资料中有无弄虚作假、违法乱纪等行为；会计档案还可以为国家、单位提供详尽的经济资料，为国家制定宏观经济政策及单位制定经营决策提供参考。

二、会计档案的内容

（一）传统会计档案

《会计档案管理办法》规定，下列会计资料应当进行归档：

（1）会计凭证，包括原始凭证、记账凭证。

（2）会计账簿，包括总账、明细账、日记账、固定资产卡片及其他辅助性账簿。

（3）财务会计报告，包括月度、季度、半年度、年度财务会计报告。

（4）其他会计资料，包括银行存款余额调节表、银行对账单、纳税申报表、会计档案移交清册、会计档案保管清册、会计档案销毁清册、会计档案鉴定意见书及其他具有保存价值的会计资料。

（二）电子会计档案

会计信息化与智能化是会计发展的方向，必然会产生电子会计档案，所以财政部于2013年12月6日发布了《企业会计工作信息化规范》。

《企业会计工作信息化规范》第四十条规定，企业内部生成的会计凭证、账簿和辅助性会计资料，同时满足下列条件的，可以不输出纸面资料：

（1）所记载的事项属于本企业重复发生的日常业务；

（2）由企业信息系统自动生成；

（3）可及时在企业信息系统中以人类可读形式查询和输出；

（4）企业信息系统具有防止相关数据被篡改的有效机制；

（5）企业对相关数据建立了电子备份制度，能有效防范自然灾害、意外事故和人为破坏的影响；

（6）企业对电子和纸面会计资料建立了完善的索引体系。

第四十一条规定，企业获得的需要外部单位或者个人证明的原始凭证和其他会计资料，同时满足下列条件的，可以不输出纸面资料：

（1）会计资料附有外部单位或者个人的、符合《中华人民共和国电子签名法》的可靠的电子签名；

（2）电子签名经符合《中华人民共和国电子签名法》的第三方认证；

（3）满足第四十条第（1）项、第（3）项、第（5）项和第（6）项规定的条件。

第四十二条规定，企业会计资料的归档管理，遵循国家有关会计档案管理的规定。

三、会计档案的管理

（一）会计档案的归档

单位的会计机构或会计人员所属机构按照归档范围和归档要求，负责定期将应当归档的会计资料整理立卷装订成册，编制会计档案保管清册。

当年形成的会计档案，在会计年度终了后，可暂由会计机构保管一年，期满之后，应当由会计机构编制移交清册，移交本单位档案机构统一保管；未设立档案机构的，应当在会计机构内部指定专人保管。出纳员不得兼管会计档案。

移交本单位档案机构保管的会计档案，原则上应当保持原卷册的封装。个别需要拆封重新整理的，档案机构应当会同会计机构和经办人员共同拆封整理，以分清责任。

具备采用磁带、磁盘、光盘、微缩胶片等磁性介质保存会计档案条件的，由国务院业务主管部门统一规定，并报财政部、国家档案局备案。

（二）会计档案的保管期限

会计档案的保管期限分为永久、定期两类。定期保管期限分为3年、5年、10年、15年、25年共5类。会计档案的保管期限，从会计年度终了后的第一天算起。

（三）会计档案的查阅和销毁

各单位保存的会计档案不得借出。如有特殊需要，经本单位负责人批准，可以提供查阅或者复制，并办理登记手续。查阅或者复制会计档案的人员，严禁在会计档案上涂画、拆封和抽换。

保管期满的会计档案，除财政部《会计档案管理办法》第十一条规定的情形外，可以按照以下程序销毁：

（1）由本单位档案机构会同会计机构提出销毁意见，编制会计档案销毁清册，列明销毁会计档案的名称、卷号、册数、起止年度和档案编号、应保管期限、已保管期限、销毁时间等内容。

（2）单位负责人在会计档案销毁清册上签署意见。

（3）销毁会计档案时，应当由档案机构和会计机构共同派员监销。国家机关销毁会计档案时，应当由同级财政部门、审计部门派员参加监销。财政部门销毁会计档案时，应当由同级审计部门派员参加监销。

（4）监销人在销毁会计档案前，应当按照会计档案销毁清册所列内容清点核对所要销毁的会计档案；销毁后，应当在会计档案销毁清册上签名盖章，并将监销情况报告本单位负责人。

（5）保管期满但未结清的债权债务原始凭证和涉及其他未了事项的原始凭证，不得销毁，应当单独抽出立卷，保管到未了事项完结时为止。单独抽出立卷的会计档案，应当在会计档案销毁清册和会计档案保管清册中列明。

正在项目建设期间的建设单位，其保管期满的会计档案不得销毁。

第五节 会计信息化

一、会计信息化的含义

财政部2013年12月6日发布、2014年1月6日起实施的《企业会计工作信息化规范》第二条规定，会计信息化是指企业利用计算机、网络通信等现代信息技术手段开展会计核算，以及利用上述技术手段将会计核算与其他经营管理活动有机结合的过程。

二、会计信息化的意义

随着计算机、互联网技术的不断发展，社会进入了大数据、智慧化、移动互联网和云计算的时代，这些也给会计带来了一个全新的、极具创造力的会计技术环境。在这个大背景下，会计工作所产生的大量数据都将得到快速、及时、准确的分析和共享，信息更新的速度也将随之加快，这些必然导致财务数据采集和分析模式发生巨大的改变。会计信息以电子化形式呈现，不仅可以减少会计信息处理过程中的误差，在加快会计信息传播速度的同时也可以增加会计信息的准确度和透明度，更加便于会计信息使用者的使用，所以，未来会计发展的方向一定是会计核算的自动化、会计信息数据化和会计决策智能化，传统会计将向智能化会计不断转换。

三、会计信息化的主要内容

为了适应时代发展对会计发展的要求，财政部在《企业会计工作信息化规范》的基础上，于2021年12月30日发布了《会计信息化发展规划（2021—2025年）》，明确会计信息化的目标、任务。

（一）会计信息化目标

"十四五"时期，我国会计信息化工作的总体目标是：服务我国经济社会发展大局和财政管理工作全局，以信息化支撑会计职能拓展为主线，以标准化为基础，以数字化为突破口，引导和规范我国会计信息化数据标准、管理制度、信息系统、人才建设等持续健康发展，积极推动会计数字化转型，构建符合新时代要求的国家会计信息化发展体系。

这具体体现为以下五点。

1. 会计数据标准体系基本建立

结合国内外会计行业发展经验以及我国会计数字化转型需要，会同相关部门逐步建立健全覆盖会计信息系统输入、处理、输出等各环节的会计数据标准，形成较为完整的会计数据标准体系。

2. 会计信息化制度规范持续完善

落实《会计法》等国家相关法律法规的新要求，顺应会计工作应用新技术的需要，完善会计信息化工作规范、软件功能规范等配套制度规范，健全会计信息化安全管理制度和安全技术标准。

3. 会计数字化转型升级加快推进

加快推动单位会计工作、注册会计师审计工作和会计管理工作数字化转型。鼓励各部门、各单位探索会计数字化转型的实现路径，运用社会力量和市场机制，逐步实现全社会会计信息化应用整体水平的提升。

4. 会计数据价值得到有效发挥

提升会计数据的质量、价值与可用性，探索形成服务价值创造的会计数据要素，有效发挥会计数据在经济资源配置和单位内部管理中的作用，支持会计职能对内对外拓展。会计监管信息实现互通共享通过数据标准、信息共享机制和信息交换平台等方面的基础建设，在安全可控的前提下，初步实现监管部门间会计监管数据的互通和共享，提升监管效率，形成监管合力。

5. 会计信息化人才队伍不断壮大

完善会计人员信息化方面能力框架，丰富会计人员信息化继续教育内容，创新会计信息化人才培养方式，打造懂会计、懂业务、懂信息技术的复合型会计信息化人才队伍。

（二）会计信息化任务

第一，加快建立会计数据标准体系，推动会计数据治理能力建设。

第二，统筹规划、制定和实施覆盖会计信息系统输入、处理和输出等环节的会计数据标准，为会计数字化转型奠定基础。

第三，在信息输入环节，加快制定、试点和推广电子凭证会计数据标准，统筹解决电子票据接收、入账和归档全流程的自动化、无纸化问题。

第四，在信息处理环节，探索制定财务会计软件底层会计数据标准，规范会计核算系统的业务规则和技术标准，并在一定范围进行试点，满足各单位对会计信息标准化的需求，提升相关监管部门获取会计数据生产系统底层数据的能力。

第五，在信息输出环节，推广实施企业财务报表会计数据标准，推动企业向不同监管部门报送的各种报表中的会计数据口径尽可能实现统一，降低编制及报送成本、提高报表信息质量，增强会计数据共享水平，提升监管效能。

第六，制定会计信息化工作规范和软件功能规范，进一步完善配套制度机制。

第七，推动修订《中华人民共和国会计法》，为单位开展会计信息化建设、推动会计数字化转型提供法制保障。

第八，完善会计信息化工作规范和财务软件功能规范，规范信息化环境下的会计工作，提高财务软件质量，为会计数字化转型提供制度支撑。

第九，探索建立会计信息化工作分级分类评估制度和财务软件功能第三方认证制度，督促单位提升会计信息化水平，推动会计数据标准全面实施。

第十，深入推动单位业财融合和会计职能拓展，加快推进单位会计工作数字化转型。通过会计信息的标准化和数字化建设，推动单位深入开展业财融合，充分运用各类信息技术，探索形成可扩展、可聚合、可比对的会计数据要素，提升数据治理水平。加强函证数字化和注册会计师审计报告防伪等系统建设，积极推进审计工作数字化转型。

第十一，优化整合各类会计管理服务平台，切实推动会计管理工作数字化转型。优化全国统一的会计人员管理服务平台，完善会计人员信用信息，有效发挥平台的监督管理和社会服务作用。

第十二，加速会计数据要素流通和利用，有效发挥会计信息在服务资源配置和宏观经济管理中的作用。以会计数据标准为抓手，支持各类票据电子化改革，推进企业财务报表数字化，推动企业会计信息系统数据架构趋于一致，促进会计数据要素的流通和利用，发挥会计信息在资源配置中的支撑作用。利用大数据等技术手段，加强会计数据与相关数据的整合分析，及时反映宏观经济总体运行状况及发展趋势，发挥会计信息对宏观经济管理的服务作用。

第十三，探索建立共享平台和协同机制，推动会计监管信息的互通共享。积极推动会计数据标准实施，在安全可控的前提下，探索建立跨部门的会计信息交换机制和共享平台。

第十四，健全安全管理制度和安全技术标准。坚持积极防御、综合防范的方针，建立信息安全的有效保障机制和应急处理机制。

【关键词】

会计工作（Accounting Work）

会计人员（Accountant）

会计机构（Accounting Body）

会计法规（Accounting Regulation）

会计档案（Accounting Archive）

第十二章 会计工作组织与管理体系

【思维导图】

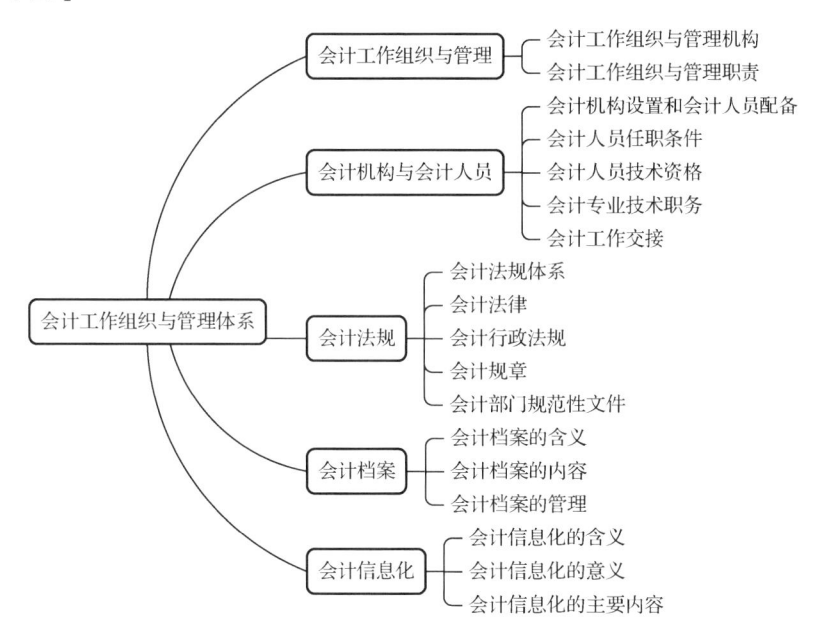

- 会计工作组织与管理体系
  - 会计工作组织与管理
    - 会计工作组织与管理机构
    - 会计工作组织与管理职责
  - 会计机构与会计人员
    - 会计机构设置和会计人员配备
    - 会计人员任职条件
    - 会计人员技术资格
    - 会计专业技术职务
    - 会计工作交接
  - 会计法规
    - 会计法规体系
    - 会计法律
    - 会计行政法规
    - 会计规章
    - 会计部门规范性文件
  - 会计档案
    - 会计档案的含义
    - 会计档案的内容
    - 会计档案的管理
  - 会计信息化
    - 会计信息化的含义
    - 会计信息化的意义
    - 会计信息化的主要内容

【实操实训】

你如何理解会计应"诚信为本，操守为重，坚持准则，不做假账"？

参 考 文 献

[1] 常明敏. 基础会计[M]. 北京：高等教育出版社，2020.
[2] 陈国辉，迟旭升. 基础会计[M]. 7 版. 大连：东北财经大学出版社，2021.
[3] 陈伟清，张玉森. 基础会计[M]. 5 版. 北京：高等教育出版社，2019.
[4] 龚菊明. 基础会计学[M]. 苏州：苏州大学出版社，2021.
[5] 顾远，王明虎. 基础会计学[M]. 大连：东北财经大学出版社，2022.
[6] 孔令一，迟甜甜，朱淑梅. 基础会计实验[M]. 大连：东北财经大学出版社，2021.
[7] 李海波，蒋瑛，陈淑女. 基础会计[M]. 5 版. 北京：中国财政经济出版社，2021.
[8] 李艳杰. 基础会计[M]. 北京：电子工业出版社，2020.
[9] 刘英明，张捷. 基础会计[M]. 7 版. 北京：中国人民大学出版社，2021.
[10] 陆萍. 基础会计[M]. 南京：东南大学出版社，2023.
[11] 孟繁金，何荣华. 基础会计[M]. 北京：中国财政经济出版社，2022.
[12] 秦海敏. 基础会计学[M]. 南京：南京大学出版社，2022.
[13] 全浙玉. 基础会计学[M]. 西安：西安电子科技大学出版社，2022.
[14] 王蕾，陈淑贤，谢平华，等. 基础会计[M]. 3 版. 北京：清华大学出版社，2021.
[15] 王蕾，赵芳辰. 基础会计[M]. 2 版. 上海：立信会计出版社，2023.
[16] 魏永宏. 基础会计[M]. 2 版. 北京：电子工业出版社，2021.
[17] 徐泓. 基础会计[M]. 4 版. 北京：中国人民大学出版社，2019.
[18] 徐哲、李贺. 基础会计[M]. 3 版. 上海：立信会计出版社，2023.
[19] 姚荣辉. 基础会计[M]. 5 版. 北京：清华大学出版社，2020.
[20] 张春，王金鑫. 会计基础[M]. 2 版. 北京：中国财政经济出版社，2022.
[21] 张志萍，孙德营. 基础会计理论与实务[M]. 北京：高等教育出版社，2021.
[22] 赵盟. 基础会计[M]. 3 版. 大连：东北财经大学出版社，2022.
[23] 朱小平，秦玉熙，袁蓉丽. 基础会计[M]. 11 版. 北京：中国人民大学出版社，2021.
[24] 朱小英. 基础会计[M]. 4 版. 上海：上海财经大学出版社，2020.